中学数学课程与教学论

主　编　张　丹　苗凤华

副主编　战珊珊　盛晓明

参　编　王　艳

科学出版社

北　京

内 容 简 介

本书是以教育学、心理学为基础，以现代教学理论和学习理论为指导，从数学教学案例出发，使用问题驱动、目标导向等方法，研究中学数学课程理论、学习理论与教学理论，从数学课程标准，到数学学习策略、数学教学方法与模式、数学教学设计及数学教学评价，探讨在新课程标准理念指导下的中学数学教学过程各环节的教学实施。

本书可作为高等师范院校数学与应用数学专业本科生、专科生的教材，也可作为中小学数学教师、教研员的教学参考书。

图书在版编目（CIP）数据

中学数学课程与教学论 / 张丹, 苗凤华主编. — 北京：科学出版社, 2025. 3. -- ISBN 978-7-03-080956-8

Ⅰ. G633.602

中国国家版本馆 CIP 数据核字第 2024798NR4 号

责任编辑：戴 薇 李 莎 / 责任校对：王万红
责任印制：吕春珉 / 封面设计：东方人华平面设计部

科学出版社 出版
北京东黄城根北街 16 号
邮政编码：100717
http://www.sciencep.com
三河市中晟雅豪印务有限公司印刷
科学出版社发行 各地新华书店经销
*
2025 年 3 月第 一 版 开本：787×1092 1/16
2025 年 3 月第一次印刷 印张：16 1/2
字数：386 000
定价：60.00 元
（如有印装质量问题，我社负责调换）
销售部电话 010-62136230 编辑部电话 010-62138978-2046

前　言

教育是国之大计、党之大计。为了实现全面建设社会主义现代化国家、全面推进中华民族伟大复兴的伟大目标，我们要全面贯彻党的教育方针，落实立德树人根本任务，培养德智体美劳全面发展的社会主义建设者和接班人，培养有理想、有本领、有担当的时代新人。

在新时代，教师不仅是传道授业解惑者，也是学生道德品质的引导者、学生创造性思维的培育者及学生终身发展的奠基者。我国高等师范院校在培养中学数学教师的课程中，普遍将"中学数学课程与教学"作为必修课程，帮助未来教师坚持立德树人、实施素养导向的课程教学目标，更好地成长为新时代的大国良师。

鉴于此，本书秉持"继承、发展、创新"的学术态度，密切关注教育前沿理论，立足中学数学课堂教学实际，借鉴历史，创新发展，重视从前沿性学科知识中汲取精华，培养师范生中学数学教学实践能力，提高师范生的核心竞争力。

本书具有以下三大特点。

1）反映时代发展需求。本书体现了党和国家的教育方针，重点反映了党的二十大精神、全国教育大会精神，以及《新时代基础教育强师计划》《义务教育数学课程标准（2022年版）》等对中学教师数学知识与教学能力的要求。

2）扎实推进"课程思政"建设。根据时代发展，精选中学数学课程与教学中的经典原理和方法，突显中国数学教育成就，渗透思想政治教育，同时借助生动的中学数学课堂教学案例进行说明，便于教师教学和学生学习。

3）吸收最新研究成果。坚持实践取向和贴近课堂教学的原则，放眼数学教育前沿，论述了数学教学的理论研究与实践探索的最新研究成果及其运用方式。

本书共包括九章。

第一章　数学与教学概述，主要介绍数学与中学数学，数学课程与教学论的学科特点及研究内容，数学课程与教学论的研究方法及学习意义。

第二章　中学数学课程理论及发展，主要介绍数学课程的概念、影响因素、性质，国内外数学课程的改革历程与发展趋势。

第三章　数学课程改革，主要介绍中学数学课程的基本理念、核心素养与课程目标、中学数学教学的内容。

第四章　数学学习，主要介绍数学学习概述、数学学习的迁移、数学概念与命题的学习。

第五章　中学数学教学技能，主要从课前教学技能和课堂教学技能两个方面进行介绍，综合分析了教学方法选择技能，研读课标技能，教具制作与使用技能，教案编写技能，导入技能，提问技能，启发诱导技能，数学教学语言及讲解说明技能，接收反馈信息技能，板书板画技能，练习、作业、考试的讲评技能等。

第六章　中学数学思想方法，主要介绍中学数学解题常见的数学思想方法、数学思想方法在教学中的渗透和应用案例。

第七章　听课、说课、评课，主要介绍听课、说课、评课的类型和作用以及对应的研究内容或项目、评价标准等。

第八章　数学教育评价，主要介绍数学教育评价概述、数学教师教学评价、数学学习评价等。

第九章　数学教师专业发展，主要介绍数学教师的角色分析、数学教师的专业素养和数学教师的专业发展等。

本书由张丹提出总体构想，经编写小组讨论形成结构框架。各部分编写分工如下：第一章、第二章、第三章由张丹编写；第四章由盛晓明编写；第五章由战珊珊编写；第六章、第七章由苗凤华编写；第八章由盛晓明、苗凤华编写；第九章由张丹、王艳编写文化素养与拓展提高部分由张丹和战珊珊编写。

本书的编写得到了多位专家学者和中学数学一线教师的支持，帮助编者从教学一线收集了大量生动的教学案例。同时，本书广泛参考和引用了国内外的相关文献和资料，在此向原作者表示衷心感谢。

需要说明的是，虽然我们本着高度负责的态度编写本书，但由于时间、精力等诸多因素的限制，书中仍存在很多不足，恳请广大读者与同行批评指正。

编　者

目 录

第一章 数学与教学概述

知识目标

1. 了解数学的概念。
2. 能举例说明中学数学的特点。
3. 能叙述数学课程与教学论的研究内容。
4. 掌握数学课程与教学论的研究方法。
5. 知道数学课程与教学论的学习意义。

文化素养

学所以益才也，砺所以致刃也。

——选自〔西汉〕刘向《说苑·建本》

【释义】

砺：磨砺。意思是说，要使刀刃锋利，就要勤加磨砺；要想增长才干，就要努力学习。

【联想】

本领不是天生的，是要通过学习和实践来获得的。俗话说："宝剑锋从磨砺出，梅花香自苦寒来。"不经过一番风雨兼程的磨砺，一个人很难具备渊博的学识，更何谈学以致用、知行合一。中学数学课程与教学论是专门研究数学教学特有规律的一门学科，是一门具有较强综合性、实践性且正在完善的独立学科。本章通过对数学课程与教学论的研究内容和研究方法的介绍，阐明学习数学课程与教学论课程对数学专业师范生的重要意义。

数学是研究数量关系和空间形式的科学，不仅是运算和推理的工具，还是表达和交流的语言。数学承载着思想和文化，是人类文明的重要组成部分。数学具有高度的抽象性、严谨的逻辑性、应用的广泛性等特点。中学数学课程与教学论是研究如何将神秘而美好的数学知识在中学数学教学中付诸实践，实现现实背景与形式模型互相统一、解题技巧与程序训练相结合、简约的数学语言与丰富的数学思想相交融、数学智育和德育相统一。

第一节 数学与中学数学

学习目标

1. 了解数学的概念。

2. 掌握数学的价值。

3. 掌握中学数学的特点。

学习任务

撰写一篇《数学与中学数学》演讲稿。

知识探究

一、数学的概念

《义务教育数学课程标准（2022 年版）》（以下简称《义教课标（2022 年版）》）明确指出："数学是研究数量关系和空间形式的科学。"简单地说，数学是研究数和形的科学。在数学的蓬勃发展过程中，数和形的概念不断扩大且日趋抽象化，以至于不再有任何原始计数与简单图形的踪迹。虽然如此，在新的数学分支中仍有着一些对象和运算关系借助于几何术语来表示，如把函数看作某种空间的一个点之类。这种做法之所以行之有效，归根结底，还是因为数学家们已经熟悉了那种简易的数学运算与图形关系，而后者又有着长期深厚的现实基础。而且，即使是最原始的数字（如 1、2、3、4）和几何图形（如点与直线）也已经是经过人们高度抽象化了的概念。因此，如果把数和形作为广义的抽象概念来理解，那么前面提到的把数学作为研究数和形的科学这一定义对于现阶段的近代数学也是适用的。

二、数学是人类文化的重要组成部分

《普通高中数学课程标准（2017 年版 2020 年修订）》（以下简称《高中课标》）指出：数学不仅是运算和推理的工具，还是表达和交流的语言。数学承载着思想和文化，是人类文明的重要组成部分。作为一门科学的数学所表现出的文化特征，数学在人类的文明史上具有独特的地位。作为人类文化的重要组成部分，一方面，数学受经济、政治和文化等因素的影响；另一方面，数学又是一种推动人类物质文明和精神文明进步的力量。

1. 数学文化对促进世界科学文化交流有着重要作用

美国数学教育家 M.克莱因说："许多历史学家通过数学这面镜子，了解了古代其他主要文化的特征与价值取向。"数学是"语言"，是人们交流的工具。由于它们可以储存和传递信息，因而在信息化时代，数学的"语言"功能更为突出。人们可以用所学的数、符号或图像这些"语言"去描述世界，当然，也可以用严密的数学语言表达自己的想法。数学语言源于人类自然语言，但随着数学抽象性和严密性的发展，逐渐演变成相对独立的语言系统，其主要特点是形式化和符号化。数学语言是精确的，它可以避免日常可能引起的混乱和歧义，同时数学语言又是简洁的。另外，数学语言的现代发展还为计算机和人工智能的产生奠定了基础，数学语言可以说是迄今唯一的世界通用语言。

2. 数学文化对推动生产力发展、改变人们的生活方式有重要作用

20 世纪的科学技术进步给人类生产和生活带来的巨大变化确实令人赞叹不已。电子

数字计算机的诞生和发展完全是在数学理论的指导下进行的。计算机产业已经成为当今社会最宏大的产业。计算机空前地改变着人们的生活方式，将人类带进了信息化时代。然而，不仅计算机的发明包含了数学家不可磨灭的贡献——被称为"计算机之父"的是数学家冯·诺依曼，计算机的进一步发展、使用也始终离不开数学。可以说，所谓信息化时代，本质上是数学化时代。

3. 数学文化对人类的精神文明的发展有重要作用

数学有利于培养科学的审美观。人对美的理解各不相同，但总之美和完善、完美、和谐、秩序等相联系。数学本身体现出的简洁美（抽象美、符号美、统一美等）、和谐美（对称美、形式美等）、奇异美（有限美、神秘美等）会给学生以美的熏陶。数学所揭示的规律会加深学生对美的理解，而学习数学的过程也会使学生体验数学作为人类智慧的结晶所洋溢出的精神美。数学的美并不只是从事数学研究的专家才能品味享受，一些数学概念和原理，如对称、透视、比例、黄金分割乃至现代的分型等，通过在绘画、音乐、建筑中的应用而物化为广大公众喜闻乐见的艺术作品。如果没有透视的数学原理，就不可能有文艺复兴时代以来的一幅幅传世名画；没有"三分律""十二平均律"等简单的比例规律，也就不可能有古今中外无数美妙动听的音乐作品。

4. 数学文化对培养人的思维能力有重要作用

尽管大多数人将来不会成为数学家，但是条理性、逻辑性作为一种文化素质，对人们将来从事任何一种职业都是需要的。同时，数学思维能力的培养对人的智力发展起着关键的作用。例如，圆是一个完美的图形，可用方程来表示，我们可以从这个方程中找出圆的所有美妙的性质，进一步还可以用方程来表示球。仅仅靠类比就使我们从三维空间进入了多维空间，从有形进入了无形，从现实世界进入了虚拟世界。数学在培养人的思维能力方面发挥着不可替代的作用，这是数学影响人类文化最突出的方面之一。

三、中学数学的特点

（一）数学的特点

数学区分于其他学科的明显特点有三个：一是高度的抽象性，二是严谨的逻辑性，三是应用的广泛性。

1. 高度的抽象性

数的本身就是一个抽象概念，图形与几何中的直线也是一个抽象概念，全部数学的概念都具有这一特征。整数的概念、几何图形的概念都属于最原始的数学概念。在原始概念的基础上又形成有理数、无理数、复数、函数、微分、积分、n 维空间以至无穷维空间这样一些抽象程度更高的概念。但是需要指出，所有这些抽象度更高的概念都有非常现实的背景。

2. 严谨的逻辑性

数学的逻辑性表现在数学定义的准确性、推理和计算的逻辑严格性，以及数学结论的确定无疑与无可争辩性。当然，数学的严格性不是绝对的、一成不变的，而是相对的、发展着的，这正体现了人类认识逐渐深化的过程。数学中的严谨推理和一丝不苟的计算，使得每一个数学结论都是牢固的、不可动摇的。这种思想方法不仅培养了科学家，而且也有助于提高人的科学文化素质。数学是全人类共同的精神财富。

3. 应用的广泛性

数学应用的广泛性也是它的特点之一。著名数学家华罗庚教授曾指出："宇宙之大，粒子之微，火箭之速，化工之巧，地球之变，生物之谜，日用之繁，无处不用数学。"凡是出现"量"的地方就少不了用数学，研究量的关系、量的变化、量的变化关系、量的关系的变化等现象都少不了数学。数学的应用贯穿到一切科学部门的深处，而成为它们的得力助手与工具，缺少了数学就不能准确地刻画出客观事物的变化，更不能由已知数据推出其他数据，因而就减少了科学预见的精确度。

（二）中学数学的特点与教学

1. 现实背景与形式模型互相统一

数学学科虽然具有高度的抽象性和概括性，但是这种抽象的思想材料却不能完全脱离现实背景，中学数学更是这样。鉴于中学生的思维特点和接受能力及数学的发展规律，中学数学正是现实背景和形式模型的相互统一，数学教学正是数学模型的教学。教师应组织多种多样的数学活动，提倡从学生身边的情境引出数学，组织学生进行社会调查，参加数学实验，解释分析现实世界有关数据等实践活动。在课堂上注意数学概念的实际内涵，帮助学生理解数学模型中的形式化处理，让学生理解数学模型的广泛应用和巨大效益，从而激起学生学习数学的兴趣，并从中接受生动的社会教育。

2. 解题技巧与程序训练相结合

解决问题是数学的灵魂，其特点在于技巧性和程式化。数学中的数量变化问题，必须用灵巧的思维和繁复的计算程序去解决，即一方面需要灵活机动的创造性思维，另一方面需要固定的计算公式，二者缺一不可。根据这一特点，教师应当注意教材中形式推演背后的生动思想，避免重复的单纯模仿和套公式。一堂数学课，应当在学生活动的基础上，启发和诱导学生的形象思维，鼓励学生进行数学猜想，激发学生的创造热情，点燃学生的智慧火花，使一些看起来很难的问题得到水到渠成的解决。

3. 简约的数学语言与丰富的数学思想相交融

简约的数学语言与丰富的数学思想相交融是中学数学的又一特点。众所周知，数学思想是十分丰富的。公理化方法、代数思想、解析几何观点、统计与概率思想、微积分思想等是宏观的数学思想。函数观点、向量表示、参数方法、恒等变形、同解变形等是中观的数学概念。素数与合数、负负得正、尺规作图、任意角与周期性、算术根等是微观的数学问题。这些内容渗透了人类几千年的文明努力，具有丰富的思想文化内涵，但是它们都是用简明的符号、公式、定义及定理加以描述的。

4. 数学智育和德育相统一

数学智育和德育相统一主要是针对过去过分强调"数学是思维训练的体操"而言的。数学的价值是指数学的文化价值和教育价值，包含数学智育和德育相统一的含义。在《高中课标》中明确说明了这一点：学生在数学探究中，应养成独立思考和勇于质疑的习惯，同时也应学会与他人交流合作，建立严谨的科学态度和不怕困难的顽强精神。在数学探究中，学生将初步了解数学概念和结论的产生过程，体验数学研究的过程和创造的激情，提高发现、提出、解决数学问题的能力，发挥自己的想象力和创造精神。

互动交流

【交流研讨】

1. 谈谈数学的特点。
2. 结合你学习的经历谈谈数学的价值。

【实践训练】

请查阅网上资料，小组合作探讨将学生的数学成绩作为选拔学生的标准，这种做法给学生的发展带来哪些不利。

评价反思

1. 通过本节课的学习，谈谈你所认识的数学。
2. 通过本节课的学习，谈谈你对义务教育阶段数学的认识。

拓展提高

数学奠定现代密码学的基础

1969 年，互联网在美国西部诞生。这些计算机网络以一组通用的协议相连，形成逻辑上统一的计算机体系。使用互联网可以将信息瞬间发送到数千米之外，它是信息社会的基础。随着信息化时代的到来，信息安全成为一个突出问题。在军事通信中，敌方总是希望截获并破译对方的通信指令。在第二次世界大战期间，密码曾经是某些战争胜负的决定因素，如西西里岛登陆战役、阿拉曼战役、中途岛战役和山本五十六被击毙事件。即便是在普通通信中，从高级黑客到低级诈骗犯都想窃取别人的信息。所以，现代密码学应运而生。

1976 年，美国密码学家惠特菲尔德·迪菲（Whitfield Diffie）和马丁·赫尔曼（Martin E. Hellman）提出了公开密钥密码体制的思想。

早在古希腊时期，欧几里得就已经证明：每一个正整数都可以被唯一地分解为素数的乘积。但是，当整数很大时，如何找到具体的分解方式却是一个非常困难的数学问题。

1977 年，麻省理工学院的三位数学家罗纳德·李维斯特（Ronald L. Rivest）、阿迪·沙米尔（Adi Shamir）和雷纳德·阿德勒曼（Leonard M. Adleman）基于数学中的大整数分解问题，首次实现了这一思想，提出了 RSA 加密方案（RSA 就是他们三人姓氏开头字母组成的）。

自 1976 年以来，数学家和密码学家又建立了多种基于基础数学困难问题的密码体系。例如，基于离散对数的加密体系、基于椭圆曲线的加密体系等。这些密码体系的应用极大地推动了信息科学和产业的发展，为网络时代的信息安全提供了保障。从此，原本被认为无用的基础数学直接进入了高技术的最核心领域。

在过去的一个世纪中，数学已经证明自己在科技革命中不可替代的作用。在未来的科技革命中，数学也一定不会缺席。

（资料来源：宗传明. 成就现代科学技术的数学：从手机背后的数学谈起[N]. 中国科学报，2022-12-7（3 版），有删改）

第二节　数学课程与教学论的学科特点及研究内容

学习目标

1. 了解数学课程与教学论的学科特点。
2. 了解数学课程与教学论的研究内容。

学习任务

有人认为只有聪明、有天赋的人才能学好数学，请谈谈你的看法。

知识探究

教学论是研究学校教学现象和问题，揭示一般教学规律的科学。教学论的任务就是探讨、揭示一般教学规律，阐明各种教学问题，建立教学科学理论体系，指导教学实践。数学课程与教学论是研究数学教学现象，揭示数学教学规律的一门学科。数学教学作为数学教育的重要组成部分，在促进人们形成正确的数学观和教学观方面，在发展和完善人类的教学活动中，以及在推进教育发展中起着重要的作用。数学教学在学校教育中占有特殊的地位，它不仅使学生掌握数学的基础知识、基本技能、基本思想方法，也使学生思维活跃、条理清晰，会用数学的思考方式解决问题，形成实事求是的科学态度和辩证唯物主义的世界观。

一、数学课程与教学论的学科特点

1. 数学课程与教学论是一门综合性很强的独立学科

数学课程与教学论有自己的研究内容、研究方法和研究体系。但是它的研究却离不开其他学科，如数学、教育学、教学论、心理学、思维学、计算机科学、哲学等。首先，它要研究具体的数学教学理论、数学教学目的、数学教学内容和方法，既与数学的对象、特点、内容结构、方法和语言有关，又与教育学、教学论中所研究的一般教育目的、教学规律和方法有着密切的联系。其次，它要研究中学生数学学习的心理与方法、数学思维的特点与培养，既与心理学相联系，又与思维科学、方法论、逻辑学密不可分。最后，新一轮数学课程改革要求研究学生的学习方式和手段，这与计算机科学息息相关。一切重大的教学论问题的解决都离不开唯物辩证法的指导，这又与哲学有着密切的联系。可见，数学课程与教学论是一门综合性很强的学科。

2. 数学课程与教学论是一门实践性很强的理论学科

数学课程与教学论的产生既是数学教育理论发展的必然结果，也是数学教学实践的产物。随着数学教育改革的深入发展，人们对数学教学倍加关注，数学教学改革被作为提高数学教育质量的重要手段而提升到了一个新的高度，数学教学工作者越来越需要了解和掌握有关能够帮助他们切合实际地解决数学教学问题的理论。数学课程与教学论开始发展成为学科教学论中的重要分支学科之一。数学课程与教学论揭示的是数学教学的基本原理、特有规律，而不是停留在教学论、心理学与数学案例的组合上。所以，数学课程与教学论是一门实践性很强的理论学科。

3. 数学课程与教学论是一门正在完善的学科

新一轮数学课程改革就是通过调研拿到第一手资料才开始实施的。数学教育专家们做了大量的工作。他们对国外数学教育情况进行了深入细致的研究，提出了我国课程改革的理念；通过研究西方数学学习理论，结合我国中学生的特点，提出了我国中学生数学学习的相应理论；通过分析国外数学教学评价的情况，提出了我国数学教学评价的方法和手段；通过对现今社会生活进行研究，提出了我国数学课程内容的范围；通过对传统数学教育的现状进行分析，发现了我国数学教育的优点和不足；通过数学教学实践，逐步形成了学生数学思维和数学能力的培养方案；等等。数学教育专家们的工作使数学课程与教学论这一学科正在逐步地完善。

二、数学课程与教学论的研究内容

中学数学课程与教学论是研究中学数学教学系统中数学课程标准、数学教学规律、数学学习规律、数学教学评价、数学思维和能力培养等的一门学科。高等师范院校数学专业开设的中学数学课程与教学论课程要求师范生学习数学课程与教学论的基础知识、基本理论和教学基本技能，为教育实习和毕业后从事数学教育教学工作及开展数学教学研究做好必要的准备。这门课程的基本内容包括以下几个方面。

1. 中学数学教育改革与发展的历史进程

学习目的是使师范生了解国外数学教育改革情况；了解我国数学教育改革的现状；真正体会现代数学教育的价值；理解数学家、数学教育家和数学教育的关系。

2. 中学数学新课程标准解读

学习目的是使师范生了解新课程标准的制定背景；深刻体会新课程标准的内涵；知道新课程标准在实施中应该注意的问题；感受数学教师在新课程实施中的重要作用；探索学生在新课程实施中的角色转变。

3. 数学、数学思维和数学能力的相关理论

学习目的是使师范生了解数学与中学数学的关系及中学数学的特点；掌握数学思维的规律并能针对其特点进行教学；认识中学数学的思想方法；具备在数学教学中培养学

生数学能力的技能。

4. 中学数学学习及教学的有关理论

学习目的是使师范生了解中学数学学习的相关理论；分析影响学生数学学习的因素；体会数学教师在学生学习中的重要地位；认识在现代信息技术下如何指导数学学习；了解数学课程与数学教学的关系；知道数学教育理论及其如何指导数学教学；重点掌握我国的"双基"（基础知识和基本技能）数学教育理论。

5. 师范生综合素质优化

学习目的是使师范生了解自我，认识到自己应该努力的方向；掌握数学课堂教学的基本技能；会对学生的学习成绩进行统计分析；能够对数学教学进行科学评价。

数学课程与教学论的内容非常丰富，不可能在有限的教学时间内掌握全部内容。在数学课程与教学论课程中只要求重点掌握数学课程与教学论中的基本理论、基本方法和中学数学新课程内容及数学新课程标准的基本理念。

互动交流

【交流研讨】

1. 谈谈为什么数学课程与教学论是一门实践性很强的学科。
2. 数学课程与教学论的研究内容都有哪些？

【实践训练】

撰写一篇中学数学与教学论课程的学习规划。

要求：（1）规划合理；（2）操作性强；（3）字数在 500 字以上。

评价反思

1. 通过本节课的学习，你知道数学课程与教学论是什么样的课程吗？
2. 请结合本节课的内容，谈谈你对数学课程与教学论的理解？

拓展提高

理解孔子教育思想的核心

孔子的教育思想，是其政治思想的一部分。孔子的政治思想，讲的是"道之以德，齐之以礼"的德治主义，其理论根据是发现了"仁"的普遍性存在。孔子教育思想的核心在于承认人人有受教育的可能性。

在孔子看来，"学"是方法，通过"仁"成为"君子"，可以出仕，也可以不出仕。《论语》有云："君子哉蘧伯玉！邦有道，则仕；邦无道，则可卷而怀之。""君子"是"不器"的。孔子的教育目的，虽然是要培养"治国"的人才，但更重要的还是在人格的修养上。

"因材施教""以身作则"是孔子教学上的两大原则。因材施教就是从实际出发。《学记》曰："学者有四失，教者必知之。人之学也，或失则多，或失则寡，或失则易，或失则止。此四者，心之莫同也。知其心，然后能救其失也。教也者，长善而救其失者也。"《论语注疏》："夫子以身教，不专以言教"。故温故知新，可以为师；记问博习，无与于师道也。均说明孔子的教学方法，以重视学生自己的思考活动为主，成为其鲜明的特点之一。

作为"以德服人"的教育家，孔子倡导的"学而不厌，诲人不倦"的教学精神，已成为中国教师的优良传统。

（资料来源：孙本良. 理解孔子教育思想的核心[N]. 2021-7-1（6），有删改）

第三节 数学课程与教学论的研究方法及学习意义

学习目标

1. 了解数学课程与教学论的研究方法。
2. 熟悉数学课程与教学论的学习意义。

学习任务

小组合作研讨：数学课程与教学论的研究方法。

知识探究

一、数学课程与教学论的研究方法

数学课程与教学论是一门综合性和实践性较强的理论学科，对它的研究应该遵循复杂性、实践性和理论性的原则。针对这些原则，我们在研究过程中既要研究宏观情况，又要研究微观情况；既要用动态的观点进行研究，又要用静态的观点进行研究；既要用定性的方法进行研究，又要用定量的方法进行研究；既要有理论研究，又要有实践研究。因此，数学课程与教学论的研究方法大致可以分为以下几种。

1. 历史研究法

历史研究法是指运用历史资料，按照历史发展的顺序对过去事件进行研究的方法，也称为纵向研究法，是比较研究法的一种形式。在教育学领域中，它着重对以往的教育制度、教育思想、教育文化等进行研究。

【案例呈现】

研究数学课程与教学论可以通过研究数学课程与教学论的发展历史、数学教育发展史和数学发展史等方式来进行。数学发展史给我们提供了数学概念、理论、思想、方法、语言的发展历史。学生通过学习数学发展史能够进一步认识数学。学生认识数学的过程符合人类一般认识过程规律。历史给出了数学发展的规律，进而使学生用历史的观点来认识数学。通过对数学发展史的学习研究，学生体会到数学教育与社会的发展、人的成长、数学的发展是密不可分的。

【思考】

要研究现今的数学教育教学，首先就必须研究现今社会、数学的发展特点及学生的年龄特征等。同时，从数学的历史发展过程中能够找到学生学习数学的合理程序，也能够找到形成数学概念、理论、思想、方法和语言的途径。历史研究法是要从历史中汲取教育思想的智慧，不是去重复和复制历史；把现实的研究问题放到数学和数学教育历史中，看清其历史地位；把历史资料和现实资料加以对比分析，从历史的全局上把握本质。

2. 问卷调查法

问卷调查法是指调查者将事先设计好的问卷（调查提纲或询问表）通过网络或书面的组织形式交给被调查者，让其在规定的时间内回答完毕，然后通过网络或由调查者收回，接着进行统计汇总，以取得所需的调查资料的调查方法。问卷调查法是一种间接的、书面的访问，调查者一般不与被调查者见面，而由被调查者自己填答问卷。根据调查目的设计好问卷是做好调查的关键。一份完美的问卷，必须问题具体、重点突出，使被调查者乐于合作，能准确地记录和反映被调查者回答的事实，而且便于资料的统计和整理，还要省时、省力，匿名性强。

【案例呈现】

调查了解有关中学的数学教学工作，可以先设置一些问题来了解你想知道的情况，经过发放问卷、收回问卷、分析问卷后发现一些有价值的问题。对这些问题进行深入全面的分析，制定解决方案，进行教学实践。通过解决问题，可以总结出一些规律性的结论，充实数学课程与教学论的内容。

【思考】

通过调查可以了解学生对教师教学的意见、学生喜欢什么样的教师，以便教师改进自己的教学方式；可以了解调查者对现今的教育制度、教育改革的意见和建议；可以使学生知道课程改革对教师素质的要求；可以检验教师素质在课程改革实施过程中的提高程度。

3. 实验研究法

实验研究法是研究者按照研究目的提出设想，合理地控制或创设一定条件或因素（称为自变量），人为地干预、变革研究对象（称为因变量），从而验证假设，探讨教育现象成因（因果关系）的一种研究方法。要揭示教育教学规律，就必须通过控制某些因素，论证某种因果关系，即探索自变量和因变量二者间的因果联系，从而验证、修正、丰富、发展某种教育理论或主张，证明某种理论设想或主张的正确性、必然性。数学教育实验研究具有一般科学实验的特征，也具有其他研究所不具备的特征。

【案例呈现】

数学教育实验可以实现对因果关系的预见性（在所有方法中，是唯一能真正检验因果关系假设的研究）、推理模式的完整性、对数学教育活动的主动性干预等。具体来说，数学教育实验有下列功能：检验现有的教育理论和教学方法是否有效；检验自己的经验和设想是否有效，为发现和揭示新的教育特点和规律提供必要的基础；检验他人的经验和成果是否有效，以便在引进时进行改造、变通和发展，为新出现的教育理论假说应用于教育实践寻找可行的操作程序。

【思考】

这种方法比较接近学生的学习生活实际，易于实施，被广泛用于研究数学教育心理学和儿童学习心理学等大量课题，也是数学课程与教学论研究不可或缺的研究方法。

4. 个案研究法

个案研究法是指对某一学生、某一班级学生或某一年级学生在较长时间里连续进行调查，从而研究学生行为发展变化的全过程，这种研究方法也称为案例研究法。

【案例呈现】

个案研究法是追踪研究某一学生个体或学生团体行为的一种方法，包括对一个或一些学生材料的收集、记录，并写出个案报告。通常采用观察、面谈、收集文件证据、描述统计、测验、问卷、图片、影片或录像资料等方法进行研究。通过个案研究可以掌握学生的数学学习动态，了解学生数学学习的规律及学生在数学学习过程中遇到的困难等，以便更好地、有针对性地因材施教。

【思考】

在大多数情况下，尽管个案研究法以某个学生或某些学生作为研究的对象，但这并不排除将研究结果推广到一般情况，也不排除在个案之间做比较后在实际中加以应用。对个案研究结果的推广和应用属于判断范畴，而非分析范畴，个案研究的任务就是为这种判断提供经过整理的经验报告，并为判断提供依据。在这一点上，个案研究有点像历史研究，它在判断时常需描述或引证个案的情况。因此，个案研究法也称为个案历史法。

综上所述，只有明确中学数学课程与教学论的研究方法，并掌握这些方法的优缺点及具体步骤，根据所要研究的内容，有的放矢、因地制宜地实施，才能真正细致地研究数学教学理论。

二、数学课程与教学论的学习意义

从数学课程与教学论研究的内容及特点可以看出，数学课程与教学论的理论与实践对于提高中学数学教学质量、培养优秀人才、落实新一轮基础教育改革关系重大。但是，在当前的数学教学领域，对它的重要意义还缺乏认识，没有引起人们的普遍关注。在中学数学教学实践中，往往由于忽视数学教学规律，教学方法不得当，造成学生对学习数学不感兴趣，影响学生的智力开发，使学生没有形成良好的数学思维习惯，导致学生在今后的学习生活、社会生活中出现各种各样的障碍。

1. 学习数学课程与教学论有助于缩短师范生转为教师的周期

数学课程与教学论是师范生必修的专业课程，目的是使师范生尽快适应中学数学教学工作。以往人们认为，不学数学课程与教学论一样可以成为一名优秀的数学教师。事实上，那些没有经过师范教育的教师，在长期的数学教学工作中积累了大量的经验，这些经验就是他们数学教学的指导。他们知道遇到数学教育教学问题如何解决，但是不知道这样解决的理论根据。数学课程与教学论就是在总结这些教师在长期数学教学过程中形成经验的基础上所进行的理论升华。学习了数学课程与教学论的师范生就能在短时间内掌握大量的数学教育教学理论和实践经验，少走很多弯路，进而缩短师范生转为教师的周期。

2. 学习数学课程与教学论能提高师范生的数学教育理论水平

数学课程与教学论是一门实践性很强的理论学科，它包含大量的数学教育教学理论。师范生通过学习数学课程与教学论，能掌握数学教育教学的相关理论和学生数学学习的相关理论，知道自己在数学教育教学中的行为依据；能够用数学教育教学理论来分析自己教学设计的合理性，说明自己在开发学生智力方面的理论根据。同时，师范生可以利用数学教育教学理论来深层次地分析中学数学教材，进而提高自己的数学教育理论水平。

3. 学习数学课程与教学论能使师范生掌握数学课堂教学的基本技能

数学课程与教学论是集理论和实践于一身的学科，它的实践性要求数学课程与教学论必须研究数学课堂教学的基本技能。通过数学课程与教学论的学习，师范生在掌握一般教学技能的前提下，可以进一步掌握数学课堂教学的基本技能，如导入技能、讲解技能、演示技能、板书技能等。掌握了这些技能，师范生就会尽早适应中学数学的教学工作。

4. 学习数学课程与教学论有利于师范生形成数学教育教学研究的能力

新一轮基础教育改革正在实施中，它要求中学数学教师必须有一定的数学教育科研水平，成为新一代的研究型综合教师。在数学课程与教学论学习中，师范生能够很容易地掌握数学教育教学的研究内容和方法，了解数学教育教学界最新的学术动态，关注数学教育教学的热点话题。事实上，对中学数学教学研究最有发言权的人当属中学数学教师，他们每天都在数学教学第一线，通过他们的观察、访谈、调查、实验等，可以准确地掌握中学生数学学习的基本情况，进而研究中学数学教学规律。师范生要具备这些研究能力，必须在学习数学课程与教学论的过程中逐步培养。

5. 学习数学课程与教学论对普及新一轮基础教育改革有特殊意义

从我国实施新一轮基础教育改革以来，各级中学数学教师都进行了相应的新课程标准培训，但是，师范毕业生直接进入中学数学教学，如果没有进行新课程标准培训，他们就会不适应现今中学数学教学实际。通过数学课程与教学论的学习，师范生可以了解中学数学新课程标准的相关内容，知道数学课程改革的目标、内容、方式、原则及评价等；更重要的是，可以掌握中学数学新课程标准的基本理念，以便日后更好地指导自己的数学教学。

总之，一名新教师要能胜任中学数学教学工作，成为一名优秀的数学教师，不仅要学习数学专业知识，提高数学能力，而且要研究数学课程与教学论的理论，提高数学教学能力。因此，学习、研究数学课程与教学论对新教师的培养与成长有着特殊的重要意义。

互动交流

【交流研讨】

小组合作研讨：什么是历史研究法、问卷调查法、实验研究法、个案研究法？

【实践训练】

做一个学生之间的小调查，撰写简单的分析报告。

要求：（1）围绕你想知道的内容设计问卷；（2）做好调研并做简要分析；（3）撰写调查分析报告（字数在 800 字以上）。

评价反思

1. 通过本节课的学习，你知道数学课程与教学论的研究方法吗？
2. 通过本节课的学习，你知道数学课程与教学论的学习意义吗？

拓展提高

教育科学是数学方法与教育科学研究

教育科学是研究社会教育现象的科学，它系统研究的是怎样培养人，人具有社会性和自然性两种属性，决定了教育科学既受社会发展规律的支配，也受到自然发展规律的支配。因此，教育科学就更有必要引入数学方法，即用数学方法研究教育问题。也就是说，教育科学既要定性研究，也需要定量研究。

马克思曾经说过"一种科学只有成功地运用数学时，才算达到了真正完善的地步"。教育科学是一门应用性很强的学科，如果它不努力使自己数量化而只满足于定性分析，就不能准确地把握事物的"度"。近年来，人们开始认识到在以往教育研究中仅靠定性的经验分析或纯思辨的理论分析是不完善的，忽视实验环节，从书本到书本，缺乏定量研究是教育长期落后的原因之一。事实上，数学方法在教育领域里的应用远远落后于其他科学领域。众所周知，数学的产生远在教育科学之前，数学对于教育科学的定量化研究和科学水平的提高也大有帮助，但为什么数学迟迟未被引进到教育科学中呢？

首先，取决于数学的发展水平。由于教育现象的极端复杂性，精确数学对于教育领域中的一些随机现象和模糊现象无能为力。随机数学，特别是模糊数学的产生和发展只是近一二十年的事情，精确数学—随机数学—模糊数学，这就是迄今为止数学发展的轨道。另外，精确的经典数学主要适用于自然科学领域，随机数学已开始向社会科学领域渗透，而模糊数学则可能成为思想科学、教育科学领域中的数学工具。

其次，取决于教育科学的发展水平。一门科学，只有当它发展到一定的历史阶段，科学抽象达到一定程度时，才具备应用数学方法的条件。教育科学要运用数学作为自己的研究工具，其自身的发展要达到相当水平，特别是对教育科学的研究对象要有相当清晰和深入的认识。

再次，数学能否被成功地运用于教育科学研究，也取决于教育科研人员的知识结构和能力结构。长期以来，教育科学工作者往往忽视对自然科学知识，特别是数学知识的学习，所以，往往无法应用数学方法去研究教育问题。例如，数量化理论就是专门为研究社会科学而产生的一门数学分支，由于我们不敏感，长期以来都未能有效地应用。

（资料来源：顾虞华. 数学方法与教育科学研究[J]. 江苏教育学院学报（社会科学版），1996（2）：24-26.）

第二章 中学数学课程理论及发展

知识目标

1. 理解课程与数学课程的概念。
2. 知道数学课程的影响因素。
3. 了解国内外数学课程的改革历程与发展趋势。

文化素养

且夫水之积也不厚，则其负大舟也无力……风之积也不厚，则其负大翼也无力。

——选自〔战国〕庄子《逍遥游》

【释义】

庄子以水与大舟、风与大翼勾勒出两对关系近似的互喻意象：大舟的浮游远航依托于积厚之水的负载，大翼（指代大鹏）的九万里高飞也有待于海运雄风的托举。没有积厚之水，大舟只能徒自倾覆沉沦；没有扶摇鼓荡，大鹏也无从超然横越南北。

【联想】

古人云："师者，所以传道受业解惑也。"（"受"通"授"）教师如果缺少扎实的知识功底，以其昏昏，使人昭昭，如何完成传授道理、教授学业、解答疑难问题的使命。三尺讲台，传递的是知识，流动的是文化，学生可以原谅教师严厉刻板，但是不能原谅教师学识浅薄。在现代教育中，教师不仅是肩负专业知识的灌输者，更是综合素质的培养者、人格品行的涵养者，因此教师更应该充分了解数学教育的历史与发展，做到视野开阔、博采众长。

数学是中学教育阶段的主要学科之一。打好数学基础、提高学生的数学素养，是学好数学的前提，也是未来中学数学的重点。纵观历史，数学教育走过了怎样的历程，国际数学教育的发展趋势是怎样的，了解并弄清楚这些问题，是成为一名优秀数学教师的基本前提。本章旨在阐述数学课程的基本理论及发展，包括数学课程的概念、影响因素、性质，国内外数学课程的改革历程与发展趋势。数学课程是数学教育理论与实践的中心，每次大的教育改革往往都涉及数学课程的变迁，特别是从 20 世纪末开始，各国纷纷将数学课程的改革和实践作为教育改革的核心内容。例如，美国自 20 世纪 80 年代开始掀起的数学教育改革运动，即着眼于数学课程的系统性、综合性的改革；英国 20 世纪 80 年代数学教育改革的特点也是着眼于数学课程，从课程的体制、目标和内容方面都进行了一系列的改革。身处数学课程改革频繁的时代，数学教育工作者必须跟上形势的发展，了解课程理论，熟悉数学新课程、新内容。

第一节　数学课程概述

学习目标

1. 了解数学课程的概念。
2. 谈谈数学课程的影响因素。

学习任务

小组讨论：中学数学课程的本质属性。

知识探究

数学课程是数学教育学的重要组成部分，同时，数学课程又是课程这一大系统里的一个子系统。要明确数学课程的含义，首先必须弄清楚什么是课程，并理解与课程相关的一些概念。

一、课程的概念

在中国，"课程"一词有着悠久的历史渊源，始见于唐宋年间，"课"指课业，"程"指进程。因此，顾名思义，课程主要指学习的范围和进度。在西方，英文中"课程"一词"curriculum"来源于拉丁文的"currere"，意指"跑道"，转义为"学习之道"，与学习过程同义。可见，最初中西"课程"的含义基本相同，均指"课业与进程"。近代以来，随着教育的普及、学校的兴起，"课程"的概念也在不断地丰富和扩充。从20世纪20年代起，课程及其编制问题就开始得到专门的研究，成为一个独立的学科领域，"课程"一词也随之逐渐成为一个使用得最普遍的教育术语。然而，人们对这一术语的理解却并不一致，虽然教育家曾经做出了很多努力，想给这个术语下一个透彻的定义，但迄今理论界对此意见仍不统一。

二、数学课程的概念

由于人们对"课程"概念的理解不尽相同，因此对于"数学课程"的概念也会有诸多不同的解释。当我们把课程看作一种静态的客体，一种预设的、有目的的安排，看作旨在使学生获得的教育性经验的计划时，相应的数学课程可定义为：在学校教育环境中，旨在使学生获得促进其全面发展的、具有教育性的数学经验计划。这种定义方式本质上属"经验说"，即认为课程是一种经验，这种经验有着明显的个性色彩，因此它并非一种全编制的课程，只表述课程的存在性。

如果我们把课程看作一种静态的、为实现学校教育目标而选择的教育内容的总和，那么数学课程可定义为：为实现数学学科教育目标而选择的数学教育内容的总和。这种定义方式本质上属"内容说"，它是可建构、可执行的，即对学习者进行教育的可实施的课程，表述了课程的构造性。

同样，当我们把课程看作一种动态的由师生共同参与的意义创造的过程时，相应的数学课程可定义为由师生共同参与的建构主体性数学经验的过程，是学生获得数学体验的历程。这种定义的方式强调了课程的动态性，是一种"过程说"，意味着进程、运动、变化和不断地调节。

数学课程是所讲授的学科，强调学科知识的组织、累积与保存；数学课程是教学要达到的目标、教学的预设计划或预期的结果；数学课程是学生在教师的指导下或自主学习中所获得的经验或体验；数学课程是人的各种自主活动的综合，学生通过与活动对象的相互作用而实现自身各方面的发展。

三、数学课程的影响因素

《义教课标（2022 年版）》指出："数学在形成人的理性思维、科学精神和促进个人智力发展中发挥着不可替代的作用。数学素养是现代社会每一个公民应当具备的基本素养。""以习近平新时代中国特色社会主义思想为统领，基于核心素养发展要求，遴选重要观念、主题内容和基础知识，设立跨学科主题学习活动，加强学科间相互关联，带动课程综合化实施，强化实践性要求。"从中可以看出，数学课程受到三个重要因素的影响，即社会、数学、学生。

1. 社会需求与数学课程

社会的需求直接或间接地决定着数学课程所应具有的时代标准和价值取向，成为制定数学课程目标，选择课程内容、方法、评价方式的依据。《高中课标》指出："数学素养是现代社会每一个公民应该具备的基本素养。作为促进学生全面发展教育的重要组成部分，数学教育既要使学生掌握现代生活和学习中所需要的数学知识与技能，更要发挥数学在培养人的思维能力和创新能力方面的不可替代的作用。"

社会需求的决定作用还反映在数学课程应通过自身的改革主动适应社会的变化，主动服务于社会。《义教课标（2022 年版）》提出发展实践能力和创新精神，形成和发展核心素养，增强社会责任感，树立正确的世界观、人生观、价值观。正是根据国家对创新人才的需要提出的，是社会与时代的发展对数学课程提出的新要求。

2. 数学发展与数学课程

数学已经应用到各个领域中，特别是计算机技术的发展，注重数学与实际生活的联系，鼓励学生用数学的眼光看世界，用数学方法去解决现实问题应该成为数学课程的重要目标。因此，在义务教育阶段增加一些应用数学知识、数学建模内容及综合实践活动是符合数学发展的。

3. 学生的身心发展规律与数学课程

根据学生的身心发展规律，课程内容应该选取那些对学生来说具有现实意义的，与生活、实际相联系的内容。

新的课程体系的建立必须要把人的发展放在首要的位置，必须以促进学生心理的发展为目的。学生心理发展的内涵包括多个方面，既包括知识、能力的发展，又包括情感（兴趣、成就感、自信心、创新精神和创新意识等）的发展。这两个方面的发展是同时进行、相互促进的，而我们过去对后者却不够重视。

教师要本着学生是学习的主体，在课堂上开展学生之间、师生之间名副其实的交流，鼓励学生通过各种活动，进行各种观点之间真诚的交锋，使学生从经验中、活动中，通过思考与交流有目的、有意义地建构属于他们自己的知识结构，获得富有成效的学习体验。同时，要利用现代教育技术，加强计算机辅助教学的应用，使学生的学习变得更主动和更有生气，从而更加有效。

四、数学课程的性质

《义教课标（2022 年版）》指出："数学教育承载着落实立德树人根本任务、实施素质教育的功能。义务教育数学课程具有基础性、普及性和发展性。"这指明了义务教育阶段数学课程的性质。作为义务教育的数学课程，其阶段性也决定了它应具有的课程性质。义务教育阶段是一个接受学校教育的起始阶段，也是任何一个公民接受系统养成教育极其重要的奠基阶段。"九年影响一生"，数学课程作为这一阶段的主要课程，就必然具有基础性、普及性和发展性的属性特征。认识和理解这些属性的立脚点是基于特定年龄阶段下的学生发展——数学课程应当为所有适龄学生提供最基本的，并能促进学生继续发展的数学教育。这一角度应该引起对传统数学课程的反思：事实上，义务教育阶段数学课程这些本应被"突出体现"的属性有被弱化（或"异化"）的倾向。在相当大范围内，义务教育阶段的数学课程从一开始就被导入应试升学的轨道，"突出体现"的就是竞争性、区分性和筛选性，这给学生的发展带来诸多不利影响。因此，新课程标准对义务教育阶段数学课程本质属性的强调颇有"正本清源"之意。

互动交流

【交流研讨】
1. 谈谈你对义务教育数学课程的基础性、普及性和发展性的理解。
2. 结合你的学习经历，谈谈数学课程在学生发展上的功能。

【实践训练】
撰写一篇关于中学数学课程与学生发展的小论文。
要求：（1）论文中要形成自己的观点；（2）题目自拟；（3）字数在 1000 字以上。

评价反思

1. 通过本节课的学习，谈谈你所认识的中学数学课程。
2. 通过本节课的学习，谈谈你对义务教育阶段课程的性质的认识。

拓展提高

课程难度系数的定义与分析

影响课程难度的基本要素至少有三个：课程深度、课程广度和课程时间。其中，课程深度泛指课程内容所需要的思维深度，这是一个非常难以量化的要素，不仅涉及概念和数学原理的抽象程度及概念之间的关联程度，还涉及课程内容的推理与运算步骤；课程广度是指课程内容所涉及的范围和领域的广泛程度，可以用我们通常所说的"知识点"的多少进行量化；课程时间是指课程内容的完成所需要的时间，可以用我们通常所说的"课时"多少进行量化。

如果用 N 表示课程难度，用 S 表示课程深度，用 G 表示课程广度，用 T 表示课程时间，则可以建立如下函数关系式

$$N = f(S, G, T) \qquad\qquad ①$$

需要强调的是，在许多情况下，人们往往混淆了课程难度与课程深度这两个不同的概念，误认为课程越深，课程就越难。因此，必须做这样的假定：我们所研究的课程内容，只要有足够的时间，绝大多数学生都是能够理解的。

这就意味着，课程难度与课程深度成正比，与课程时间成反比。同样，课程难度与课程广度成正比，与课程时间成反比。这样，单位时间的课程深度 $\dfrac{S}{T}$ 和单位时间的课程广度 $\dfrac{G}{T}$ 是刻画课程难度很重要的量，分别称为"可比深度"和"可比广度"。显然，课程的"可比深度"和"可比广度"都大，则这门课程就难。这启发我们用"可比深度"和"可比广度"的加权平均来刻画课程难度，则式①可进一步表示为

$$N = \alpha\frac{S}{T} + (1-\alpha)\frac{G}{T} \qquad\qquad ②$$

其中，α 满足 $0<\alpha<1$，被称为加权系数，反映了课程对于"可比深度"或者"可比广度"的侧重程度。为了方便起见，我们称由式②定义的 N 为课程难度系数。对于同一门课程（或者相应教材）的两个不同版本 A 和 B，分别用 $N(A)$ 和 $N(B)$ 表示其课程难度系数，$N(A) > N(B)$ 说明 A 比 B 更难，难度系数的差越大，则说明难度的差别越大。

因此，一个"好"的课程设计理念应当是：在控制课程难度的前提下，优化课程深度与课程广度。在这个理念下，如果希望课程难度保持不变，那么，增加课程的可比广度则必须降低课程的可比深度，增加课程的可比深度则必须降低课程的可比广度。

（资料来源：史宁中，孔凡哲，李淑文. 课程难度模型：我国义务教育几何课程难度的对比[J]. 东北师大学报，2005（6）：152-156.）

第二节　国外数学课程的改革历程与发展趋势

学习目标

1. 了解国外数学课程的改革历程。
2. 了解国外数学课程的发展趋势。

学习任务

1. 小组合作研讨国外数学课程的改革历程。
2. 小组合作研讨国外数学课程的发展趋势。

知识探究

数学教育在国外可追溯到奴隶制社会的古埃及和古巴比伦，古埃及人创立了几何学，古巴比伦的泥板书记载着六十进位制计数法的数表和复利计算问题；在古埃及的宫廷学校和古巴比伦的寺庙学校里，都要学习数学。数学课程进入课堂，时间并不长，它始于西方工业革命时代。1760 年，英国的普里斯特利首先提出基础的学术性课程，其中包括数学课程。自此，数学成为基础教育的一个重要组成部分，不同的国家和地区都十分重视数学教育的改革和发展。数学教育的改革往往是基础教育改革的先导，从数学教育改革的理念和做法，也可以透视整个基础教育改革的动向和趋势。因此，我们有必要一起来回顾数学教育的历史。

一、国外数学课程的改革历程

（一）克莱因-佩里运动

19 世纪末，科学技术飞速发展，数学课程的内容和方法已不能适应当时科学与生活的需要，也不能适应数学自身发展的需要，迫切要求进行改革。为此，英国数学家贝利提出了"数学教育应该面向大众""数学教育必须重视应用"的改革指导思想；德国数学家 M.克莱因认为，数学教育的意义、内容、教材、方法等，必须紧跟时代步伐，结合近代数学和教育学的新进展，不断进行改革。1901 年，英国召开数学、物理与教育的研究大会，英国数学家佩里在会上发表了题为"论数学教学"的演讲。佩里的主要论点是：数学教育应从欧几里得《几何原本》的桎梏中解放出来，充分重视实验几何、几何应用，多教些立体几何，尽早教授微积分，肯定数学教育中思想教育的重要意义，坚持让学生自己去思考、发现和解决问题，强调联系实际学习数学的重要性等。

这次改革对中小学数学教学产生了深刻的影响。但是，由于过分强调了"以儿童为中心""从经验中学"（即"做中学"），过分强调了实用，忽视了系统理论知识的学习，降低了学生认识活动的起点，导致知识质量的下降。课程内容的改革是与学科结构、教学思想、教学理论和方法，以及教师水平等问题联系在一起的，孤立地彻底改革课程内容是不可能的，再加上第一次世界大战和第二次世界大战，中断了一些有价值的改革试验，还有当时实用主义哲学和教育思想的冲击等，改革运动最终未能取得满意的结果。但克莱因作为举世伟大的数学家提出的"应该以教育学和心理学的观点指导数学教学活动"主张，为现代的数学教育研究提供了指南。

（二）"新数"运动

20 世纪中叶是冷战时期，科学技术有了突飞猛进的发展，为各国在各领域的竞争提供了条件。世界各国都清醒地认识到，赢得竞争主动权的关键是培养掌握先进科技的各种人才。1957年，苏联发射了第一颗人造地球卫星，引起了西方世界的震惊。特别是美国，总结出了极为重要的"空间和国防计划方面能否成功，甚至能否进行，极大地依赖于数学及其应用是否占优势"结论：第一，学习任何科学，务必使学生理解该学科的基本结构，简称"结构思想"，"新数学"提倡发现学习，要求学生尽可能地像一名数学家那样，不仅使用他的工具，还要以自己的眼光来看待问题；第二，任何学科的知识都可以用某种方法教给任何年龄的学生（早期教育思想）；第三，让学生像原来的科学家那样亲自去发现所学习的结论，即所谓发现法，在教学目标上，把科学方法，如"探究""问题解决""发现法""学科研究方法"等作为主要目标，提出数学课程"不仅要反映出知识本身的性质，而且要反映出理解知识和获得知识的过程的性质"；第四，激发学生学习积极性的首要条件不是考试，而是对数学的真正兴趣，在课程实施过程中，教师不再是所有知识的源泉，而是强调教师引导学生自己去探究和发现。

在美国教育心理学家布鲁纳的课程改革思想影响下，"新数"运动的主要特征是按照"早期教育思想"引进现代数学的概念，按照"结构思想"把整个数学课程结构化。但由于"新数"运动发展的急速、实验的不充分，教师培训工作也没有跟上等因素，使这次改革带有很大的盲目性，"新数"运动以失败告终。

（三）回到基础

20世纪70年代初期，"新数"运动遭到普遍的强烈批评。1973年后美国数学教育理论中又出现了一个诱人的口号："回到基础"。针对"新数"运动重视计算技巧而偏重抽象概念、符号及过早引入"数学结构"等弊病，重新强调计算能力的培养。随后其他国家也有相同的要求。在一片"回到基础"的呼声中，20世纪70年代后期，各国都相应地调整措施。

然而，这一运动片面强调最低基本要求，致使教学水平继续下降。于是在20世纪80年代美国数学教育再一次引起关注，1983年美国高质量教育委员会发表了题为《国家处于危险之中：教育改革势在必行》的报告。该报告列举了美国教育质量严重下降的种种事实，并提出美国教育上的这种平庸性已使美国陷入深刻的危险之中，这将直接影响美国的竞争力，因此改革刻不容缓。这份报告的发表引发了美国教育史上的又一次大规模的改革。

（四）问题解决

20世纪70年代的实践表明，"回到基础"运动并没有达到真正提高数学教育质量的目标。20世纪80年代前后，以美国的情况最具代表性。在个人建构主义思潮的影响下，美国提出以"问题解决"为学校数学教学核心的思想；强调数学知识的应用性；强调满足学生的兴趣爱好，降低数学课程的统一性，增加多样性和选择性；强调探究式学习、合作式学习的学习方式；评价"不仅依据考试分数，而且还依据学生的努力程度、行为表现及到校上课率等因素"。

美籍匈牙利数学家波利亚是数学教育"问题解决"的先驱和奠基人。波利亚认为：①解题是人类的本性；②数学在发展学生智力方面提供了最大的可能性。

　　"问题解决"的目标不是要发现一个"万能的方法"，而是希望通过问题解决的成功实践，总结出某种规律或模式，使它们在以后的解题活动中起到启示和指导的作用。

　　"问题解决"的数学课程和教学模式，不仅有利于锻炼学生解决问题的能力，还着重考虑社会发展和学生心理发展的要求。

（五）大众数学

　　大众数学的教育理念最早由荷兰数学家弗赖登塔尔倡导。1983 年德国数学家达米洛夫在华沙国际数学大会数学教育会议上首次提出"大众数字（mathematics for al1）"的教育口号。进入 20 世纪 90 年代，"大众数学"也成了各国数学界的研究主题。然而由于各国国情、历史、文化各不相同，数学教育差别大，不同的国家有不同的"大众数学"。在我国，1990 年"21 世纪中国数学教育展望"课题组成立，开始民间组织的针对 21 世纪人才培养的研究，在我国首次提出"大众数学"的观点。课题的研究成果引起了教育行政部门的关注，并被吸收进新一轮的义务教育数学课程改革中。"大众数学"观念成为数学素质教育最主要、最基本的观念，其基本含义包括三个方面：人人学必要的数学；人人学有价值的数学；不同的人在数学上有不同的发展。"大众数学"为人们提供了良好的数学工具，同时又促进了人们个性品质的发展和素质结构的健全。

二、国外数学课程的发展趋势

　　20 世纪中叶后，数学本身发生了巨大的变化，特别是与计算机的结合，使数学的应用范围得到了空前的拓展。数学已经渗透到人类生活的方方面面，并成为现代社会每一个公民必需的基本文化素养，这一切构成了当前国外数学课程改革的基础。为了迎接新世纪的到来，世界各国纷纷对数学课程进行了改革。在这次国外数学课程改革实践中，出现了一些共同的趋势，构成了世纪之交数学教育改革的基本方向。

（一）注重数学应用

　　数学具有抽象性，也具有广泛的应用性。让学生了解数学的应用、学会运用数学知识和方法解决现实生活中的问题，是促使学生了解数学价值、形成数学学习动机的一个重要途径。因此，许多国家和地区的课程标准的主要目标之一是培养学生应用数学的能力。

　　日本文部省 1998 年公布并于 2002 年实施的《中小学数学学习指导要领》和 1999 年颁布并于 2003 年实施的《高中数学学习指导要领》都强调数学知识的应用，美国数学教师委员会于 2000 年公布的《学校数学的原则和标准》也非常注重数学应用。

（二）注重目标差别化

　　数学教学目标差别化是国外数学课程发展的一个新趋势。地区差异、学校差异和学生差异决定了一个国家不可能对所有地区、所有学校和所有学生提出完全相同的数学教学目标。

　　英国国家数学课程由教学目标和学习大纲两部分组成，其中教学目标按照五个知识块展开，学习大纲则按照学生在知识和能力方面的发展划分为八种水平；日本在制定学校课程时，考虑学生的个性特点和毕业后的不同去向，对学生数学学习大致提出了三种要求：基本毕业要求、升学一般要求和升学特殊要求；荷兰的数学课程从初中开始就根据职业预备教育、普通初中、普通高中和大学预科四个方向开始分流，使学生在不同的方向做出自己的选择；韩国于 2000 年开始实施的第七次数学课程改革的主题是构建差别化数学教育课程。

（三）注重内容选择性

数学教学内容的选择性是国外数学课程的又一个趋势，它与教学目标差别化紧密相连。

日本根据毕业的三种要求，制定弹性课程体系，采用学分制，给学生留出了选择余地。具体做法是将高中数学分为七个数学科目：数学基础、数学 I、数学 II、数学III、数学 A、数学 B 和数学 C，每个科目对应不同的学分、基本毕业要求、升学要求，学生可选修某一科目的部分内容以获取相应的学分。学习的程度也有一定的选择性，学生选择学习可以有不同的程度，如补习、补充、发展、深化，使不同发展水平的学生都有受益，以利于学生的个性差异发展。

（四）注重问题解决

注重问题解决是当前数学课程改革的一个突出特点。

美国数学教师协会（National Council of Teachers of Mathematics，NCTM）数学课程标准把问题解决作为主要目标之一，而且把具有解决数学问题的能力作为有数学素养的一个重要标志；英国国家数学课程标准包含旨在让学生学会解决问题的内容；韩国数学课程注重吸收当代国际数学教育研究的新成果，提倡问题解决，引入开放性问题，把问题解决作为数学课程的重要内容。

（五）注重数学交流

数学交流的重要性引起了人们的普遍重视，各国和各地区纷纷把它作为重要的课程目标。随着时代的发展，各国和各地区都逐渐意识到，数学在当今各学科中的用途急剧增加的一个重要原因就是：数学能简明扼要地表达和交流思想。从学生学习的角度讲，交流不仅可以帮助学生在非正式的、直觉的观念与抽象的数学符号语言之间建立起联系，而且可以帮助学生把实物的、图画的、符号的、口头的及用心智描绘的数学概念联系起来，还可以发展和深化学生对数学的理解能力，因为解释、推断和表达自己的思想可以使学生加深对概念和原理的理解。

（六）注重情感目标

情感因素在学生的数学学习中起着非常重要的作用。以往的数学课程设计过分强调知识性目标和技能性目标，忽视了情感目标，结果导致许多学生在数学面前遭受挫折和失败，使学生失去了学习数学的兴趣，伤害了学生学习数学的自信心，这种心态一直会影响学生未来的发展。当前许多国家和地区都把情感目标作为数学课程的重要目标。

（七）注重数学与其他学科的整合

数学与其他学科的整合是数学课程发展的又一个重要趋势，它在荷兰数学课程标准的跨学科目标、日本数学课程中的课题综合学习和英国数学课程标准中体现得尤为明显。

荷兰数学课程标准提出的跨学科目标的概念，体现了课程综合的基本理念。荷兰数学课程标准将中学阶段的数学课程目标分为跨学科目标、一般性目标和具体目标三个层次。其中，跨学科目标具体分为六个方面：①个人与社会；②学会做；③学会学习；④学会交流；⑤学会思考学习过程；⑥学会思考未来。一般性目标具体包括：①发展对待工作的数学态度；②发展数学语言并熟练地使用数学语言；③获得对数学的鉴赏能力，建立数学学习的自信心；④了解数学在其他学科领域中的应用；⑤获取的数学知识、理解能力和技能对今后继续接受教育、就业、参与社会活动都应当有用。具体目标有四个领域：①算术、测量和估算；②代数关系；③几何；④信息处理和统计。

（八）注重现代信息技术与数学课程的整合

以电子计算机为核心的现代信息技术对数学的研究方式、研究范围和研究领域产生了深刻的影响，而这种影响已经波及数学教育。具体地说，现代信息技术不仅改变了数学课程内容，而且改变了数学教学方式和教学手段。近年来，世界各国纷纷将数学课程与现代信息技术进行整合，尤其是重视计算机辅助教学的研究与实施。

互动交流

【交流研讨】
1. 谈谈你对数学与其他学科整合的理解。
2. 结合你学习的经历谈谈数学课程情感目标的重要性。
3. 谈谈你对数学问题解决的理解。

【实践训练】
撰写一篇国外数学课程改革历程的反思。
要求：（1）文中要形成自己的观点；（2）题目自拟；（3）字数在600字以上。

评价反思

1. 通过本节课的学习，请你谈谈国外数学课程的发展历程。
2. 通过本节课的学习，请你谈谈国外数学课程的发展趋势。

拓展提高

M.克莱因与"新数"运动

1957年秋天，苏联第一颗人造卫星的成功发射，使美国政府和国民确信自己的数学和科学教育落后于苏联，决心大规模改革数学教育，由此发起了一场后来波及全球的"数学教育现代化运动"，简称"新数"运动，数十种新教材遍布全美，成千上万名学生接受了这项实验教学。"新数"运动一开始，由于有一些大数学家的领导，美国政府的政策和财政支持，人民对改革的热烈追求，进行得轰轰烈烈。然而，在这种大潮流中，美国数学家克莱因一直站在对立面，对此进行了尖锐的批判。他先后发表了一系列论文和著作讨论"新数"观点，其中包括《古代派对现代派》《关于中学数学课程的建议》《逻辑与教学法》《为什么约翰尼不会做加法：新数学的失败》等。在这些论著中，他坦率地指出"新数课程肯定没有矫正传统课程的缺陷，而且产生了新的缺陷"，它片面追求数学内容现代化，忽视了教育上的困难，实际上给数学教育带来了一场灾难。

与此同时，M.克莱因也极力主张改革，并且提出了自己的一套关于课程和教学改革的建议。主要有以下几方面。

1）以大多数学生的认识水平和经验为依据，处理好教材内容的演绎与建构、抽象与具体、严格与直观三对关系，培养学生的创造思维能力。

2）数学来源于并广泛应用于现实世界，与其他学科（自然科学、社会科学、文学艺术）联系越来越密切，绝不是孤立的自身满足体。

3）要想方设法激发学生的学习动机。M.克莱因说，"我相信，数学教学中的主要问题是动机的激发"，遗憾的是传统课程和"新数"课程都对此无能为力。

4）把握住传统数学与现代数学在中学教材中的比重。"新数"派宣称应以现代思想改造陈旧的课程内容，使其达到结构化、统一化。对此，M.克莱因非常反对。

5）教材编写中数学术语要尽量少些，新术语的出现每次要控制在最少个数，多使用学生常用和熟悉的词语与之类似，数学符号也要尽可能少，因为符号过多会让学生感到畏惧，符号的意义又必须记忆，符号带来的简洁并不能补偿它给中学生带来的麻烦。

M.克莱因根据自己这些观点，示范性地给出了九年级代数和十年级几何的编写课例，试图创立一种既克服传统课程的弊端，又不同于"新数"的做法。

（资料来源：赵雄辉. M.克莱因与"新数"运动[J]. 江苏教育，1990（5）：29-30.）

第三节　国内数学课程的改革历程与发展趋势

学习目标

1. 了解国内数学课程的改革历程。
2. 理解国内数学课程的发展趋势。

学习任务

1. 分析国内数学课程的改革历程。
2. 分析国内 20 世纪 90 年代数学课程的特点。

知识探究

一、国内数学课程的改革历程

国内数学课程的产生和发展经历了漫长的历史，但真正得到迅速发展，是在 1949 年中华人民共和国成立以后。七十多年来，国内数学课程经历了多次重大变革，大致可以将其划分为以下几个阶段。

（一）全面学习苏联

中华人民共和国成立后，在人力、物力有限的情况下，移植是发展的一条捷径。受国际政治环境的影响，教育部门以全面学习苏联为指导思想，着手制定全国统一的中学数学教学大纲。

1952 年，教育部以苏联中小学数学大纲为基础，制定了《中学数学教学大纲（草案）》。1954 年和 1956 年，教育部又两次对这份大纲进行了修订，制定了《中学数学教学大纲（修订草案）》，与此同时，人民教育出版社以苏联十年制学校的数学课本为蓝本，编译成我国中小学数学教材。

值得肯定的是，此阶段对教学目的的规定，使国内数学教学明确了为社会主义建设服务的方向，加强了数学基础知识、基本技能的教学和思想品德的教育。特别是建立了大纲和全国统一的数学课程体制。例如，《中学数学教学大纲（修订草案）》中指出："中学数学教学的目的是教给学生有关算术、代数、几何和三角的基础知识；培养他们应用这些知识解决各种实际问题的技能和技巧，发展他们的逻辑思维和空间想象力；在数学教学过程中，贯彻新民主主义教育的一般任务，形成学生辩证唯物主义的世界观，培养他们新的爱国主义及民族的自尊心，锻炼他们的坚强的意志和性格。"

（二）教育改革

1958 年，《中共中央、国务院关于教育工作的指示》中提出了"教育为无产阶级政治服务，教育与生产劳动相结合"的教育方针和"教育必须改革"的号召，破除迷信、解放思想，发动群众，有不少数学家、数学教育家、大学师生和广大中小学数学教师参加，对数学教学的目的、任务、大纲和教材、数学课程现代化等问题展开了热烈讨论，提出了各种改革方案，进行了各种数学教学改革实验。1960 年 2 月在上海举行的中国数学会第二次代表大会，可以认为是 1958 年数学教育改革运动的高潮和总结。这次大会的中心议题之一是根本改革各级各类学校的数学教育问题。

（三）调整、巩固、充实、提高

1961～1963 年，国家对教育事业进行了大幅度的整顿，认真总结了全面学习苏联和教育大革命的经验教训。1961 年和 1963 年教育部先后两次修订了中学数学教学大纲。

1966～1976 年，数学教学遭到破坏。这段时间没有统一的教学大纲，虽然各省市组织编写了一些教材，但实用主义严重，大大削弱了对基础知识和基本技能的培养，数学教学质量和知识水平降低到新中国成立以来的最低程度。

（四）四化建设的新时期

1976 年后，开始进入社会主义四个现代化建设的新时期。为了适应新时期社会主义现代化建设的需要，数学教学必须赶上时代的要求。通过对先进国家的数学教学大纲和教材的分析研究，1978 年教育部制定了《全日制十年制学校小学数学教学大纲（试行草案）》，并据此编写了全国通用的数学教材。这份大纲对数学教学内容的确定提出了"精简、增加、渗透"的六字方针。

为了与九年制义务教育课程计划衔接，国家教育委员会于 1994 年 3 月启动《全日制普通高级中学数学教学大纲（供实验用）》，其中的教学目的部分延续了义务教育初中数学教学大纲的提法，在目的的水平层次上提高了要求。该大纲于 1996 年 5 月颁布试行，并编写了教材。从 1997 年 9 月开始在江西、山西和天津进行试验。这个新大纲精简了内容，更新了部分知识、讲法和技术手段，增加了灵活性，而且重视数学应用。例如，删减了幂函数、指数方程、对数方程、部分三角恒等变形公式、反三角函数、三角方程、立体几何中的面积与体积计算等，增加了简易逻辑、平面向量、空间向量、概率统计、微积分初步等。实行三种不同的要求，高中一、二年级的教学内容和教学要求相同，作为共同的基础。高中三年级分三种不同的水平，即文科、实科、理科三种水平，打好分流基础。

其后，2000 年、2002 年对两个大纲进行了修订，在教学目的部分增加了"培养创新意识"的内容，并把"逻辑思维能力"修改为"思维能力"，以体现数学教学不仅可以培养逻辑思维能力，而且可以培养"非逻辑思维能力"（如直觉思维、发散思维、想象、猜想、合情推理等与发现、创新能力相关的所谓能力）。

经过近五十年的改革与实践，建设起了符合我国国情的中学数学课程体系。

（五）走向 21 世纪

进入 21 世纪以来，随着技术革命的加快，经济全球化的推进，人才竞争的加剧，世界各国都在积极推进数学课程和教学改革。为建立一个现代化的基础教育课程体系，教育部基础教育司于 1999 年 3 月正式组建了"国家数学课程标准研制工作组"。工作组着手进行数学课程标准的研究和起草工作。2001 年和 2003 年，教育部分别颁布《全日制义务教育数学课程标准（实验稿）》和《普通高中数学课程标准（实验）》，拉开了新一轮数学课程和教学改革的大幕，数学课程和教学改革走上了新的发展阶段。

2010 年，中共中央、国务院印发了《国家中长期教育改革和发展规划纲要（2010—2020 年）》，明确提出与时俱进，推进课程改革的任务要求。基于上述背景，教育部委托基础教育课程教材专家工作委员会组织开展了义务教育课程标准的修订与审议工作。

2011 年 12 月 28 日，在总结数年来全国课程改革实践的基础上，教育部正式颁发了《义务教育数学课程标准（2011 年版）》（以下简称《义教课标（2011 年版）》），并于 2012 年秋季开始实施。新的课程标准终于在实验稿的基础上开启了破冰之旅，颇有力度地扭转了曾坚持近 60 年的"双基""双能"传统课程目标导向。

2022 年 4 月 8 日，教育部正式颁布的《义务课标（2022 年版）》，在总结《义教课标（2011 年版）》实施经验的基础上，对课程性质、基本理念进行了修订，明确提出了义务教育阶段发展学生核心素养的课程目标，对课程内容进行了结构化处理，在综合与实践领域加强了跨学科主题的要求，同时新增了学业质量标准以刻画学生学习表现，充实了课程实施建议等。其主要变化体现在以下三个方面：提出一致性的核心素养和发展性的阶段表现；通过主题整合构建指向核心素养的内容结构；提出以核心素养为导向的学业质量要求和教学建议。以核心素养为导向进行数学课程改革，是数学教育领域贯彻以人为本教育理念、落实立德树人根本任务的具体体现，也是构建中国特色的数学课程体系，并使其在国际数学教育舞台上发挥重要作用的有力举措。

二、国内数学课程的发展趋势

国内数学教育建设中形成了较为完善的"应试教育"体系，数学课程更多体现的是工具价值，数学课程的改革首先应该是价值取向的变革。数学课程的改革与发展要对数学的教育价值的挖掘、现代教育技术对数学课程的冲击与影响，以及数学课程理论的元研究等方面予以充分重视。

国内数学课程的发展趋势可以归纳为以下几个方面。

（一）突出学生的主体性地位

"做数学"是目前数学教育的一个重要观点，它强调学生学习数学是一个经验、理解和反思的过程，强调了以学生为主体的学习活动对学生理解数学的重要性，认为"做数学"是学生理解数学的重要条件。数学课程将更加看重学生的学习主体性地位及数学学习的过程性和活动性，它必然要求改变那种注重传授的单一教学方式，需要更多地采用那些能使师生互动及学生之间能交流合作、自主探索的方式。

从各国的课程看，除问题解决的课程方式仍受到重视外，其他更多样化的活动方式进入数学课程将是必然趋势，如综合活动、数学实验、数学欣赏及探究性课题等。

（二）与现代教育技术相结合

近年来，世界各国纷纷将信息技术应用于数学教育，十分重视计算机辅助教学的研究与实践，各种现代意义上的数学教学已经出现：结合具体数学内容编制各类软件，借助计算机快速、形象与及时反馈等特点，配合教师教学，使教师的指导与学生的主观能动性得到更好的发挥；充分利用计算机网络的人机交互作用，并从智能计算机辅助教学（intelligent computer aided instruction，ICAI）到多媒体计算机辅助教学（multimedia computer aided instruction，MCAI），不断提升计算机辅助教学的水平。随着数学教学中技术含量的提高，计算机、网络技术等已成为学生的学习手段之一，学生可以自己通过各种现代化手段和媒介获得信息，进行数学思考活动。

因此，21 世纪的数学课程如何与现代教育技术进行整合，如何发挥多媒体技术的优势，将是我国数学课程改革的一大趋势。

（三）课程组织上的融合

与不同的课程理论流派相对应，在课程组织上曾呈现不同流派，有所谓学科取向的课程组织观、有历史和社会取向的课程组织观等。实际上，课程组织的核心问题是序的问题，也就是课程是以学科自身的逻辑为主来安排，或是以学科发展的历史顺序来安排，还是以学生的经验及兴趣的发展来安排。经过较长时间的讨论和摸索，新教材更加关注学科发展的历史和学生的自身发展。

以上各个方面在课程实施过程中协调统一，也是课程发展的重要趋势之一。

互动交流

【交流研讨】

1. 你认为数学课程设计应该考虑哪些问题？
2. 21 世纪我国的数学课程改革有哪些特点？

【实践训练】

画一幅我国数学课程的改革历程思维导图。

要求：（1）内容尽量丰富；（2）手绘、计算机绘制皆可。

评价反思

1. 通过本节课的学习，请你谈谈我国数学课程的改革历程。
2. 通过本节课的学习，请你谈谈我国数学课程的发展趋势。

拓展提高

中国古代数学教育简况

中国古代数学教育就是在官学或私学中有目的地向学生传授数学知识的一种社会教育活动。

中国数学教育的萌芽始于商代（约公元前 17 世纪—公元前 11 世纪）。殷墟出土的大量甲骨文表明，商代已进行极简单的读、写、算教学。西周（公元前 1046 年—公元前 771 年）是中国奴隶制发展的全盛时期，经济和文化获得空前发展，形成了以礼乐为中心的文武兼备的六艺教育，六艺由礼、乐、射、御、书、数六门课程构成，数主要在小学阶段学习。《礼记·内则》云："六年教之数与方名……十年出就外傅，居宿于外，学书计。"春秋战国时期，私学兴起，当时的四大私学是儒、墨、道、法。其中墨家传授一些数学知识（主要是几何知识）。两汉时，学校制度分官学和私学两类，官学不教数学，唯私学中的少数经师授些数学知识。魏晋南北朝时期，北魏在中央官学中设有算学，成为国家数学教育的萌芽。魏晋南北朝时期官学衰颓，地方私学呈现繁荣的局面，教授算学成为私学的重要内容之一。一般说来，魏晋南北朝以前的数学教育大多限于小学教育。

隋代在中央最高学府——国子寺中设立了算学，置有"算学博士二人，算助教二人，学生八十人，并隶于国子寺"（《隋书·百官志》），后停办。唐朝建立后，在隋的基础上继续举办教育，把数学作为一个专科，与明经、进士、秀才、明法、明书并列为六科。《大唐新语》云："隋炀帝改置明经、进士二科。国家因隋制，增置秀才、明法、明字、明算，并前为六科。"当时置有算学博士二人，助教一人，以李淳风等校定注释的十部算经为基本教材。这十部算经是《周髀算经》《九章算术》《海岛算经》《孙子算经》《五曹算经》《张丘建算经》《五经算术》《缉古算经》《缀术》《夏侯阳算经》。五代时，战争不断，数学教育便无从谈起。北宋初期，虽设有算学博士，但未兴办数学教育。直到元丰七年（公元 1084 年）才有算学考试之举。同年刊"算经十书"于秘书省，供学生学习，"算经十书"除《缀术》因失传不在其中外，其余与唐相同。崇宁三年（1104 年）正式建立算学科，宣和二年（1120 年）又废止算学。明初，科举考试中又恢复算学。直到嘉靖元年（1522 年）后在科举中取消算学为止。清代，直到康熙五十二年（1713 年）才正式设置算学。

概言之，中国古代自商代开始就出现了数学教育，几千年来，数学教育在官学和私学中断断续续地进行着，并得到了一定程度的发展。但同时，各个朝代的数学教育都兴废无常，而且只在很狭小的范围内进行，发展极不充分。探讨中国数学教育产生、发展以及发展不充分的原因，对于认识中国古代科学技术发展的规律，乃至中国古代文化的特点，都是有裨益的。

（资料来源：彭毅力. 略论中国古代数学教育[J]. 玉溪师专学报，1987（3）：61-68，有删改）

第三章　数学课程改革

知识目标

1. 掌握数学课程的基本理念。
2. 会写课程目标，会进行大单元理念下的目标设计。
3. 学会运用基本理念和核心素养的主要表现分析具体案例。

文化素养

凡益之道，与时偕行。

——选自《周易·益卦·象传》

【释义】

变通趋时，把握时机，做出适于时代需要的判断和选择。

【联想】

在信息化时代，知识正以几何级数的速度更新换代，教师如果不注重更新知识体系，就难免知识老化、能力僵化、思想钝化，难以担负起"得天下英才而教育之"的责任。世界上的一切事物都是不断运动和变化的，数学教学要与时俱进，教学方法也一样。本章学习数学课程的标准，在课程改革理念下，教师要树立终身学习理念，"要给学生一滴水，教师要有长流水"。

2022年4月21日，《义教课标（2022年版）》正式颁布，主要内容分为课程性质、课程理念、课程目标、课程内容、学业质量、课程实施和附录七部分。中学数学教师资格考试科目《数学学科知识与教学能力》中，关于课程标准部分的考试目标为中学数学课程知识的掌握和运用，要求理解中学数学课程的性质、基本理念和目标，熟悉《义教课标（2022年版）》《高中课标》规定的教学内容和要求。

第一节　中学数学课程的基本理念

学习目标

1. 熟记义务教育数学课程的基本理念，并会分析问题。
2. 理解高中数学课程的基本理念。

学习任务

分析"一元一次方程"的教学设计，请你评价这节课体现了新课程标准中的哪些理念？

知识探究

《全日制义务教育数学课程标准（实验稿）》是国家课程的基本纲领性文件，于 2002 年颁布，是国家对基础教育数学课程的基本规范和质量要求。这次课程改革将我国沿用已久的教学大纲改为课程标准，反映了课程改革所倡导的基本理念。2011 年颁布了《义务教育数学课程标准（2011 年版）》，标志着我国基础教育课程改革进入了一个新的阶段。教育部于 2014 年颁布了《关于全面深化课程改革 落实立德树人根本任务的意见》，作为课程改革"着力推进的领域"，第一次提出了"研究制定学生核心素养体系"的要求；随后于 2016 年发布了《中国学生发展核心素养》，第一次提出了中国学生发展核心素养的概念和总框架，以培养"全面的人"为核心；2017 年颁布了《高中课标》，并于 2020 年进行了修订，修订时坚持"育人为本"，凝练数学学科核心素养，明确数学学科独特的育人价值。2022 年 4 月，教育部颁布了《义教课标（2022 年版）》，是基于 2011 年版课标进行修订的，其标志性的变化是根据《义务教育课程方案（2022 年版）》提出的基本原则，"聚焦核心素养，面向未来"，依据学生终身发展和社会发展的需要，以加强正确价值观引导、重视必备品格和关键能力。

一、义务教育数学课程的基本理念

1. 确立核心素养导向的课程目标

义务教育数学课程应使学生通过数学的学习，形成和发展面向未来社会和个人发展所需要的核心素养。核心素养是在数学学习过程中逐渐形成和发展的，不同学段发展水平不同，是制定课程目标的基本依据。

课程目标以学生发展为本，以核心素养为导向，进一步强调使学生获得数学基础知识、基本技能、基本思想和基本活动经验（简称"四基"），发展运用数学知识与方法发现、提出、分析和解决问题的能力（简称"四能"），形成正确的情感、态度和价值观。

【案例呈现】

七年级"正数和负数"的课程目标。

目标 1：阅读教科书章前言，思考"增长-2.7%""结余-1.2"表示的意义，初步感受具体数学与形式数学的区别与联系。

目标 2：通过师生合作，突破用正数、负数表示指定方向变化的量，探究、领悟表示具有相反意义的量的关键和方法。

目标 3：通过变式、尝试和提升，助推学生完成从具体数学向形式数学的转折。

【思考】

负数的引入是从现实生活到数学的一个提炼过程，本质上是一个数学抽象的过程，是由具体数学向形式数学的第一次转折，核心导向的数学教学活动"注重创设真实情境"，让学生通过自己举例、思考、探究，感受和体会引入负数的必要性和合理性，理解负数的含义，发展学生的核心素养。

2. 设计体现结构化特征的课程内容

数学课程内容是实现课程目标的重要载体。①课程内容选择。保持相对稳定的学科体系，体现数学学科特征；关注数学学科发展前沿与数学文化，继承和弘扬中华优秀传统文化；与时俱进，反映现代科学技术与社会发展需要；符合学生的认知规律，有助于学生理解、掌握数学的基础知识和基本技能，形成数学基本思想，积累数学基本活动经验，发展核心素养。②课程内容组织。重点是对内容进行结构化整合，探索发展学生核心素养的路径。重视数学结果的形成过程，处理好过程与结果的关系；重视数学内容的直观表述，处理好直观与抽象的关系；重视学生直接经验的形成，处理好直接经验与间接经验的关系。③课程内容呈现。注重数学知识与方法的层次性和多样性，适当考虑跨学科主题学习；根据学生的年龄特征和认知规律，适当采取螺旋式的方式，适当体现选择性，逐渐拓展和加深课程内容，适应学生的发展需求。

【案例呈现】

七年级"营养配餐"的教学片段。

教师提出学习任务：14 岁的女同学小莹早上吃了一份阳光公司的早餐。中午她来到快餐店，计划从快餐店的食品中选择一些作为午餐。小莹喜欢的食品的部分营养素含量如表 3.1 所示。

表 3.1 小莹喜欢的食品的部分营养素含量

食品	能量/kcal	蛋白质/g	脂肪/g	碳水化合物/g
汉堡/个	930	52.9	59.4	45.2
薯条/份	226	3.3	10.4	28.2
可乐/杯	107	0	0	26
炸鸡块/（份/5 块）	215	12.8	12.7	11.9
冰激凌/杯	309	5.4	9.2	51.3

注：1cal=4.184J。

1）你能为小莹提供一份午餐购买方案和相应的晚餐饮食建议吗？

2）学生对现有材料进行分析、讨论，以小组为单位汇报讨论成果。

【思考】

在本环节中，教师提供了受学生喜爱的一些快餐食品的营养素含量表，并提出开放性问题。学生运用生物学知识、数据分析、数学运算等讨论、解决问题，在提升应用意识的同时，对健康饮食习惯也更加重视，对自己的饮食习惯也有所反思。教师引导学生用科学的方式解决生活中的问题，发展科学精神，激发学生对健康膳食进一步研究的兴趣，并为其继续研究提供方向。

3. 实施促进学生发展的教学活动

有效的教学活动是学生学和教师教的统一，学生是学习的主体，教师是学习的组织者、引导者与合作者。学生的学习应是一个主动的过程，认真听讲、独立思考、动手实践、自主探索、合作交流等是学习数学的重要方式。教学活动应注重启发式，激发学生的学习兴趣，引发学生的积极思考，鼓励学生质疑问难，引导学生在真实情境中发现问题和提出问题，利用观察、猜测、实验、计算、推理、验证、数据分析、直观想象等方法分析问题和解决问题；促进学生理解和掌握数学的基础知识和基本技能，体会和运用数学的思想与方法，获得数学的基本活动经验；培养学生良好的学习习惯，形成积极的情感、态度和价值观，逐步形成核心素养。

【案例呈现】

九年级"反比例函数的图像和性质"的教学片段。

小组合作学习，自主研究函数性质。

（1）学习小组自主研究

把学生分为 7 个小组，每组约 5 人，让学生以学习小组为单位自主研究反比例函数的图像和性质。教师进行课堂观察，参与讨论。

（2）学习小组汇报交流

组 1（主要汇报，有共性的小组补充）：先取一些特殊的反比例函数画图，然后抽象概括性质。（具体过程略。）

教师：你们的研究非常棒，可以看出你们已经学会了怎样研究一个新的函数，大家可以把你们的研究结果和研究思路尝试用思维导图的形式画出来。

组 2：我们直接研究了最一般的反比例函数 $y = \dfrac{k}{x}$ 的图象和性质，由于 k 不确定，就没有先画图，而是从解析式出发分析了它的图象特点和一些性质，边分析边画了一些图，验证了一下猜想，也发现了更多的性质。

下面各组继续补充，汇报……

【思考】

在本环节中，学习小组借助以往学习函数的活动经验自主研究新函数 $y = \dfrac{k}{x}$，师生互动，生生互动，课堂氛围和谐愉快，学生的思维深度参与，不断碰撞，完美地研究出反比例函数的一般性质。大部分小组从特殊函数入手，画出函数图像，再抽象概括反比例函数的图像特点和性质，这说明大部分学生已经可以比较熟练地自主研究一个新函数。在这一过程中，可以看到教师在教学中整体把握函数主题的学习特点，关注函数的本质，关注函数研究的一般方法；以前关于一次函数和二次函数的学习为今天的反比例函数的学习提供了基本活动经验，学生在逐渐形成简化的、本质的、对未来学习更有支持意义的、内在逻辑性较强的数学基础知识结构，形成科学的思维习惯，发展学生的科学素养。

4. 探索激励学习和改进教学的评价

评价不仅要关注学生数学学习结果，还要关注学生数学学习过程，激励学生学习，改进教师教学。通过学业质量标准的构建，融合"四基"、"四能"和核心素养的主要表现，形成阶段性评价的主要依据。

【案例呈现】

七年级"营养配餐"的课后作业。

请你调查了解人体每日的营养需求、几类主要食物的营养成分及不同食物成分对健康的影响等，根据爷爷、奶奶（或姥姥、姥爷）的饮食喜好，为他们设计一周的午餐食谱。

【思考】

本环节引导学生将学习由课堂延伸到课外，并把课内的学习收获迁移运用至家庭生活中，帮助学生树立健康的生活观念；引导学生关心家人健康，为敬老爱老提供具体有效的途径，培养学生的责任担当精神；关注学生的学习过程，激发学生的主观能动性，帮助学生在学习中树立自信心，增强学生的语言表达能力和独立思考能力。

5. 促进信息技术与数学课程融合

合理利用现代信息技术，提供丰富的学习资源，设计生动的教学活动，促进数学教学方式方法的变革。在实践问题解决中，创设合理的信息化学习环境，提升学生的探究热情，开阔学生的视野，激发学生的想象力，提高学生的信息素养。

【案例呈现】

八年级"数据的分析"的教学片段。

目标：延伸知识，增加兴趣。

用小视频展示大数据时代数据处理的价值：根据网上的搜索和浏览记录推断一个人的喜好，这样便可以精准推送浏览者喜欢的新闻或商品；将患者的就诊病例、CT 影像数据等与医生的诊断结果相联系，可以形成精确的统计模型，用于优质医疗资源的共享；视频监控录像能帮助警察破案，为其提供重要线索；车载智能语音系统准确识别语音信息，可以十分快速、便捷地将其转换为操作指令，大大提高驾驶的安全性，等等。

教师：大数据的价值远远不止于此。大数据已被普遍认为是重要的国家战略资源。未来，大数据资源将渗透到我们的日常生活、经济活动甚至政府的决策之中，可以提高我们的生活质量、改进企业的生产模式、提升政府部门快速响应和合理决策的能力等。

【思考】

介绍大数据文化，打破传统的数据概念，让学生对当今时代的大数据有了清晰的认识，利用信息技术手段辅助分析，体会大数据时代用样本估计总体思想的必要性，树立正确的世界观、人生观、价值观，体会大数据的时代意义和未来更深远的价值，激发学习的热情，提高学生的信息素养。

二、高中数学课程的基本理念

1. 以学生发展为本，立德树人，提升素养

高中数学课程以学生发展为本，落实立德树人根本任务，培育科学精神和创新意识，提升数学学科核心素养。高中数学课程面向全体学生，实现人人都能获得良好的数学教育，不同的人在数学上得到不同的发展。

2. 优化课程结构，突出主线，精选内容

高中数学课程体现社会发展的需求、数学学科的特征和学生的认知规律，发展学生的数学学科核心素养。优化课程结构，为学生发展提供共同基础和多样化选择；突出数

学主线，凸显数学的内在逻辑和思想方法；精选课程内容，处理好数学学科核心素养与知识技能之间的关系，强调数学与生活及其他学科的联系，提升学生应用数学解决实际问题的能力，同时注重数学文化的渗透。

3. 把握数学本质，启发思考，改进教学

高中数学教学以发展学生的数学学科核心素养为导向，创设合适的教学情境，启发学生思考，引导学生把握数学内容的本质。提倡学生独立思考、自主学习、合作交流等多种学习方式，激发学生学习数学的兴趣，养成良好的学习习惯，促进学生实践能力和创新意识的发展。注重信息技术与数学课程的深度融合，提高教学的实效性。不断引导学生感悟数学的科学价值、应用价值、文化价值和审美价值。

4. 重视过程评价，聚焦素养，提高质量

高中数学学习评价关注学生知识技能的掌握，更关注学生数学学科核心素养的形成和发展，制定科学合理的学业质量要求，促进学生在不同学习阶段数学学科核心素养水平的达成。评价不仅要关注学生学习的结果，更要重视学生学习的过程。开发合理的评价工具，将知识技能的掌握与数学学科核心素养的达成有机结合，建立目标多元、方式多样、重视过程的评价体系。通过评价，提高学生学习数学的兴趣，帮助学生认识自我，增强自信；帮助教师改进教学方式，提高教学质量。

三、基本理念对中学数学教学的作用

数学课程的基本理念对中学数学教学的指导作用，体现在它是教师在中学数学教学中对数学与数学课程、学生学习、教师教学、教学评价及课堂教学技术与教学手段改革认识的基本准则，即它是指导中学数学教育教学的新的课程观、教学观、学习观、评价观和信息科技观。

1. 基本理念指导建立新的数学课程观

传统的中学数学课程过分强调数学科学的形式化特征，过分追求逻辑严谨和体系形式化，因而造成了中学数学学习内容在不同程度上存在"难、繁、偏、旧"的状况。

新课程标准的基本理念改变了我们对传统中学数学课程的认识。提出"人人都能获得良好的数学教育，不同的人在数学上得到不同的发展"的观点，揭示了新的中学数学教学内容，这个内容体现出了义务教育的基础性、普及性和发展性的基本精神；提出"数学是人们生活、劳动和学习必不可少的工具"，阐明了新的中学数学课程要体现数学的工具性、语言性、创造性和文化性，即中学数学要体现人文价值。新课程标准的基本理念强调联系生活实际学习数学，强调数学的过程性内容，强调数学的实践性内容、探究性内容和合作性内容，使我国中学数学的教材发生根本性的改变。这些新特点正是在基本理念下新课程观的体现。

2. 基本理念指导教师和学生分别建立新的教学观和学习观

在教育教学中，教师的教学观和学生的学习观是互相影响的。传统的数学课程内容

重结果轻过程，重理论轻实践，学生所熟悉的生动的生活数学资源与丰富多彩的数学应用往往被枯燥的公式、定理、定义等所排斥，所以在数学教学中有太多的机械、沉闷和程式化的模式，缺乏生气、乐趣和对学生好奇心的刺激，缺乏对学生是学习的主人的尊重，缺乏教师和学生平等、合作、共同学习，使学生在学习过程中应有的思考与个性、探究与合作、乐趣与创新被排斥了。新课程标准的基本理念改变了传统中学数学教育中对教师的教学观和学生的学习观的认识，指导教师和学生建立符合素质教育要求的教学观和学习观。

教师的教学观——"学生是数学学习的主人，教师是数学学习的组织者、引导者和合作者。"

学生的学习观——"动手实践、自主探索与合作交流是学习数学的重要方式。""学习活动应当是一个生动活泼的、主动的和富有个性的过程。"

3. 基本理念构建新的数学教育评价观

中学数学教育传统的评价以量化为特征。量化固然有其合理的一面，但把学生的个性量化成一组组僵硬数字的做法则过于简单，而且在实践中量化又往往被处理成以挑错和"扣分"为特征的"排队"型考试。这容易使那些原本充满学习热情的学生在一两次"掉队"后开始怀疑自己的能力，变得越来越不自信，使学生原有的学习热情和愿望一点点丢失。数学新课程标准的基本理念从根本上改变了我们对数学教育评价的认识，指导我们构建一种新的、有助于学生认识自我和建立自信的、有助于教师改进教学的评价观。这种评价观的核心是要把学生的学习过程纳入评价的视野，要拓展多样化的评价目标和方法，要促进教师改进教学。

新课程标准根据数学教育评价的基本理念，对中学数学教育提出了五条评价建议：注重对学生数学学习过程的评价；恰当评价学生的基础知识与基本技能；重视对学生发现问题、解决问题能力的评价；评价主体和方式要多样化；评价结果要采用定性与定量相结合的方式。这五条评价建议是基本理念对中学数学教育评价的具体指导。

4. 基本理念指导教师和学生树立现代信息科技观

信息科技观对于多数数学教师还是一个比较新的观念，因为在我国还有相当多的学校没有计算机和网络，学生没有计算器，但是应该看到，现代信息技术对数学课程的影响在观念上的意义远大于其实际意义，即使我们一些学校的数学课堂教学还是"粉笔+黑板"，学生的学习还是"一本书、一支笔、一本作业本"，也不能在观念上滞后和保守，因为学生的未来离不开信息技术。新课程标准的基本理念提出"把现代信息技术作为学生学习数学和解决问题的强有力的工具"，就是指导教师和学生要树立现代信息科技观，改变传统的教的方式和学的方式，这也是时代和社会发展的需要。

互动交流

【交流研讨】

1.《义教课标（2022 年版）》的核心理念中有这样一段话：数学课程应致力于实现

义务教育阶段的培养目标，使得人人都能获得良好的数学教育，不同的人在数学上得到不同的发展，逐步形成终身发展需要的核心素养。选择中学数学教材内容，谈谈怎样才能体现这一理念？

2．高中数学课程标准提出了"改善教与学的方式，使学生主动地学习"的课程理念，请问如何才能有效达成这个理念？

3．在数学课堂教学过程中，为了鼓励学生独立思考，深入理解问题，教师常常在呈现任务后，不是立刻讲解，而是留给学生足够的思考时间，这种教学方式可以称之为"课堂留白"，请你谈谈"课堂留白"的必要性及其意义。

4．观摩"一元一次方程"的教学设计，请你评价一下这节课体现了《义教课标（2022年版）》中的哪些理念？

【实践训练】

甲、乙两位数学教师均选用如下素材组织了探究活动，如图 3.1 所示，这是一个三级台阶，它的每一级的长、宽、高分别为 50cm、25cm 和 15cm，A 和 B 是这个台阶的两个相对端点，B 点上有一只蚂蚁，想到 A 点去吃食物。请你想一想，这只蚂蚁从 B 点出发，沿着台阶面爬到 A 点的最短路线是什么？

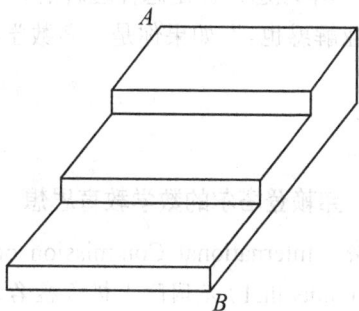

图 3.1　三级台阶

两位教师的教学过程如下。

教师甲：用大屏幕展示问题情境，组织小组讨论，学生开始读题，教师巡视过程中看到有的同学把台阶画出来，与教学预设不符，立即中止了大家讨论，指着题目说："请同学们注意读题，是'沿着台阶面爬'，你们把这张图画出来有什么用？"

在接下来的讨论中，教师又遇到新情况，有的学生画展开图，却把尺寸弄错了，于是教师终止思考。

教师乙：展示情境，对问题进行分析，出示了一张台阶模样的纸片，边说边将纸片拉直，如图 3.2 所示，然后让大家研究。很快，有同学说出答案，教师解释了一下，同学们都明白了。

甲、乙教师课后交流：两位教师在教学中均有探究。

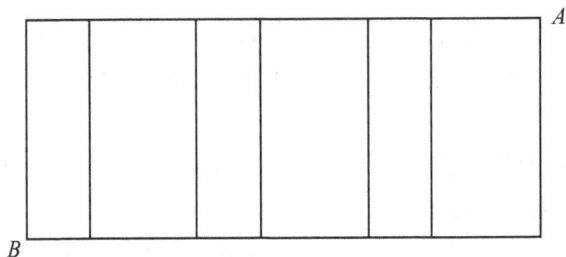

图 3.2　纸片

问题：（1）《义教课标（2011 年版）》指出，有效的教学活动是学生学和教师教的统一，学生是学习的主体，教师是学习的组织者、引导者与合作者。请说明两位教师的教学是否符合要求。

（2）两位教师组织的探究活动各自存在什么问题？请简要说明并简述理由。

（3）组织数学探究活动，需要注意哪些事项？

评价反思

1. 通过本节课的学习，你有什么收获？

2. 对于数学课程改革的基本理念，你是怎样理解的？

3. "师者，所以传道受业解惑也。"如果你是一名数学教师，学习了新课程标准理念，你怎样理解教师的角色？

拓展提高

弗赖登塔尔的数学教育思想

曾任国际数学教育委员会（International Commission on Mathematical Instruction, ICMI）主席的弗赖登塔尔（Freudenthal）是国际上极负盛名的荷兰数学家、数学教育家。

他创办了国际性的数学教育研究杂志 *Educational Studies in Mathematics*，发表了许多关于数学教育的专著、论文与演讲稿，提出了独到的数学教育思想，对国际数学教育有深刻的影响。曾任 ICMI 主席的加亨（J. P. Kahane）教授曾评价说："对于数学教育，20 世纪的上半叶，克莱茵作出了不朽的功绩；20 世纪下半叶，弗赖登塔尔作出了巨大贡献。"以下介绍弗赖登塔尔对国际中小学数学教育产生重大影响的三点思想：现实的数学、数学化和再创造。

1. 现实的数学

数学来源于现实、扎根于现实，这是弗赖登塔尔"现实的数学"的基本出发点。弗赖登塔尔主张数学教育体系的内容应是与现实密切联系的数学，能够在实际中得到应用的数学，即"现实的数学"。

2. 数学化

弗赖登塔尔十分注意数学地组织现实世界的过程，非常强调数学化。他特别强调：第一，现实世界自始至终贯穿在数学化中，从现实世界形成数学观念，进一步抽象化、形式化，又应用于现实世界中，通过现实世界的调节再次数学化，两者交融在一起，通过交互地反馈信息，促使现实世界和数学化同时得到发展。

第二，反思是一种重要的数学活动，它是数学活动的核心和动力。数学的发现来自直觉，而分析直觉理解的原因是通向证明的道路。必须让学生学会反思，对自己的判断与活动甚至语言表达进行思考并加以证实，以便有意识地了解自身行为后面潜藏的实质。只有这样，才能使学生真正深入到数学化过程中，也才能真正地抓住数学思维的内在本质。

3．再创造

弗赖登塔尔认为数学教育方法的核心是学生的再创造。他认为教师不应该把数学当作一个已完成的形式理论来教，不应将各种定义、规则、算法灌输给学生，而是应该创造合适的条件，让学生在学习的过程中，根据自己的体验，用自己的思维方式，重新创造有关的数学知识。

捷克教育家夸美纽斯有句名言："教一个活动的最好方式是演示"。弗赖登塔尔把这一思想进一步发展为"学一个活动的最好的方式是实践"。这一提法的实质是把重点从教转向学，从教师的行为转向学生的活动，并且从感觉效应转向运动效应。

弗赖登塔尔主张的"再创造"是研究数学教育的一个教学法原则，它贯穿于数学教育的整个体系之中。他认为要把数学教育作为一个活动过程加以分析，在整个活动过程中，学生应该处于一种积极的、创造的状态，学生应该首先要参与这个活动，感觉到创造的需要，他才有可能进行"再创造"。教师的任务就是为学生提供自由广阔的天地，听任各种不同思维、不同方法自由发展，决不可对内容作任何限制，更不应对其发现作任何预置的"圈套"。

（资料来源：黄建弘. 小学数学课程标准比较研究[M]. 上海：华东师范大学出版社，2001，有删改）

第二节　核心素养与课程目标

学习目标

1．熟记义务教育数学课程的目标，并会分析课程目标。
2．理解普通高中数学课程目标。

学习任务

分析"函数的单调性"教学设计，请你评价这节课体现的教学目标是否准确？尝试写出教学目标，并说明理由。

知识探究

一、核心素养的内涵

《义教课标（2022 年版）》在"课程性质"中明确指出："数学在形成人的理性思维、科学精神和促进个人智力发展中发挥着不可替代的作用。数学素养是现代社会每一个公民应当具备的基本素养。"

1944 年，美国数学教师协会就明确提出了数学素养概念，1982 年出版的英国 *Cockcroft* 报告把培养学生的数学素养作为数学教育目标，1989 年《美国数学教育原则和标准》给出五条拥有数学素养的标志。

数学课程要培养的学生核心素养，是通过数学活动逐步形成与发展的正确价值观、必备品格和关键能力。核心素养反映了数学学科的基本特征及其独特的育人价值，是现代社会公民素养系统的重要组成部分。核心素养具有高度的整体性、一致性和发展性。《义教课标（2022 年版）》提出的数学课程要培养的学生核心素养，主要包括"三会"：会用数学的眼光观察现实世界，会用数学的思维思考现实世界，会用数学的语言表达现实世界。"三会"既反映了数学活动的基本特征，也是学生对数学基本思想的感悟和内化的结果，体现了数学学科对所有学生的教育价值。

（一）会用数学的眼光观察现实世界

义务教育阶段的"数学眼光"主要表现为数感、量感、符号意识、抽象能力、几何直观、空间观念，以及由此进一步发展的创新意识，具体要求是：通过对现实世界中基本数量关系与空间形式的观察，学生能够直观理解所学的数学知识及其现实背景；能够在生活实践和其他学科中发现基本的数学研究对象及其所表达的事物之间简单的联系与规律；能够在实际情境中发现和提出有意义的数学问题，进行数学探究；逐步养成从数学角度观察现实世界的意识与习惯，发展好奇心、想象力和创新意识。

主要表达有以下四个方面的理解。

1）"数学眼光"是观察现实世界的一种特殊方式，是基于数量关系与空间形式的数学抽象和直观想象。例如，毕达哥拉斯可以在通过铁锤敲打铁器中发现琴弦的比例与音程的关系；笛卡儿通过蜘蛛织网找到了构建直角坐标系的灵感，确立了解析几何基础。

2）"数学眼光"的一个重要含义是在各种现实和数学的问题情境中，观察出其中的数学规律，发现和提出有意义的数学问题。美国著名数学家哈尔斯曾指出"问题是数学的心脏"。从"费马猜想"到希尔伯特的"23 个数学问题"，数学这门学科之所以几千年来都长盛不衰，就在于拥有源源不断的问题与猜想。

3）"数学眼光"在形成和理解数学基本概念、关系和结构方面具有重要意义。每一个数学概念的获得，首先通过探寻数学发展历史，可以看到数学研究对象产生的源泉、必要性，以及表达方式的优化历程；通过构建不同数学对象的逻辑联系，可以看到数学知识的来龙去脉，理解数学概念、关系、结构的合理性与意义；通过对数学对象的感性认识、直观想象和符号表征，可以体验从具体到抽象的心理过程，积累数学基本活动经验。

4）"数学眼光"表现在观察与探索数学外部的世界上，从数学的角度去理解自然与社会人文现象背后的数学原理，体验数学的审美价值。例如，将车轮做成圆形要比做成方形前进时更平滑，是因为圆周上每一点的弯曲程度（曲率）都相同。

（二）会用数学的思维思考现实世界

数学思维作为学生的核心素养，在义务教育阶段的主要行为表现是"运算能力"、"推理意识"（小学）与"推理能力"（初中），具体要求是：通过经历独立的数学思维过程，学生能够理解数学基本概念和法则的发生与发展，数学基本概念之间、数学与现实世界之间的联系；能够合乎逻辑地解释或论证数学的根本方法与结论，分析、解决简单的数学问题和实际问题；能够探究自然现象或现实情境所蕴含的数学规律，经历数学"再发现"的过程；发展质疑问难的批判性思维，形成实事求是的科学态度，初步养成讲道理、有条理的思维品质，逐步形成理性精神。

主要表达有以下五个方面的理解。

1）数学思维的目的是理解与解释现实世界中的数量关系与空间形式，是一种抽象的、一般化的思维方式。与实验科学不同，数学的逻辑体系则可以亘古不变。数学是一门古老的学科，在欧氏几何中，两千多年前确定的定理今天仍然令人着迷。正是这种确定性，数学家的工作就是在原有的基础上不断夯实、完善。

2）数学思维的基本元素是数学概念。在日常生活中的许多概念，通常具有模糊性，但数学概念的内涵是确定的，表现形式也可以多样。例如，分数可以看作整数除法的结果，也可以看作两个离散集合之比。

3）在数学思维的运作过程中使用的是一些具有普适性的数学方法。数学方法具有高度的统一性。从自然数的运算到整数、有理数的运算，再到实数、复数的运算，都遵循着统一的运算律，代数式、方程、函数中的各种运算在本质上仍然是数学方法的统一性。例如，在小学阶段就可以利用图形填数来渗透函数的思想。

4）数学思维的基本形式是逻辑推理和数学运算。从两千多年前的古希腊开始，数学与逻辑就始终交织在一起，相辅相成。数学的学习与研究是通过归纳、类比等方法，探索对象的一般规律，寻求解决问题的一般方法，这是数学发展与学习过程中形成的特有的思维方式。与逻辑推理一样，运算也是数学思维的一种基本形式。

5）数学思维还可以帮助学生形成重论据、有条理、合乎逻辑的思维品质，培养学生的科学态度与理性精神。

（三）会用数学的语言表达现实世界

数学语言素养在小学阶段的主要表现是"数据意识"与"模型意识"，在初中阶段的主要表现是"数据观念"和"模型观念"，同时，把"应用意识"作为两个学段的共同要求。

通过经历用数学语言表达现实世界中的简单数量关系与空间形式的过程，学生初步感悟数学与现实世界的交流方式；能够有意识地运用数学语言表达现实生活与其他学科中事物的性质、关系和规律，并能解释表达的合理性；能够感悟数据的意义与价值，有意识地使用真实数据表达、解释与分析现实世界中的不确定现象；欣赏数学语言的简洁与优美，逐步养成用数学语言表达与交流的习惯，形成跨学科的应用意识与实践能力。

《义教课标（2022年版）》对数学语言的内涵阐述包括两层含义：①在数学内部能够利用数学语言清晰、准确、严谨地表达数学的研究对象（概念、关系和结构）及思想方法，能够利用数学语言进行思考、交流和解决问题；②用数学描述、解释和解决现实世界中的实际问题，其中的主要表达方式是数学模型与数据。

主要表达有以下三个方面的理解。

1）通过数学学习，学生应该逐步适应数学的表达方式。学生在符号表达与具体直观之间建立联系，逐步学会用数学的语言表达自己的想法、解释现实世界中的数学规律。

2）数学建模是数学应用的基本方式，是数学与现实世界及其他学科交流的基本途径。义务教育阶段，一般不能像高中一样开展完整的数学建模活动，可以通过数学应用问题使学生逐步形成模型意识与模型观念。

3）数据是表达随机现象的基本工具。随着信息技术的普及和社会经济的发展，当今社会已经迈入了大数据时代，"用数据说话"既是大数据时代的特征，也是全世界的共识。增强基于数据表达现实问题的意识，可以帮助学生形成通过数据认识事物的思维品质，积累依托数据探索事物本质、联系和规律的活动经验。

二、核心素养的主要表现

数学的研究源于对现实世界的抽象，通过基于抽象结构的符号运算、形式推理、一般结论，理解和表达现实世界中事物的本质、关系与规律。数学不仅是计算和推理的工具，还是表达与交流的语言，数学承载着思想和文化。数学抽象、逻辑推理与数学建模，恰与抽象、推理和模型这三大数学基本思想相对应，指向所有领域的数学知识，存在于所有数学知识的形成、发展过程中，是最基本的数学核心素养。

（一）初中数学核心素养表现

1. 抽象能力

人们通常所说的"看不见、摸不着"的东西，都叫作"抽象"。但在科学研究中，抽象是从众多事物中抽取出共同本质属性特征。由于数学是研究数量关系与空间形式的学科，数学中要抽象的是数量关系与空间形式方面共同的本质属性。初中阶段的"抽象能力"是小学阶段"数感""量感""符号意识"的进一步发展，也为高中阶段更为严谨、形式化的"数学抽象"打下坚实的基础。

要培养学生的抽象能力，首先必须关注数学概念的发生、发展过程。数学概念的形成是一个从具体到抽象的过程，数学概念的学习有助于发展学生的抽象能力，其次，在问题解决中感悟数学的性质，也是培养学生抽象能力的重要途径。教学中需要通过具体的问题解决过程将其明晰化，以使学生逐步感悟与内化。最后，在教学中应该遵循从具体到抽象的教学原则。例如，学习配方法时，学生需要首先经历完全平方公式的推导过程，熟悉此公式在代数运算中的应用；然后，从简单的数字系数的二次三项式开始，逐渐变化到字母系数，从对一个字母变元的配方到针对一个代数式的配方；最后，根据问题解决的需要，灵活地从正向和逆向两个角度运用配方法。

图 3.3 所示为基于数学抽象的"四基""四能"。

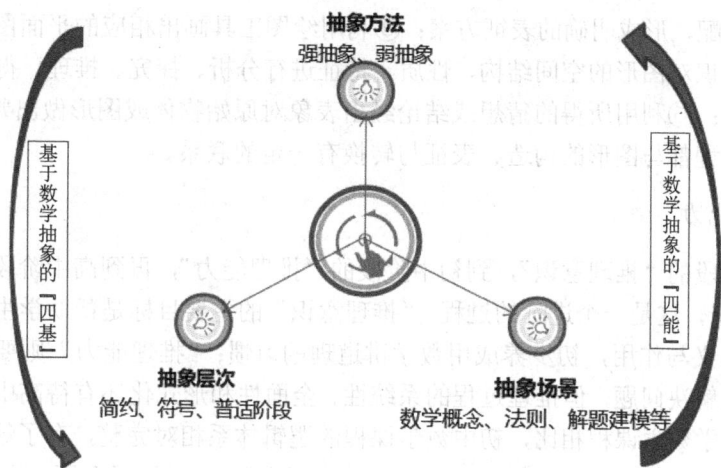

图 3.3　基于数学抽象的"四基""四能"

2. 运算能力

随着计算机的发展，各种算法已经成为科学、技术、工程领域解决问题的基本工具，而运算的对象也从具体的数、字母、符号扩展到向量、矩阵，从数值计算推广到图像计算，从数学对象拓展到逻辑对象，从精确计算演化到模糊计算。作为核心素养的行为表现，《义教课标（2022 年版）》对义务教育阶段的"运算能力"提出统一的要求：小学阶段主要以数的运算为主，初中阶段的运算除了求得数值结果外，还包括代数式的化简与变形、对代数式的结构与意义的探讨、方程与不等式的变形，以及研究函数的性质，还有初步感悟算法思想等。

3. 几何直观

小学阶段主要以"直观"水平为主，到小学高年级逐渐增加"分析"的成分；从初中阶段开始，学习与理解几何的方式将从观察、实验、测量逐步过渡到以演绎为主的推理，几何直观也从基于操作经验的感悟逐步过渡到基于概念的推理，形成初步的几何直觉。初中阶段的几何直观主要表现为通过尺规作图、折纸、剪拼等操作活动，感知图形的结构特征，理解数轴的作用与意义，初步感悟数形结合的思想，能够发现或构建数学符号的几何意义，运用数形结合的方法解决问题，能够利用图形表示、理解和解释几何概念与命题，以及进行几何推理，能够在问题情境中进行符号与图形语言转换，感悟数形结合思想。

4. 空间观念

空间观念是人脑基于几何知识和逻辑推理对现实世界中的物体与图形的一种反馈，目的是表示、解释、分析、探究物体与图形的形状、大小及位置关系，解决实际问题。

根据《义教课标（2022 年版）》界定，空间观念主要是指对空间物体或图形的形状、大小及位置关系的认识，这一般涉及以下几个环节：①通过视觉在头脑中形成三维空间的物体或图形的表象；②在原有视觉经验的基础上，对表象进行心理操作，包括转换、组合、模式匹配，形成明确的表征方案；③利用绘图工具画出相应的平面图形；④利用所学的平面知识对图形的空间结构、性质、特征进行分析、探究、推理，得出合乎逻辑的猜想或结论；⑤利用所得的猜想或结论经由表象对原始物体或图形做出判断或解释，这一系列的过程都与图形的构造、表征与转换有一定的联系。

5. 推理能力

从小学阶段的"推理意识"，到初中阶段的"推理能力"，再到高中阶段的"逻辑推理"，可以看出，这是一个进阶的过程。"推理意识"的主要目标是帮助学生认识到推理在数学中的意义与作用，初步养成用数学讲道理的习惯；"推理能力"则要求学生能够运用数学推理解决问题，但推理过程的系统性、全面性和形式化还有待高中阶段的进一步发展。与小学数学课程相比，初中数学课程的逻辑体系相对完整，有了经过明确"定义"的概念，设置了可以作为推理起点的"基本事实"，也介绍了命题、定理与证明。

6. 数据观念

与小学阶段相比，初中阶段的"统计与概率"领域增加了下列内容：一是增加了总体与样本的概念，学生将学习简单的获得数据的抽样方法，为以后的推断统计做准备；二是引入了更多的统计量与统计图表，这不仅可以更全面地分析数据，而且有助于学生更好地理解不同统计量与统计图表的意义及适用场合；三是增加了统计活动的要求，使学生从调查问题与随机抽样开始，经历相对完整的统计过程，感悟统计的思维方式与实际意义；四是引入了定量刻画随机事件发生可能性大小的方法，初步感悟概率与统计的联系。通过初中阶段统计与概率内容的学习，希望学生形成相对稳定的数据观念，感悟处理随机现象的思维方式。

7. 模型观念

与小学数学相比，初中数学课程可以提供更多的构造数学模型的"模具"，如方程、不等式、函数、反映分布特征的统计图表等。因此，一方面，初中阶段可以开展一些简单的数学建模活动；另一方面，初中代数的许多应用问题具备了数学建模活动的部分特点，有助于学生形成与发展模型观念。

8. 应用意识（跨学科核心素养表现）

从中小学数学学习过程来看，数学的应用包括两类：第一类是数学内部的应用，即用所学的数学知识与思想方法解决数学本身的问题；第二类是数学外部的应用，包括日常生活、职业场所中的应用和跨学科的应用。

9. 创新意识（跨学科核心素养表现）

创新是一个民族的灵魂，是一个国家兴旺发达的不竭动力。培养创新意识是中小学教育的基本任务，也是现代数学教育的基本任务，应体现在数学教与学的过程之中。创新意识的培养应该从义务教育阶段做起，贯穿数学教育的始终。要培养学生创新意识，就要注重关注学生发现问题与提出问题的能力，在不断的抽象过程中进行"再创造"。

（二）高中数学核心素养表现

1. 数学抽象

首先，数学抽象体现在研究对象上，数学的研究对象是以数量关系和空间形式对现实世界进行抽象的结果；其次，数学抽象是逐次递进的，在中小学阶段，数学的抽象程度主要依赖于学生的接受能力和水平，低年级主要以弱抽象为主，基本依据是特征分离概括化原则，高年级主要以强抽象为主，基本原则是关系定性特征化原则；最后，数学抽象体现了人类理性思维的最高层次、知识内容的符号化表征。

2. 逻辑推理

数学具有高度的抽象性和严谨的逻辑性，严谨性主要体现在数学推理的逻辑上，表现为公理化的方法和结论的准确确定。基于一些事实和命题，按照逻辑规则推导出一个新命题的思维过程，就是逻辑推理。

3. 数学建模

数学建模体现着数学广泛的应用性，主要包括数学模型的构建与应用两部分。数学抽象是基于现实的抽象，数学建模是应用与现实，中间的链接点是基于逻辑的数学知识。

4. 直观想象

直观想象是指学生借助数学表象来感知客观事物的形态与变化，利用几何图形理解和解决数学问题。其核心在于利用图形来表征数学问题，建立形与数两者之间的联系，从而加深对事物本质和规律的认识。

5. 数学运算

数学运算是根据数学法则进行计算获得结果的过程。数学运算分为六大步骤：理解运算对象、掌握运算法则、探究运算思路、选择运算方法、设计运算程序、求得运算结果。在中小学数学中，数学运算包括最初的算术运算到代数运算，再到三角运算。引进坐标后，数学运算扩大到几何领域，沟通了代数与几何两大知识领域。

6. 数据分析

数据分析就是从数据中提取有用信息，运用统计方法进行整理、分析和推断，形成关于研究对象的知识。数据分析的过程主要包括收集数据、整理数据、提取信息、构建模型、进行推断、获得结论。数据分析是研究现实世界随机现象的重要数学技术，是大数据时代数学应用的主要方法，也是"互联网+"等领域的主要数学方法。

三、核心素养的各阶段主要表现之间的关系

（一）核心素养与核心词的比较

《义教课标（2022年版）》的核心素养主要表现是在《义教课标（2011年版）》十个核心概念基础上的调整、补充与完善。具体对比如表3.2所示。

表 3.2　两版课标的核心概念与核心素养表现对比

2011 年版课标的核心概念	阶段	2022 年版新课标的核心素养	阶段
数感	小学与初中	数感	小学
		量感	小学
符号意识	小学与初中	符号意识	小学
		抽象能力	初中
运算能力	小学与初中	运算能力	小学与初中
几何直观	小学与初中	几何直观	小学与初中
空间观念	小学与初中	空间观念	小学与初中
推理能力	小学与初中	推理意识	小学
		推理能力	初中
数据分析观念	小学与初中	数据意识	小学
		数据观念	初中
模型思想	小学与初中	模型意识	小学
		模型观念	初中
应用意识	小学与初中	应用意识	小学与初中
创新意识	小学与初中	创新意识	小学与初中

与《义教课标（2011 年版）》中的十个核心概念相比，《义教课标（2022 年版）》中增加了量感、抽象能力，其中量感隶属于小学内容，抽象能力隶属于初中内容。此外，对原来的推理能力、数据分析观念与模型思想进行了细化与拆分，推理能力调整为小学阶段的推理意识与初中阶段的推理能力，数据分析观念调整为小学阶段的数据意识与初中阶段的数据观念，模型思想调整为小学阶段的模型意识与初中阶段的模型观念。

（二）核心素养的各阶段主要表现之间的关系

核心素养是在数学学习的过程中不断发展形成的，具有整体性、一致性和发展性。因此要极其关注学段之间的衔接、联系。学生在数学学习中，不同学段的学习要求要依据学生的年龄特征、认知特征和数学学习内容的特点而定，既要考虑学段特性，也要关注学段间的联系，体现学生数学学习和核心素养发展的进阶性。核心素养的阶段性表现是落实核心素养的主要方面。从心理测量的角度来看，需要根据各种行为表现给出具体的、可观察的、可测量的行为指标体系。《高中课标》给出了六个核心素养表现，《义教课标（2022 年版）》在《义教课标（2011 年版）》提出的十个核心概念的基础上，针对小学和初中分别提炼了 11 个和 9 个核心素养的阶段性表现和每个表现的内涵与主要的行为指标。表 3.3 给出了核心素养与它们各阶段的主要表现之间的关系。

表 3.3　核心素养与它们各阶段的主要表现之间的关系

核心素养（思想）	各阶段的主要表现			跨学科表现
	小学	初中	高中	
数学眼光（抽象）	符号意识、数感、量感、空间意识、几何直观	抽象能力、空间观念、几何直观	数学抽象、直观想象	创新意识
数学思维（推理）	推理意识、运算能力	推理能力、运算能力	逻辑推理、数学运算	应用意识
数学语言（模型）	模型意识、数据意识	模型观念、数据观念	数学建模、数据分析	

核心素养在小学阶段侧重"意识"，其主要是指基于经验的感悟，这样的感悟并没有建立在明确的概念定义基础上。因此，在小学阶段，几乎所有的概念都没有明确的定义。在初中阶段上升为"观念""能力"，这是基于概念的一种理解，初中阶段开始会有比较严谨的定义。例如，关于推理，小学阶段表述为"推理意识"，主要是指"对逻辑推理过程及其意义的初步感悟。知道可以从一些事实和命题出发，依据规则推出其他命题或结论。能够通过简单的归纳和类比，猜想或者发现一些初步的结论；通过法则运用，体验数学从一般到特殊的论证过程；对自己及他人的问题解决过程给出合理解释"。初中阶段表述为"推理能力"，主要是指"从一些事实和命题出发，依据规则推出其他命题或结论的能力"，要求初中生"理解逻辑推理在形成数学概念、法则、定理和解决问题中的重要性，初步掌握推理的基本形式和规则；对于一些简单问题，能通过特殊结果推断一般结论；理解命题的结构与联系，探索并表述论证过程；感悟数学的严谨性，初步形成逻辑表达与交流的习惯"。高中阶段则表述为"逻辑推理"，《高中课标》指出逻辑推理的实质，即"从一些事实和命题出发，依据规则推出其他命题"，要求高中生能"掌握逻辑推理的基本形式，学会有逻辑地思考问题；能够在比较复杂的情境中把握事物之间的关联，把握事物发展的脉络；形成重论据、有条理、合乎逻辑的思维品质和理性精神"。从意识到能力，从"初步感悟"到"初步掌握推理的基本形式"，再到"掌握逻辑推理的基本形式"，从宽泛的"推理"到更具体的逻辑推理，不难发现越是高学段，越是侧重能力，体现了三个阶段的学习内容、认知要求的差异性和进阶性。

四、数学课程目标

（一）数学课程目标的发展

数学课程应落实立德树人的根本任务，致力于实现义务教育阶段的培养目标，面向全体学生，适应学生的个性化发展的需要，使人人都能获得良好的数学教育。数学课程目标依据课程理念和设计思路，对学生通过某一阶段的学习，在中观层面上提出应该达到的要求，是国家教育方针、政策、培养目标在数学学科教育领域内的具体体现，为数学教学实施及考试命题评价等给出方向性、原则性指导，并在很大程度上决定课程改革的方向。

由于不同时代对数学课程的性质、理念认识不同，数学课程目标大体经历了以下三个发展阶段。

1. 教学大纲引领的课程目标

1949～1999 年，中小学数学教育指导的文件一直沿用的是"教学大纲"这一名称。教学大纲的重点是对教学工作做出规定，主要包括教学目标、教学内容、教学要求及若干教学建议。在教学目标部分，从知识、能力、思想品德三个维度做出数学教学目标。

2. "三维度""四方面"课程目标

21 世纪的基础教育课程改革，将中小学教学大纲改为了课程标准。课程标准无论是从目标、要求上还是从结构、体例上都发生了很大变化，素质教育成为基本的理念指导。基于这样的背景，《全日制义务教育数学课程标准（实验稿）》将对不同阶段的学生在知识与技能、过程与方法、情感态度和价值观方面的基本要求作为课程目标（简称三维目标），以此确定数学课程的内容框架，并对教材编写、教学要求、教学建议、教学评价等制定相应的规定和要求。《义教课标（2011 年版）》提出的"四方面目标"，目的是在数学思考、问题解决中，使学生能够积累数学活动经验，感悟数学思想，提高发现和提出问题、分析和解决问题的能力，实现义务教育阶段数学课程的总目标。

3. 核心素养统领下的课程目标

以《高中课标》与《义教课标（2022 年版）》总目标为统领，总目标以核心素养为统领，并将核心素养的目标贯穿于"四基""四能""情感"三个方面，构成"三位一体"的核心素养课程目标体系，如图 3.4 所示。以数学核心素养统领的课程目标是一个密切联系、相互交融的有机体，防止教师在实施时把目标割裂对待。以真实世界中的真实问题为基础创设的情境，沿着由"发现、提出、分析、解决"支撑起来的教学路径，逐步前行，在发现知识和收获技能的同时，积淀一些超越具体知识、技能，更具有一般性的基本思想和体验基本活动经验；这些想法和体验经过持续的积累与提炼，以基本思想和基本活动经验为标志，与核心素养主要表现融为一体，并共同指向"三会"。

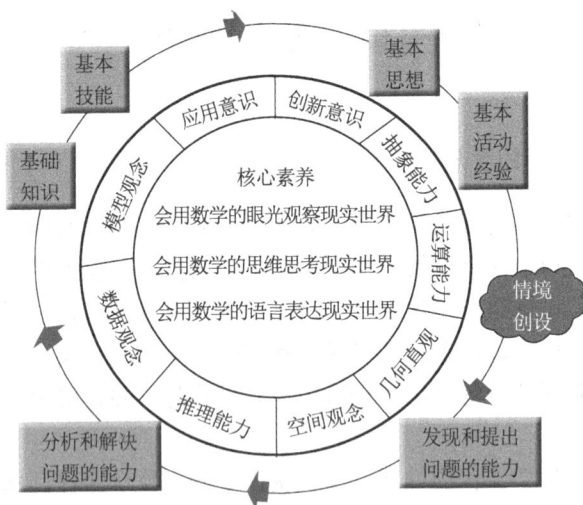

图 3.4 "三位一体"核心素养课程目标体系

（二）《义教课标（2022 年版）》数学课程总目标

数学课程总目标提出，核心素养是在数学学习过程中逐步形成和发展的。对于义务教育阶段的学生而言，数学课程总目标提出，通过数学学习，逐步形成会用数学的眼光观察现实世界，会用数学的思维思考现实世界，会用数学的语言表达现实世界。通过义务教育数学课程的学习，学生有以下几个方面的收获。

1）学生能获得适应未来生活和进一步发展所必需的数学基础知识、基本技能、基本思想、基本活动经验。

2）学生能体会数学知识之间、数学与其他学科之间、数学与生活之间的联系，在探索真实情境所蕴含的关系中，发现问题和提出问题，运用数学和其他学科的知识与方法分析问题和解决问题。

3）学生对数学具有好奇心和求知欲，了解数学的价值，欣赏数学美，提高学习数学的兴趣，建立学好数学的信心，养成良好的学习习惯，形成质疑问难、自我反思和勇于探索的科学精神。

（三）《义教课标（2022 年版）》初中数学课程学段目标

义务教育阶段共分为四个学段：第一学段（1~2 年级）、第二学段（3~4 年级）、第三学段（5~6 年级）、第四学段（7~9 年级）。根据义务教育四个学段学生发展的特征，描述总目标在各学段的表现和要求，将核心素养的表现体现在每个学段的具体目标。初中阶段为第四学段，通过初中数学课程的学习，学生能有以下几个方面的收获。

1）经历有理数、实数的形成过程，初步理解数域扩充；掌握数与式的运算，能够解释运算结果的意义；会用代数式、方程、不等式、函数等描述现实问题中的数量关系和变化规律，形成合适的运算思路解决问题；形成抽象能力、模型观念，进一步发展运算能力。

2）经历探索图形特征的过程，建立基本的几何概念；通过尺规作图等直观操作的方法，理解平面图形的性质与关系；掌握基本的几何证明方法；知道平移、旋转和轴对称的基本特征，理解相关概念；认识平面直角坐标系，能够通过平面直角坐标系描述图形的位置与运动；形成推理能力，发展空间观念和几何直观。

3）掌握数据收集与整理的基本方法，理解随机现象；探索利用统计图表表示数据的方法，理解各种统计图表的功能；经历样本推断总体的过程，能够计算平均数、方差、四分位数等基本统计量，了解频数、频率和概率的意义；形成数据观念、模型观念和推理能力。在项目学习中，综合运用数学和其他学科知识与方法解决问题，积累数学活动经验，发展核心素养。

（四）高中数学课程目标

根据《高中课标》，高中课程目标没有进一步细化总目标和学段目标，而是主要从整体上把握高中阶段课程的要求。通过高中数学课程的学习，学生能有以下几个方面的收获。

1）获得进一步学习及未来发展所必需的数学基础知识、基本技能、基本思想、基本活动经验（简称"四基"）。提高从数学角度发现和提出问题的能力、分析和解决问题的能力（简称"四能"）。

2）在学习数学和应用数学的过程中，学生能发展数学抽象、逻辑推理、数学建模、直观想象、数学运算、数据分析等数学学科核心素养。

3）通过高中数学课程的学习，提高学习数学的兴趣，增强学好数学的自信心，养成良好的数学学习习惯，发展自主学习的能力；树立敢于质疑、善于思考、严谨求实的科学精神；不断提高实践能力，提升创新意识；认识数学的科学价值、应用价值、文化价值和审美价值。

互动交流

【交流研讨】

1. 简述抽象能力的基本内涵，结合案例谈一谈如何培养抽象能力。

2. 某教师在引领学生探究"圆周角定理"时，首先进行画图、测量等探究活动，获得对圆周角和圆心角大小关系的猜想，然后寻找证明猜想的思路并进行严格的证明。最后，教师又通过几何软件对两类角的大小关系进行验证。从推理的角度，请谈谈你对教师这样处理的看法。

3. 请从小学、初中和高中整体思想来谈谈数学运算素养。

4. 伴随着大数据时代的到来，数据分析已经深入现代社会生活的各个方面，结合实例阐述在中学数学的教学中培养学生的数据分析能力的意义。

【实践训练】

某学校的初二年级数学备课组针对"一次函数"，拟对"兴趣班"的学生上一次拓展课，经过讨论，拟定了如下教学目标。

（1）进一步理解一次函数解析式 $y=kx+b(k\neq0)$ 中参数的含义。

（2）探索两个一次函数图像的位置关系。

为了落实教学目标（2），针对参数 k，甲、乙两位教师给出了不同的教学思路：

教师甲： 先出示问题：一次函数图像是直线，两个一次函数表示的直线平行时，它们对应的一次函数解析式中参数 k 有什么特点？然后，给出一般结论：若函数 $y=ax+b(a\neq0)$，$y=cx+d(c\neq0)$ 表示的两条直线平行，则有 $a=c$。接着通过具体实例，让学生体会参数 k 的含义。

教师乙： 让学生在同一坐标系下作一次函数图像，在此过程中体会参数 k 的含义。将学生分为两组，分别画一次函数 $y=-x+1$，$y=-x+2$，$y=-2x+1$，$y=-2x-3$ 的图像，再让学生观察每组图像的位置关系，从而体会参数 k 的含义。

问题：（1）对该备课组拟定的教学目标进行评析；

（2）分析甲、乙两位教师教学思路的特点。

评价反思

1. 通过本节课的学习，你有什么收获？

2. 对于课程目标，你是怎样理解的？

3. 如果你是一名数学教师，如何培养学生"三会"素养？

拓展提高

从核心素养的育人价值理解课程目标的改革意旨

课程目标是数学课程育人价值的集中体现。《义教课标（2022年版）》在总目标中增加了"三会"，将其确定为学生的核心素养；在学段目标中，从领域学习、问题解决、情感态度三个维度对总目标"四基""四能"及其相应核心素养在各个学段的表现和要求进行了分解，形成以"三会"为导向的课程目标体系。

（一）核心素养是落实立德树人根本任务的重要抓手

立德树人是学校教育的根本任务。要落实这项任务，首先必须回答"立什么德、树什么人"的根本问题，即需要对党的教育方针要求的"建设者"和"接班人"进行"画像"。北京师范大学林崇德教授领衔组建的核心素养研究课题组于2016年发布了研究成果，提出了中学生发展核心素养总体框架，即"一个核心""三个方面""六大素养""十八个基本要点"。

（二）"三会"是体现数学独特育人价值的核心素养

学生发展核心素养需要通过各门课程去落实。数学学科具有一般性、严谨性及应用广泛性三大基本特征，"三会"就是具有数学基本特征的思维品质、关键能力，以及情感、态度与价值观的综合体现。

（三）以"三会"为导向旨在促进学科育人方式的变革

《义教课标（2022年版）》将"三会"作为导向性课程目标，把学生的数学学习提升到对现实世界的观察、思考与表达的新境界，使数学课程目标直接指向学生未来社会生活和职场情境中的思维模式和行事方式。对总目标所做的学段分解，将"三会"的表现要求融进相应学段的"四基""四能"，并明确"情感态度"的培养要求，绘制了数学课程"培根铸魂、启智增慧"的时间表和路线图，对促进数学育人方式变革提供了规划引导。

（资料来源：孙国春.《义务教育数学课程标准（2022年版）》的改革意涵探析：以核心素养为逻辑基点[J].课程·教材·教法，2022（12）：39-46，有删改）

第三节　中学数学教学的内容

学习目标

1. 掌握《义教课标（2022年版）》领域的内容及与核心素养的关联。
2. 熟悉普通高中数学课程内容。

学习任务

能够用思维导图画出初中数学课程内容。

知识探究

《义务教育课程方案（2022 年版）》提出课程设计要"加强课程内容与学生经验、社会生活的联系，强化学科内知识整合，统筹设计综合课程和跨学科主题学习"。为体现本次课程标准修订理念，《义教课标（2022 年版）》对初中阶段数学课程内容进行了结构化整合。《高中课标》也对课程内容做了调整。

一、内容结构的主要变化

《义教课标（2022 年版）》对内容结构做了一定程度的调整，基本思路是保持四个领域不变，对领域下属主题进行整合和增删，如表 3.4 所示。

表 3.4　《义教课标（2022 年版）》与《义教课标（2011 年版）》内容结构对比

领域	主题	
	《义教课标（2011 年版）》	《义教课标（2022 年版）》
	第三学段	第四学段
数与代数	1. 数与式 2. 方程与不等式 3. 函数	1. 数与式 2. 方程与不等式 3. 函数
图形与几何	1. 图形的性质 2. 图形的变化 3. 图形与坐标	1. 图形的性质 2. 图形的变化 3. 图形与坐标
统计与概率	1. 抽样与数据分析 2. 事件的概率	1. 抽样与数据分析 2. 随机事件的概率
综合与实践		重在解决实际问题，将知识内容融入主题活动中，以跨学科主题为主，可采用项目式学习

从表 3.4 中可以看出，初中阶段改为第四学段，主题基本没有变化，只是个别表述有所调整，如"事件的概率"改为"随机事件的概率"。"综合与实践"领域仍然没有分内容主题，变化较大的是以主题活动或项目学习为主，并将知识内容融入其中。

二、《义教课标（2022 年版）》领域的内容及与核心素养的关联

《义教课标（2022 年版）》内容上分为四个领域：数与代数、图形与几何、统计与概率、综合与实践。

（一）"数与代数"领域的内容及与核心素养的关联

数与代数是数学知识体系的基础之一，是学生认知数量关系、探索数学规律、建立数学模型的基石，可以帮助学生从数量的角度清晰、准确地认识、理解和表达现实世界。

1. "数与代数"领域的内容

在初中阶段，学生将认识负数、无理数，学习它们的四则运算，还将学习代数式、

方程、不等式、函数等内容。这些内容构成了初中阶段"数与代数"领域"数与式""方程与不等式""函数"三个主题，如图 3.5 所示。

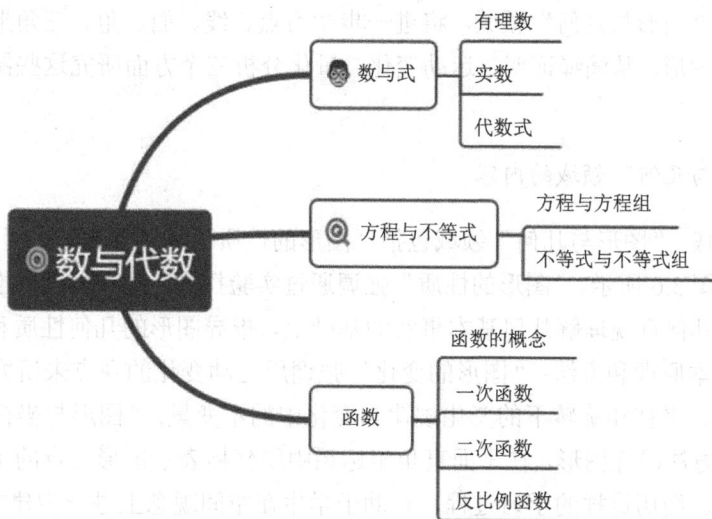

图 3.5　"数与代数"领域的内容

"数与式"是代数的基本语言，初中阶段关注用字母表述代数式，以及代数式的运算，字母可以像数一样进行运算和推理，通过字母运算和推理得到的结论具有一般性；"方程与不等式"揭示了数学中最基本的数量关系（相等关系和不等关系），是一类应用广泛的数学工具；"函数"主要研究变量之间的关系，探索事物变化的规律；借助函数可以认识方程和不等式。

2. "数与代数"领域与核心素养的关联

"数与代数"领域内容关联的核心素养主要表现有：抽象能力、几何直观、模型观念、应用意识、创新意识、运算能力、推理能力。各部分关联情况如表 3.5 所示。

表 3.5　"数与代数"领域与核心素养的关联

要求	标题		
	数与式	方程与不等式	函数
体现内容	数的扩充、字母表示数、公式背景、代数式等	解方程、解不等式、列方程解应用题等内容	根据实际问题构建函数模型，以及函数性质，解决实际问题等内容
核心素养	抽象能力、运算能力、推理能力	运算能力、模型观念、应用意识	抽象能力、几何直观、模型观念、应用意识、创新意识
学业质量标准	能从生活情境、数学情境中抽象概括出数与式、方程与不等式、函数的概念和规则，掌握相关的运算求解方法，合理解释运算结果，形成一定的运算能力、推理能力和抽象能力	能从具体的生活与科技情境中，抽象出函数、方程、不等式等数学表达形式，用数学的眼光发现问题并提出（或转化为）数学问题，用数学的思维探索、分析和解决具体情境中的现实生活问题，给出数学描述和解释，运用数学的语言与思想方法，综合运用多个领域的知识，提出设计思路，制定解决方案。能够在解决问题的过程中选择合适的方法进行评估，并对结果的实际意义做出解释。能够知道解决问题方法的多样性，具备一定的应用意识和模型意识，初步会用数学的语言表达与交流	

（二）"图形与几何"领域的内容及与核心素养的关联

初中阶段"图形与几何"领域，将进一步学习点、线、面、角、三角形、平面多边形和圆等几何图形，从演绎证明、运动变化、量化分析三个方面研究这些图形的基本性质和相互关系。

1. "图形与几何"领域的内容

在初中阶段，"图形与几何"领域包括"图形的性质""图形的变化""图形与坐标"三个主题，如图 3.6 所示。"图形的性质"强调通过实验探究、直观发现、推理论证来研究图形，在用几何直观理解几何基本事实的基础上，推导图形的几何性质和定理，掌握尺规作图的基本原理和方法；"图形的变化"强调用运动变化的观点来研究图形，理解图形在轴对称、平移和旋转下的变化规律和变化中的不变量；"图形与坐标"强调数形结合，用代数方法研究图形，在平面直角坐标系中用坐标表示图形上点的坐标法分析和解决实际问题。经历这样的学习过程，有助于学生在空间观念上进一步建立几何直观，提升抽象能力和推理能力。

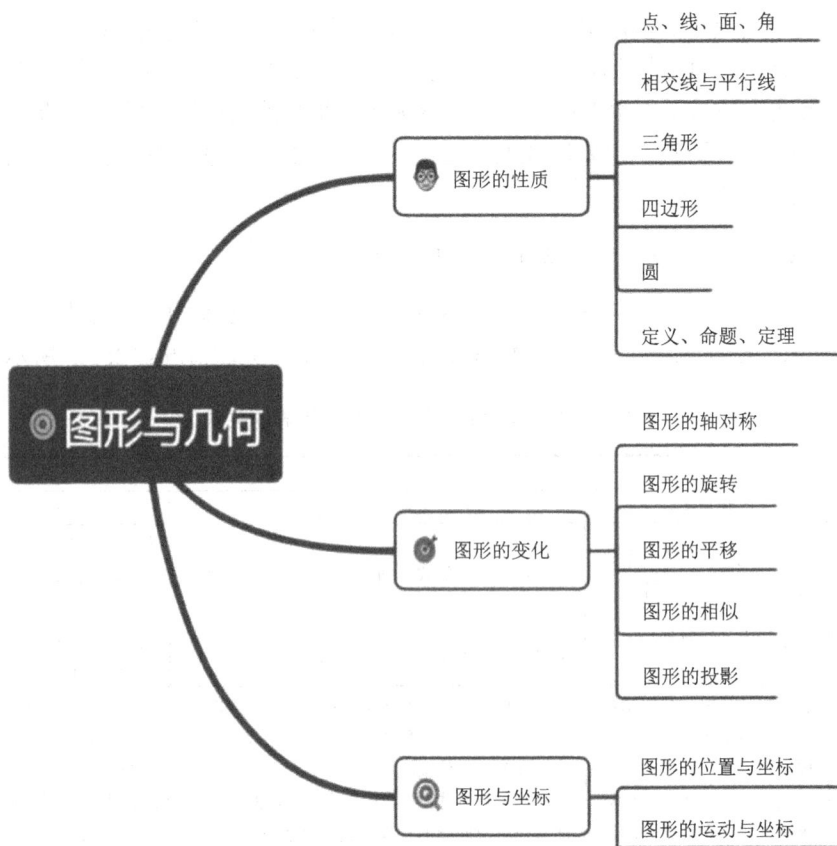

图 3.6　"图形与几何"领域的内容

2. "图形与几何"领域与核心素养的关联

"图形与几何"领域内容关联的核心素养主要表现有：抽象能力、几何直观、空间观念、应用意识、创新意识、推理能力。各部分关联情况如表3.6所示。

表 3.6 "图形与几何"领域与核心素养的关联

要求	标题		
	图形的性质	图形的变化	图形与坐标
体现内容	学生借助实物与模型，进一步从物体中抽象出点、线、面、角、三角形、多边形、圆等几何图形，通过实验探究、直观发现形成对图形概念的理解，探究图形的特征、性质与区别，在观察与操作实验中，体验图形的运动与图形的对称性	学生在直观理解几何基本事实的基础上，基于概念理解从基本事实出发，推导图形的几何性质和定理，理解并掌握尺规作图的基本原理和方法；学生在理解图形的运动过程中，知道轴对称、旋转、平移这三类图形运动特征，会用图形的运动认识、理解和表达现实世界中相应的对称之美，会用运动变化的方法研究图形的性质，会用几何知识表达物体的运动规律	学生在具体现实情境中学会从不同角度发现问题和提出问题，感悟平面直角坐标系是沟通代数与几何的桥梁，理解平面上的点与坐标之间的一一对应关系，能用坐标描述简单几何图形的位置；会用坐标表达图形的变化过程，感受通过几何建立通过代数得到数学表达的过程；经历借助平面直角坐标系解决现实问题的过程，体会数形结合的思想
核心素养	抽象能力	空间观念、几何直观、推理能力	抽象能力、几何直观、空间观念、应用意识、创新意识
学业质量标准	知道运动过程中的不变量、图形运动的变化特征，能运用几何图形的基本性质进行推理证明，初步掌握几何证明方法，进一步增强几何直观、空间观念和推理能力；能够运用数学的语言与思想方法，综合运用多个领域的知识，提出设计思路，制定解决方案。能够在解决问题的过程中选择合适的方法进行评估，并对结果的实际意义做出解释。能够知道解决问题方法的多样性，具备一定的应用意识和模型意识，初步具备运用数学语言进行表达与交流的能力		

（三）"统计与概率"领域的内容及与核心素养的关联

在初中阶段"统计与概率"领域，学生将学习简单的获得数据的抽样方法，通过样本数据推断总体特征的方法，以及定量刻画随机事件发生可能性大小的方法，形成和发展数据观念。

1. "统计与概率"的内容

初中阶段"统计与概率"领域包括"抽样与数据分析"和"随机事件的概率"两个主题，如图 3.7 所示。"抽样与数据分析"强调从实际问题出发，根据问题背景设计收集数据的方法，经历更加有条理地收集、整理、描述、分析数据的过程，利用样本平均数估计总体平均数，利用样本方差估计总体方差，体会抽样的必要性和数据分析的合理性；"随机事件的概率"强调经历简单随机事件发生概率的计算过程，尝试用概率定量描述随机现象发生的可能性大小，理解概率的意义。

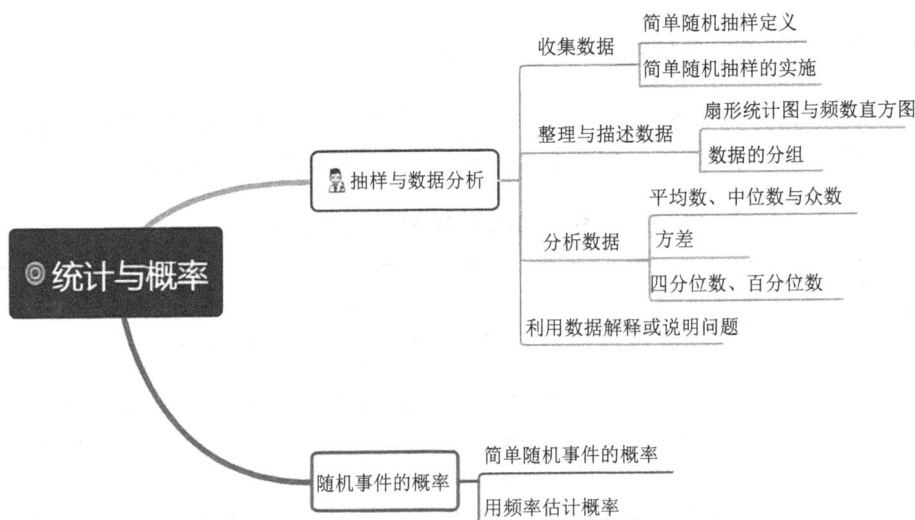

图 3.7　"统计与概率"领域的内容

2. "统计与概率"领域与核心素养的关联

"统计与概率"领域内容关联的核心素养主要表现有：数据观念、模型观念、抽象能力、运算能力、几何直观、推理能力、应用意识、创新意识。各部分关联情况如表 3.7所示。

表 3.7　"统计与概率"领域与核心素养的关联

要求	标题	
	抽样与数据分析	随机事件的概率
核心素养	数据观念、模型观念、抽象能力、运算能力、几何直观、推理能力、应用意识、创新意识	数据观念、模型观念、运算能力、几何直观、推理能力、应用意识、创新意识
学业质量标准	知道频数、频率和概率的意义，能够进行简单的数据分析，形成数据观念。综合运用数学和其他学科知识与方法解决问题，积累数学活动经验，发展核心素养	

（四）"综合与实践"领域的内容及与核心素养的关联

初中阶段"综合与实践"领域可采用项目式学习的方式，以问题解决为导向，整合数学与其他学科的知识和思想方法，让学生从数学的角度观察与分析、思考与表达、解决与阐释社会生活及科学技术中遇到的现实问题，感受数学与科学、技术、经济、金融、地理、艺术等学科领域的融合，积累数学活动经验，体会数学的科学价值，提高发现与提出问题、分析与解决问题的能力，发展应用意识、创新意识和实践能力。"综合与实践"领域与核心素养的关联见表 3.8。

表3.8　"综合与实践"领域与核心素养的关联

要求	综合与实践
体现内容	（1）在社会生活和科学技术的真实情境中，结合方程与不等式、函数、图形的变化、图形与坐标、抽样与数据分析等内容，经历现实情境数学化，探索数学关系、性质与规律的过程，感悟如何从数学的角度发现问题和提出问题，逐步形成"会用数学的眼光观察现实世界"的核心素养。 （2）用数学的思维方法，运用数学与其他相关学科的知识，综合地、有逻辑地分析问题，经历分工合作、试验调查、建立模型、计算反思、解决问题的过程，提升思维能力，逐步形成"会用数学的思维思考现实世界"的核心素养。 （3）用数学的语言，将现实问题转化为数学问题，经历用数学方法解决问题的过程，感悟科学研究的过程与方法，感受数学在与其他学科融合中所彰显的功效，积累数学活动经验，逐步形成"会用数学的语言表达现实世界"的核心素养
核心素养	"三会"、应用意识、创新意识
学业要求	经历项目式学习的全过程。能综合运用数学和其他学科的知识与方法，在实际情境中发现问题，并将其转化为合理的数学问题；能独立思考，与他人合作，提出解决问题的思路，设计解决问题的方案；能根据问题的背景，通过对问题条件和预期结论的分析，构建数学模型；能合理使用数据，进行合理计算，借助模型得到结论；能根据问题背景分析结论的意义，反思模型的合理性，最终得到符合问题背景的模型解答。 在这样的过程中，理解数学，应用数学，形成和发展应用意识、模型观念等；提升获取信息和资料的能力、自主学习或合作探究的能力；提升撰写研究报告的能力和语言表达的能力。整合数学与其他学科的知识，完成跨学科实践活动，感悟数学与生活、数学与其他学科的关联，发展学习能力、实践能力和创新意识
教学提示	项目式学习的关键是发掘合适的项目，要关注问题是否是现实的，还要关注问题是否是跨学科的；要关注学生是否能够解决问题，还要关注学生是否能够提出问题；要关注解决问题过程中的数学计算，还要关注解决问题过程中的数学表达。这在现阶段的数学教学改革中是一项新的课题。 注重引导学生通过小组合作或独立思考，经历发现和提出问题的过程。其中，提出问题是指提出合适的数学问题。从发现问题到提出问题，往往要经历从语言表达到数学表达的过程。其中，语言表达不仅包括日常生活语言，还包括其他学科的语言。教师要帮助学生感悟如何从数学的角度审视问题，在发现和提出问题的过程中，引导学生会用数学的眼光观察现实世界。 注重引导学生经历分析和解决问题的过程。问题是由学生自己或与他人交流中提出的，解决问题的过程要与提出问题的过程有机结合，积累解决实际问题的经验。教师要帮助学生感悟解决现实问题不仅要关注数学的知识，更要关注问题的背景知识，发现问题的本质与规律，然后用数学的概念、定理或公式予以表达。在建立数学模型的过程中，引导学生会用数学的思维思考现实世界。 最终要引导学生解释数学结论的现实意义，进而解决问题。在许多情况下，模型中的参数或重要指标与所要解决问题的背景资料有关，往往需要分析模型结论的合理性，主要是分析结论是否与现实吻合。如果有悖于现实，就需要调整模型，直至合理。在这样的过程中，让学生感悟重事实、讲道理的科学精神，体会数学表达的简洁与精确，引导学生会用数学的语言表达现实世界
学业质量标准	能从具体的生活与科技情境中，抽象出函数、方程、不等式等数学表达形式，用数学的眼光发现问题并提出（或转化为）数学问题，用数学的思维探索、分析和解决具体情境中的现实生活问题，给出数学描述和解释，运用数学的语言与思想方法，综合运用多个领域的知识，提出设计思路，制定解决方案。能够在解决问题的过程中选择合适的方法进行评估，并对结果的实际意义做出解释。能够知道解决问题方法的多样性，具备一定的应用意识和模型意识，初步会用数学语言表达与交流。 感悟数学的价值，能够从问题解决的过程中获得数学活动经验，产生对数学的好奇心和求知欲，增强学习数学的兴趣，建立学习数学的自信心。能够在解决问题的过程中，学会独立思考、合作探究，形成批判质疑、克服困难、勇于担当的科学精神，具备一定的创新意识

三、高中数学课程

（一）设计依据与课程结构

1. 设计依据

1）依据高中数学课程理念，实现"人人都能获得良好的数学教育，不同的人在数学上得到不同的发展"，促进学生数学学科核心素养的形成和发展。

2）依据高中课程方案，借鉴国际经验，体现课程改革成果，调整课程结构，改进学业质量评价。

3）依据高中数学课程性质，体现课程的基础性、选择性和发展性，为全体学生提供共同基础，为满足学生的不同志趣和发展提供丰富多样的课程。

4）依据数学学科特点，关注数学逻辑体系、内容主线、知识之间的关联，重视数学实践和数学文化。

2. 课程结构

高中数学课程分为必修课程、选择性必修课程和选修课程。高中数学课程内容突出函数、几何与代数、概率与统计、数学建模活动与数学探究活动四条主线，它们贯穿必修课程、选择性必修课程和选修课程。数学文化融入课程内容。高中数学课程结构如图 3.8 所示。

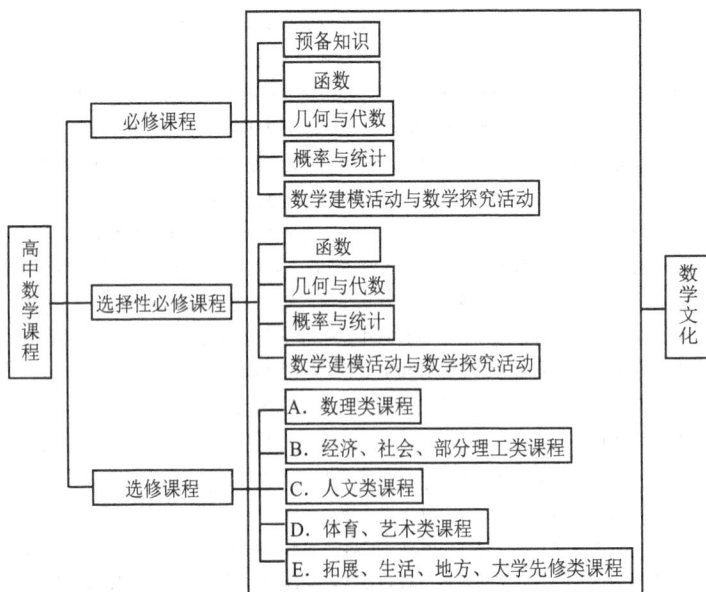

图 3.8　高中数学课程结构

说明：数学文化是指数学的思想、精神、语言、方法、观点，以及它们的形成和发展，还包括数学在人类生活、科学技术、社会发展中的贡献和意义，以及与数学相关的人文活动。

（二）课程内容

1. 必修课程

必修课程包括五个主题，分别是预备知识、函数、几何与代数、概率与统计、数学建模活动与数学探究活动。数学文化融入课程内容。

必修课程共 8 学分 144 课时，表 3.9 给出了课时分配建议，教材编写、教学实施时可以根据实际做适当调整。

表 3.9 必修课程学时要求

主题	单元	建议课时
主题一　预备知识	集合	19
	常用逻辑用语	
	相等关系与不等关系	
	从函数观点看一元二次方程和一元二次不等式	
主题二　函数	函数概念与性质	54
	幂函数、指数函数、对数函数	
	三角函数	
	函数应用	
主题三　几何与代数	平面向量及其应用	44
	复数	
	立体几何初步	
主题四　概率与统计	概率	18
	统计	
主题五　数学建模活动与数学探究活动	数学建模活动与数学探究活动	5
	机动	4

主题一　预备知识

以义务教育阶段数学课程内容为载体，结合集合、常用逻辑用语、相等关系与不等关系、从函数观点看一元二次方程和一元二次不等式等内容的学习，为高中数学课程做好学习心理、学习方式和知识技能等方面的准备，帮助学生完成初高中数学学习的过渡。

主题二　函数

函数是现代数学中的基本概念，是描述客观世界中变量关系和规律的基本数学语言和工具，在解决实际问题中发挥重要作用。函数是贯穿高中数学课程的主线。

主题三　几何与代数

几何与代数是高中数学课程的主线之一。在必修课程与选择性必修课程中，突出几何直观与代数运算之间的融合，即通过形与数的结合，感悟数学知识之间的关联，加强对数学整体性的理解。

主题四　概率与统计

概率的研究对象是随机现象，为人们从不确定性的角度认识客观世界提供重要的思维模式和解决问题的方法。统计的研究对象是数据，核心是数据分析。概率为统计的发展提供理论基础。

主题五　数学建模活动与数学探究活动

数学建模活动是对现实问题进行数学抽象,用数学语言表达问题、用数学方法构建模型解决问题的过程。主要包括:在实际情境中从数学的视角发现问题、提出问题、分析问题、构建模型、确定参数、计算求解、检验结果、改进模型,最终解决实际问题。数学建模活动是基于数学思维运用模型解决实际问题的一类综合实践活动,是高中阶段数学课程的重要内容。

数学建模活动的基本过程如图 3.9 所示。

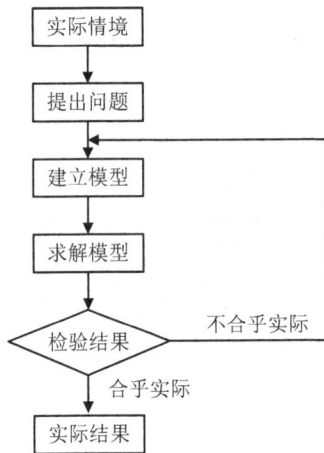

图 3.9　数学建模活动的基本过程

2. 选择性必修课程

选择性必修课程包括四个主题,分别是函数、几何与代数、概率与统计、数学建模活动与数学探究活动。数学文化融入课程内容。

选择性必修课程共 6 学分 108 课时,表 3.10 给出了课时分配建议,教材编写、教学实施时可以根据实际作适当调整。

表 3.10　选择性必修课程学时要求

主题	单元	建议课时
主题一　函数	数列	32
	一元函数导数及其应用	
主题二　几何与代数	空间向量与立体几何	42
	平面解析几何	
主题三　概率与统计	计数原理	26
	概率	
	统计	
主题四　数学建模活动与数学探究活动	数学建模活动与数学探究活动	4
机动		4

主题一　函数

在必修课程中,学生学习了函数的概念和性质,总结了研究函数的基本方法,掌握了一些具体的基本函数类，探索了函数的应用。在本主题中，学生学习数列和一元函数导数及其应用。数列是一类特殊的函数，是数学重要的研究对象，是研究其他类型函数的基本工具，在日常生活中也有着广泛的应用。导数是微积分的核心内容之一，是现代数学的基本概念，蕴含微积分的基本思想，导数定量地刻画了函数的局部变化，是研究函数性质的基本工具。

主题二　几何与代数

在必修课程学习平面向量的基础上，本主题将学习空间向量，并运用空间向量研究立体几何中图形的位置关系和度量关系。解析几何是数学发展过程中的标志性成果，是微积分创立的基础。本主题将学习平面解析几何，通过建立坐标系，借助直线、圆与圆锥曲线的几何特征，导出相应方程；用代数方法研究它们的几何性质，体现形与数的结合。

主题三　概率与统计

本主题是必修课程中概率与统计内容的延续，将学习计数原理、概率、统计的相关知识。计数原理的内容包括两个基本计数原理、排列与组合、二项式定理。概率的内容包括随机事件的条件概率、离散型随机变量及其分布列、正态分布。统计的内容包括成对数据的统计相关性、一元线性回归模型、2×2 列联表。

主题四　数学建模活动与数学探究活动

数学建模活动与数学探究活动以课题研究的形式开展。在选择性必修课程中，要求学生完成一个课题研究，可以是数学建模的课题研究，也可以是数学探究的课题研究。课题可以是学生在学习必修课程时已完成课题的延续，也可以是新的课题。

3. 选修课程

选修课程是由学校根据自身情况选择设置的课程，供学生依据个人的志趣自主选择，分为 A、B、C、D、E 五类。

这些课程为学生确定发展方向提供引导，为学生展示数学才能提供平台，为学生发展数学兴趣提供选择，为大学自主招生提供参考。学生可以根据自己的志向和大学专业的要求选择学习其中的某些课程。

A 类课程是供有志于学习数理类（如数学、物理、计算机、精密仪器等）学生选择的课程。

B 类课程是供有志于学习经济、社会类（如数理经济、社会学等）和部分理工类（如化学、生物、机械等）学生选择的课程。

C 类课程是供有志于学习人文类（如语言、历史等）学生选择的课程。

D 类课程是供有志于学习体育、艺术（包括音乐、美术）类学生选择的课程。

E 类课程包括拓展视野、日常生活、地方特色的数学课程，还包括大学数学的先修课程等。大学数学先修课程包括微积分、解析几何与线性代数、概率论与数理统计。

数学建模活动、数学探究活动、数学文化融入课程内容。

选修课程的修习情况应列为综合素质评价的内容。不同高等院校、不同专业的招生，根据需要可以对选修课程中某些内容提出要求。国家、地方政府、社会权威机构可以组织命题考试。考试成绩应存入学生个人学习档案，供高等院校自主招生参考。

互动交流

【交流研讨】

1. 函数是中学数学课程的主线，请结合实例谈谈如何用函数的观点来认识中学数学课程中的方程、不等式、数列等内容。

2. 请谈谈高中数学教学中，函数的单调性、奇偶性与周期性同等重要吗？

3. 在初中数学课程中，把函数安排在代数式与方程之后。谈谈你对于这种安排的看法。

4.《义教课标（2022 年版）》设置了部分选学内容，以三元一次方程组为例，简述设置选学内容的意义。

5. 简述向量的数量积运算与实数的乘法运算的区别。

【实践训练】

以下是甲、乙两位教师在"复数概念"中引入的教学片段。

教师甲： 为解决 $x^2-2=0$ 在有理数集中无解，以及单位正方形对角线的度量等问题，在初中，已经把有理数集扩大到了实数集。$x^2+1=0$ 在实数集中有解吗？类比初中的做法，我们如何做呢？看来又需要扩大数集。

数学家引入了 i，使 i 是方程式 $x^2+1=0$ 的一个根，即使得 $i^2=-1$。把这个新数 i 加到实数集中，就会得到一个新数集，记作 A，那么方程 $x^2+1=0$ 在 A 中就有解 $x=i$ 了。

教师乙： 16 世纪，意大利数学家卡尔达诺在解决"求两个数，使其和为 10，积为 40"时，认为这两个数是 $5+\sqrt{-15}$ 和 $5-\sqrt{-15}$，这是因为：$(5+\sqrt{-15})+(5-\sqrt{-15})=10$，$(5+\sqrt{-15})\times(5-\sqrt{-15})=40$。

看来 $\sqrt{-15}$ 也是一个存在的数，从而 $\sqrt{-1}$ 是一个存在的数，数学家将 $\sqrt{-1}$ 记为 i，从而 $\sqrt{-15}=\sqrt{15}i$。这样就引入了一个新数。

这节课学习了复数的表达式 $a+bi(a, b\in\mathbf{R})$，当然，复数还有其他表达法，后续的学习中会学习到。

问题：（1）请分析这两位教师教学引入片段的特点；

（2）复数还有三角表达法，请简述三角表达法的意义。

评价反思

1. 通过本节课的学习，你有什么收获？

2.《义教课标（2022 年版）》将跨学科主题作为"综合与实践"领域的主要教学方式、形式，对于跨学科内容你是怎样理解的？

3. 数学文化是人类文明的重要组成部分，请思考你对"数学文化"的理解。

拓展提高

新课标背景下培养学生数据素养的思考

（一）以真实问题为依托，提高学生的学习兴趣

学生的个人体验能够有效激发其学习兴趣，数学来源于生活，"统计与概率"知识更适合依托生活实际情境选取素材，使学生进一步体会到"统计与概率"知识的实用价值。教材中要多设置真实问题情境，引导学生参与解决实际问题。在"双减"背景下，适当减少书面作业，给学生走出教室调查发现真问题的机会，要关注学生学什么，更要关注学生学到了什么，增强学生利用已学知识解决问题的成就感，进而提高其学习兴趣。

（二）以统计活动为基础，培养学生的统计思维

统计思维发生在获取数据、处理数据、从数据中提取信息等过程中，是在运用数据解决问题活动中的思维模式。统计思维作为处理数据的手段，已经渗入人们日常生活的方方面面。例如，教师组织学生通过调查全国几个城市夏季的平均气温，让学生感受"火热的夏天"和高温预警的作用。另外，统计思维的培养远比具体统计方法的介绍重要，教师应该转变统计教学以知识传授为主的传统模式，把教学的重点逐步转向统计思维培养的可持续发展模式上。

（三）以数据分析为媒介，发展学生的批判性思维

批判性思维是指面对观点、推断等的审慎态度。数据分析基于归纳推理，体现了使用者的观点与立场，数据分析的结论就一定有主观性倾向。例如，在调查本年级学生是否喜欢某部电视剧这一案例中，学生根据调查到的数据得到结论，能否将这一结论推广到全地区的电视观众？另外，引发学生对数据分析方法的深入思考。不同的数据类型，可以选择不同的处理方法。拥有批判性思维的学生有更强的问题意识，不会墨守成规，不易把现成的方法或结论当真理。

（四）以测量与评价为驱动，增强学生的数据素养

近年来，国家非常重视教育评价的作用。为促进义务教育质量提升，2021年9月，教育部颁布了《国家义务教育质量监测方案（2021年修订版）》，在全国范围内抽取样本，每年监测三个学科领域，三年为一个周期，针对监测结果，形成分省监测报告和区县监测诊断报告，供学校改进教育教学参考。

（资料来源：宋乃庆，刘彩霞，陈婷. 义务教育新课标"统计与概率"领域的发展变化：基于数据素养培养的视角[J]. 课程·教材·教法，2022（9）：27-34，有删改）

第四章 数 学 学 习

知识目标

1. 了解数学学习的内容。
2. 掌握数学学习的理论。
3. 掌握数学学习的过程。
4. 学会研究案例。

文化素养

博学之，审问之，慎思之，明辨之，笃行之。

——选自《礼记·中庸》

【释义】

博学，学习要广泛涉猎；审问，有针对性地提问请教；慎思，学会周全地思考；明辨，形成清晰的判断力；笃行，用学习得来的知识和思想指导实践。

【联想】

这句古语讲的是学习的不同递进阶段。由博学到笃行，才能学有所依、学有所成、学有所用。本章研究数学学习理论及学习方式等内容。当我们从学习者转为教书者，也要教会学生用辩证的思想去考虑问题，去学习新的知识。

学习理论是教育学和教育心理学的一门分支学科，是描述或说明人类和动物学习的类型、过程和影响学习的各种因素的学说。学习理论是探究人类学习本质及其形成机制的心理学理论。它重点研究学习的性质、过程、动机，以及方法和策略等。本章主要介绍数学学习的基本内容（数学学习的概念、数学学习的影响因素、数学学习的分类以及中学数学学习的方式）、数学学习的迁移（数学学习迁移概述、数学学习迁移的本质以及数学学习迁移的影响因素）、数学概念和命题的学习，并阐述这些学习理论在数学教学中的应用。

数学教学有三个要素：教师、学生、课程。由这三个要素衍生出来三个方面的理论，即教学论、学习论、课程论。数学教育的对象是学生，学生是数学教育活动的主体。学生获得数学知识、掌握数学技能、发展数学能力，以及养成良好的数学素养，都是在不断的数学学习过程中逐步完成的。现代数学教育理论的最大突破点就在于它认识到：在讨论"教的规律"之前，首先必须了解"学的规律"，即研究学生是"如何学习数学的"问题。数学学习论在数学教育中处于基础的地位。

第一节 数学学习概述

学习目标

1. 了解数学学习的概念及影响因素。
2. 了解数学学习的分类。
3. 掌握中学数学学习的方式。

学习任务

能够合理地运用数学学习方式进行教学并指导学生学习。

知识探究

一、数学学习的概念

数学学习是指了解、理解、掌握和应用数学知识、数学技能和数学思想方法，发展数学能力的过程。它是学生对客观事物的数量关系和空间形式的能动的反映。数学学习有如下特点。

1）学习内容是严谨、高度抽象和广泛应用的数学知识、数学技能和数学思想方法。数学是抽象概念的、判断相互联系的、科学认识的统一体。

2）数学学习除了学习基本数学知识、技能和思想方法外，更为重要的是学习如何进行数学思维。思维能力的发展是数学学习的根本性目标。

二、数学学习的影响因素

影响数学学习的因素可以分为内因和外因。内因和外因共同作用于学生的数学学习过程，影响学习效果。

（一）内因

影响数学学习的内因有学生的数学学习动机、兴趣、学习的努力程度等非认知因素，已有数学知识水平、能力水平、数学记忆能力、思维能力、学习能力、数学元认知能力等认知因素。

学生内在的因素是决定性因素。数学学习动机和兴趣激发与唤起学生行为，影响学生对学习内容的选择。在考虑学生内在非认知因素的同时，需要注意学生的认知因素，特别是学生已有的数学认知结构。有些学生学习数学很吃力，这可能是由学生的认知能力所决定的，如在课堂教学过程中，由于数学记忆能力的有限性，很难在一节课的时间内掌握三个以上的数学定理。

（二）外因

影响数学学习的外因有数学学习内容、教师、学习方式、环境等外在因素。

教师是影响数学学习效率的重要外因之一。事实上，学生学习主要是在教师的引导或指导下进行的。教师对数学科学的理解、对数学价值的认识、对数学科学的态度都会反映在数学教学过程中，会潜移默化地影响学生。同时，教师对数学学习和数学教学的理解与研究也会影响教学的设计，从而影响学生的学习。

数学学科本身是影响数学学习的另一个重要的外在因素。较其他学科而言，数学学科的基本知识、技能和数学思想方法较多，而且数学学科具有区别于其他学科的特点（严谨性、高度的抽象性等），还有一点是数学教师容易忽略的，那就是在数学学科中，即使简单的数学知识也往往蕴含多种关系，这导致数学信息加工具有同时性的特点。由于大脑资源是有限的，使得在多数情况下，数学信息加工需要外部资源的支持（如用笔及时记录和标记信息）。

总之，影响数学学习的因素有很多，既有来自学习者自身的因素，也有学习者所处的后天环境方面的因素，包括学习环境、家庭环境、社会环境等。在这些因素中，学生的内因起决定性作用，外因起条件和诱发的作用。

三、数学学习的分类

美国认知教育心理学家奥苏伯尔根据以下两个维度对认知领域的学习进行了分类：一个维度是学习材料 与学习者原有知识的关系，据此可分为机械学习和有意义学习；另一个维度是学习进行的方式，据此可分为接受学习和发现学习。这是两个不同维度的分类，它们之间没有必然的对应关系。接受学习并不必然导致机械学习，同样，发现学习也并不必然是有意义学习。

（一）机械学习和有意义学习

机械学习就是学习者并没有理解符号所代表的知识，只是依据字面上的联系，记住某些符号的词句或组合，死记硬背。

有意义学习就是符号所代表的新知识与学习者认知结构中已有的适当观念建立起非人为的和实质性的联系。

奥苏伯尔指出，所谓有意义学习就是以符号为代表的新知识与学习者认知结构中已有的适当知识建立非人为的和实质性的联系。其中，"非人为的联系"是指新旧知识的结合应具有客观合理的联系；"实质性的联系"是指本质的而非字面的联系，指用认知结构中内部语言来表达、理解新知识时确实是同一知识的不同表达方式。例如，学生学习算数根概念时，同其认知结构中的方根、非负数、开方、绝对值等概念建立起联系，就是非人为的联系。对于同一等腰三角形底边上的中线与高线及顶角平分线的联系就是实质性的联系。

（二）有意义学习的条件

有意义学习的产生既受学习材料本身性质（客观条件）的影响，也受学习者自身因素（主观条件）的影响。

从客观条件来看，有意义学习的材料本身必须具有逻辑意义，在学习者的心理上是可以理解的，是在学习能力范围之内的。一般来说，学生所学的教科书是人类认识世界的概括，是有逻辑意义的。

从主观条件来看，实现有意义学习的条件主要有以下几点。

1）学习者认知结构中必须具有能够同化新知识的适当的认知结构。

2）学习者必须具有积极主动地将符号所代表的新知识与认知结构中的适当知识加以联系的倾向性。如果学习材料本身有逻辑意义，而学习者认知结构中又具备了适当的知识基础，那么，这种学习材料对学习者来说就构成了潜在的意义，即学习材料有了与学习者认知结构中的适当观念建立联系的可能性。

3）学习者必须积极主动地使这种具有潜在意义的新知识与认知结构中的有关旧知识发生相互作用，认知结构或旧知识得到改善，使新知识获得实际意义，即心理意义，有意义学习的目的就是使符号代表的新知识获得心理意义。

（三）数学中的有意义学习和机械学习

在数学领域中，多数数学知识之间存在着有意义的联系，因此数学学习应以有意义学习为主要形式。然而，数学学习中也有机械学习的成分，如一些数学中的约定和常规往往是人为规定的，其所表示的意义之间没有必要的联系，因此学生在学习过程中，只能通过反复练习来识记、保持。这样的学习就是机械学习。

【案例呈现】

学生学习两角和正弦公式时错误地写成 $\sin(x+y)=\sin x+\sin y$，就属于人为的联系。再如，学生记忆一些公式或定理时并不理解其意义，只是死记硬背，就属于机械学习。

四、中学数学学习的方式

下面介绍几种教师必须掌握的中学数学学习方式。

（一）接受学习和发现学习

接受学习是指教师把学习内容以定论的形式传授给学生。对学生来讲，学习不包括任何的发现，只是需要把学习内容与自己已有的知识相联系。

发现学习是指学习的内容不是以定论的形式教给学生的，而是由学生自己先从事某些心理活动，发现学习内容，然后再把这些内容与已有知识相联系。因此，发现学习和接受学习的根本区别在于学生在将新旧知识相联系之前，是否有一个发现的过程。

发现学习又称为探究性学习。例如，数学中的许多定理的学习都可以让学生经历或多或少发现的过程；例如，在学习勾股定理时，因为学生已经知道三角形内角和的定理，可以提出让学生探索一类特殊三角形三边关系的问题，要让学生独立地发现勾股定理的内容并不容易，所以教师要注意启发引导，为学生创设情境。

发现学习和接受学习各有优缺点。例如，发现学习需要耗费较多的时间，接受学习可以在较短的时间内使学生获得大量的知识，但是发现学习中学生有更多的学习自主性，而接受学习中这种自主性就较少。在选择这两种学习方式的过程中，要防止偏废两种学习方式中的任何一种，应注意平衡应用学习方式，扬长避短。

（二）合作学习

合作学习是指学生为了完成共同的数学任务，有明确的责任分工的互助性学习。合作学习鼓励学生为集体的利益和个人的利益而一起学习，在共同完成数学任务的过程中实现自己的理想。它是一种富有创意和实效的教学理论与策略。合作学习有多种不同的形式，主要体现在分组的方式上：同质分组和异质分组。同质分组是指将具有相同能力和水平的学生分为一组；异质分组是指将不同能力和水平的学生分为一组。合作学习必须要有明确的任务，有明确的责任分工，否则就会流于形式。另外，合作学习更多强调的是合作，而不是竞争。合作的基础是合作者本身必须要有独立思考、独立分析问题和解决问题的能力，否则就由原来的听教师讲变成听同学讲，并没有改变学习者参与的程度。

【案例呈现】

在下面这个习题的讲解中，教师有以下两种处理方式，你会选择哪种处理方式？请说明理由。方程 $x^2-5x+m=0$ 的两个实根都大于 1，求实数 m 的变化范围。

处理方式一：教师直接把正确解法讲给学生，教师讲在前，学生想在后。

处理方式二：组织学生开展相互之间的讨论，都把自己的想法说出来，并阐明自己的理由去努力说服对方。

【参考答案】

会选择第二种处理方式。

处理方式一用教师的讲代替了学生的想，教师讲在前，学生想在后，那么学生的一些自以为正确的错误思想就会被掩盖起来。这种处理方式不能针对学生存在的差异进行有效教学，难以实现真正的因材施教。

处理方式二采取合作学习的方式，这种方式能调动学生的学习主动性，也能把学生各种不同的想法反映出来，这时的课堂不再是教师的"一言堂"，而是更多学生积极参与的"群言堂"。学生的多种想法也可以作为课堂生成性资源被加以有效利用。

（三）自主学习

自主学习是指有较高的自信心和能力、有较高的理想与抱负、对任务有积极的内在兴趣的学生，在教师的指导下，通过自觉地制订学习计划、确定学习目标、组织学习活动、自我监控学习过程与效果、主动学习策略、自我评价学习结果、积极创设最优化的学习内部环境与外部环境、自我指导、自我强化来进行高效学习的一种学习方式。在数学教学实践中，对自主性的理解不要过于绝对化，也就是要防止将自主学习看作学生的绝对自由。在学校教育中，教师必须对学生的学习进行适当的、科学的指导。

（四）示例学习

示例学习是实例中学和做中学的统称。实例中学是指学生通过考察和理解实例或有详细解答步骤的例题，通过类比学会解决其他类似的问题。做中学是指学生利用已经学会的知识解决问题，通过解决问题学会解决其他类似的问题。学生在解决问题之后，这个问题也就变成有详细解答步骤的例题，从而转化为实例中学。

从某种意义上说，数学学习实际上是以问题为核心的学习。在课堂教学中，学生通过解决经由教师精心组织的问题，形成数学概念，掌握数学技能，学会用数学的思想解决问题，发展数学能力。通过教材或教师的示范、引导，学生学会自觉、主动地发现问题、提出问题、探究问题，最终解决问题，从而完成数学学习的任务。近年来，示例学习方式逐步受到了研究者的重视，主要是因为：利用样例进行推理，对于学生的学习是非常重要的，多数学生倾向于通过考察样例解决问题，而不是求助于规则，因此可以说，示例学习能使认知技能的获得更为容易。但是相对实例中学而言，在知识与技能获得初期，做中学往往会增加学生的学习负担，不利于学生的学习。

（五）探究学习

探究学习是学生学习数学的重要方式之一。探究学习，也称为发现学习，是指学生在学习情境中通过观察、阅读，发现问题，搜集数据，形成解释，获得答案并进行交流、检验，从而自主构建知识体系的一种积极的学习方式。探究学习以养成学生探究性学习习惯、学会探究性思维方法为目标，引导学生通过探究现象、发现规律，从而提升学习能力。结合数学课程内容中的重要概念、原理、公式、法则开展经常性的探究学习活动，可以激发学生的创新意识，培养学生的创新能力。

【案例呈现】

主题为"邮局中的问题发现与解决"的课题。这是一个数学应用、建模探究的场景素材，教师不必给出具体问题，只要带领学生走进邮局这个环境，让学生自己观察和寻找有关的数学问题。在具体教学中，学生常常会发现诸多教师没有注意到的问题，提出一些新的想法和问题，这样更加能够锻炼学生发现问题、提出问题的能力。

例如，写出一个邮资函数的典型案例；邮票齿孔的大小和间距的关系，怎样才能保证票面不被撕坏；根据所寄物品的几何尺寸，如何选择邮递专用箱比较经济；指定重量、指定目的地的邮件，怎样邮寄才能做到经济性最好；等等。

互动交流

【交流研讨】

结合你的学习经历，谈谈数学学习的影响因素。

【实践训练】

选择义务教育阶段的一节数学课，说明你会选择哪种学习方式，并说明理由。

评价反思

1. 通过本节课的学习，谈谈你学到了什么。
2. 通过本节课的学习，谈谈你对数学学习方式的认识。

拓展提高

有意义学习理论概述

1. 什么是有意义学习

奥苏贝尔根据学习材料与学习者之间的关系，将学习分为机械学习和有意义学习两种，两者为相对立的概念。机械学习是指并不理解所学材料的含义，而只是对其死记硬背。有意义学习是指符号所代表的新知识与学习者认知结构中已有的适当观念建立起非人为和实质性的联系的过程。

2. 如何判断学习是否符合有意义学习

第一，新旧知识之间非人为的联系。"非人为"是指新旧知识之间、新学习材料与学生已有的认知结构之间不是人为强加的、生拉硬扯的任意联系，而是自然内在的联系。例如，三岁的小孩可以很熟练地背出九九乘法表，但他并不能理解其真正的含义，这时建立的联系是人为联系；而当他们上了小学，真正理解九九乘法表的结构及含义，就是非人为联系。第二，建立实质性联系。实质性联系就是指语言或符号所代表的新知识与学习者认知结构中的适当观念有非字面的、本质上的逻辑联系。例如，"等边三角形"和"正三角形"，虽然字面表达不同，但是它们所描述的本质并没有改变。其中的"适当观念"是指学生头脑中已有的知识、经验，也就是思维的生长点。例如，在学习一次函数时，前面学习函数的概念及变量的相关知识就是学生头脑中的思维生长点，也就是适当观念。

（资料来源：姜合峰，刘珍，王川龙. 有意义学习理论用于数学课堂导入的条件与策略[J]. 教学与管理，2018（21）：96-98，有删改）

第二节　数学学习的迁移

学习目标

1. 了解数学学习迁移的种类及本质。
2. 了解数学学习迁移的影响因素。

学习任务

数学学习内容之间存在逻辑关系，从以往的数学学习中选择内容，说明数学学习迁移的作用。

知识探究

一、数学学习迁移概述

学习的迁移是指一种学习对另一种学习的影响。学习的迁移现象在数学学习中是广泛存在的。例如，加法的学习会影响乘法的学习，有理数的学习会影响代数式的学习，而代数式的学习又会影响函数的学习，平面几何的学习会影响立体几何的学习，等等。

在学习过程中，先前的学习会影响以后的学习，同时，后面的学习有时也会影响以前的学习。我们把前者叫作顺迁移，后者叫作逆迁移；起积极的、促进作用的影响叫作正迁移，起消极的、抑制作用的影响叫作负迁移。

根据上面的分析，关于数学学习迁移的分类如图4.1所示。

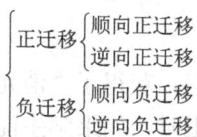

$$
\begin{cases}
正迁移 \begin{cases} 顺向正迁移 \\ 逆向正迁移 \end{cases} \\
负迁移 \begin{cases} 顺向负迁移 \\ 逆向负迁移 \end{cases}
\end{cases}
$$

图4.1 数学学习迁移的分类

二、数学学习迁移的本质

数学教育的目标归根结底是为了达到正迁移，因而搞清楚迁移的本质对于数学教学中最大限度地实现迁移有着重要的意义。

在心理学历史上存在各种学习的迁移理论：形式训练说、相同要素说、概括化理论，以及现代认知心理学从认知结构出发的迁移理论，即认知结构观点。尽管这些理论都有片面性，但它们都有可借鉴之处。

（一）形式训练说

该理论认为，迁移是通过对组成心智的各种官能的训练，以提高各种能力（如注意力、记忆力、推理能力、想象力等）而实现的。人的心智是由"意志""记忆""思维""推理"等官能组成的。学习要收到迁移的效果，就要经历"形式训练"，使之在不同的学习中认出形式上相似的东西。按照形式训练说的观点，数学教学中让学生做难题，则是训练"心智"的好方法，这能让学生学会观察、分析、比较，比记住一些具体知识更有益。但是形式训练说片面地强调了"形式"，而低估了实在内容的价值。

（二）相同要素说

相同要素说又称为共同要素说，19世纪末20世纪初由桑代克（Thorndike）和伍德沃斯（Woodworth）提出。由于反对形式训练说对学习迁移的解释，许多心理学家纷纷设计更为严密的实验，从各种不同角度向形式训练说发起挑战，其中，以桑代克的影响最大。1903年，美国杰出的教育心理学家桑代克以大学生为被试，首先训练大学生对平行四边形的面积进行估计，然后对他们进行两种测验。结果表明，被试对矩形面积的判断成绩提高了，但对三角形、圆形和不规则图形的判断成绩并没有提高。

据此，他认为，学习中训练某一官能未必能使它的所有方面都得到改善。他认为两种学习之间具有相同因素时，才会发生迁移。因为骑自行车与骑摩托车在协调和操作方式上有相同因素，所以迁移就容易发生。因此，该学说认为，一种学习之所以有助于另一种学习是因为两种学习具有相同因素的原因。若两种情境含有共同因素，无论学习者是否觉察到这种因素的共同性，总有迁移现象发生。

（三）概括化理论

与桑代克同时期的美国心理学家贾德提出迁移的概括化理论。该理论认为，两个学习活动之间存在的相同要素只是产生迁移的前提，而产生迁移的关键则是学习者在两种活动中概括出它们的共同原理。

【案例呈现】

学生在学习解二元一次方程组时，获得了"消元"这一解二元一次方程组的一般原理，紧接着在学生解三元一次方程组时，如果学生能把"消元"和解三元一次方程组联系起来，那么就能把解二元一次方程组的一般原理"消元"迁移到解三元一次方程组中。

（四）认知结构观点

现代认知学派的代表布鲁纳认为：掌握学科的基本结构，领会基本的原理和观念，才是通向迁移的大道。两种学习并不能直接发生作用，而是通过学生的原有认知结构间接地发生作用的，也就是说，学生认知结构的特点影响着迁移的范围和程度。如果学生认知结构中具有较高抽象、概括水平的观念，对于新学习是有利的。

三、数学学习迁移的影响因素

从上面有关学习迁移的各种理论分析看，影响学习迁移的因素是多方面的，包括初始学习的数量和种类的影响、学习动机的影响、学习时间的影响、理解性知识的影响、学习情境的影响、元认知的影响、问题表征的影响等。既有客观因素，又有主观因素，下面就影响数学学习迁移的主客观因素作简单的分析讨论。

（一）客观因素：两种学习活动之间的相似性

若两种学习活动之间存在许多类似的东西，那么这两种学习活动之间容易产生相互影响。学习活动的类似性包括学习情境的相似性、学习材料的相似性、反应结果的相似性。当两种学习情境相似时，由于学习者对前一学习活动的熟悉感，就会指引他进行相似的学习，就是说迁移容易在情境相似的两种学习活动之间发生；当两种学习活动中学习的材料彼此相似时也容易实现迁移。

【案例呈现1】

解二元一次方程组的学习活动与解三元一次方程组的学习活动之间很容易产生相互影响，这是因为学习内容的相似性，学生很容易做出概括。反应结果相似的两种学习活动同样也可相互影响。

【案例呈现2】

"日常的垂直"概念会影响"几何的垂直"概念的学习，这种学习的迁移就是由于它们的反应结果相似而引起的。

（二）主观因素：学生的概括水平

学生头脑里知识的概括程度是影响学习迁移的重要因素之一。贾德的迁移实验表明，掌握一般原理有利于迁移。布鲁纳强调学科的知识结构，其主要目的也在于此。心理学家以专家和新手作为被试，对学习情境的结构相似性和表面相似性进行了深入的研究。结果表明，当两种学习具有结构相似性但表面不相似时，专家比新手更易产生正迁移；当两种学习仅具有表面相似性时，新手比专家更易产生负迁移。

在数学学习中，如果学生能发现两种学习之间的关系，概括出两种学习的共同本质要素，那么这两种学习之间就能产生迁移。能否概括出两种学习之间的共同要素，依赖于学生的概括水平。一般来说，概括水平越低，迁移范围就越小，迁移效果也越差；反之，概括水平越高，迁移的可能性就越大，效果也越好。数学概括能力强的学生，很容易概括出问题的结构，把解决一个问题的方法迁移到解决类似的问题中。

互动交流

【交流研讨】
针对以往你熟悉的数学内容，谈谈数学学习迁移对其学习的影响。

【实践训练】
结合上述数学内容，谈谈影响数学学习迁移的因素。

评价反思

1. 通过本节课的学习，谈谈你在教学设计的过程中如何利用数学学习迁移的相关内容进行数学教学设计。

2. 通过本节课的学习，谈谈你对义务教育阶段的数学学习迁移的认识。

拓展提高

建构主义的学习观

在建构主义的学习观中，情境、协作、会话和意义建构被认为是学习环境中的四大要素。

符合建构主义学习理论及建构主义学习环境的数学教学总结为："以学生为中心，在整个数学教学过程中教师起组织、指导、帮助和促进的作用，利用情境、协作、会话等学习环境要素充分发挥学生数学学习的主动性、积极性和首创精神，最终达到学生有效地实现对当前所学数学知识的意义构建的目的"。

建构主义认为，建构主义学习观主要表现为以下三个方面：①学习是个体主动建构知识的过程，这是一种不能被别人替代的建构。②学习者是经过新旧知识和经验的重复，相互作用的过程来建构的，也就是说外部信息本身没有意义。③学习者认知结构发生变化的两种方式是同化和顺应。

（资料来源：罗钦. 建构主义理论下的数学教学[J]. 教育现代化，2017，4（35）：161-163，有删改）

第三节　数学概念与命题的学习

学习目标

1. 了解数学概念学习的内容、基本形式。
2. 了解数学命题学习的内容、基本形式。

学习任务

针对数学概念、命题学习的内容、形式，选择一节数学课，谈谈课程内容中的概念、命题该如何教学。

知识探究

一、数学概念的学习

（一）数学概念学习的内容

数学概念是事物在数量关系和空间形式方面的本质属性，是人们通过实践从数学所研究的对象的许多属性中，抽出其本质属性概括而成的。概念的形成，标志着人已从感性认识上升为理性认识。

数学概念是进行数学推理、判断的依据，是建立数学定理、法则、公式的基础，也是形成数学思想方法的出发点。因此，数学概念学习是数学学习的基础，数学概念教学是数学教学的一个重要的组成部分。

数学概念学习的实质就是概括出数学中一类事物的共同本质属性，正确区分同类事物的本质属性与非本质属性、概念的肯定例证和否定例证。

一般来说，数学概念学习包括以下四个方面。

1）数学概念的名称。例如，"三角形""正方体""圆"等。

2）数学概念的定义。例如，"三角形"的定义是"由不在同一条直线上的三条线段首尾顺次相接所组成的图形"。

3）数学概念的例子。符合数学概念定义的事物是数学概念的正例，不符合数学概念定义的事物是数学概念的反例。例如，直角三角形是"三角形"的正例，而四边形则是"三角形"的反例。

4）数学概念的属性。例如，"三角形"这个数学概念的属性是平面图形、有三条边、有三个角等。

（二）数学概念学习的基本形式

1. 数学概念形成

数学概念形成是从大量的实际例子出发，经过比较、分类，从中找出一类事物的本质属性，然后再通过具体的例子对所发现的属性进行检验与修正，最后通过概括得到定义并用符号表达出来。数学概念形成的过程有以下几个阶段。

1）观察实例。观察概念的各种不同的正面实例，可以是日常生活中的经验或事物，也可以是教师提供的典型事物。例如，要形成平行线的概念，可以观察黑板相对的两条边、立在路边的两根电线杆、横格练习本中的两条横线等。

2）分析共同属性。分析所观察实例的属性，通过比较得出各实例的共同属性。例如，上面的各个实例分别有各自的属性，通过比较可以得出它们的共同属性是：两条直线、在同一个平面内、两条直线间的距离处处相等、两条直线不相交、两条直线可以向两边无限延伸等。

3）抽象本质属性。从上面得出的共同属性中提出本质属性的假设。例如，提出平行线的本质属性的假设是：在同一个平面内、两条直线间的距离处处相等、两条直线不相交。

4）确认本质属性。通过比较正例和反例检验假设，确认本质属性。例如，举出平行直线、相交直线和异面直线的例子，确认平行线的本质属性。

5）概括定义。在验证假设的基础上，从具体实例中抽象出本质属性，推广到一切同类事物，概括出概念的定义。例如，可以概括出"在同一个平面内，不相交的两条直线叫作平行线"。

6）符号表示。用习惯的符号形式表示概念。例如，平行线用符号"//"表示。

7）具体运用。通过举出概念的实例，在一类事物中辨认出概念，或运用概念解答数学问题，使新概念与已有认知结构中的相关概念建立起牢固的实质性联系，把所学的概念纳入相应的概念体系中。

【案例呈现】

代数式（字母表示数）概念一直是学生学习代数过程中的难点，有很多学生学过后只能记住代数式的形式特征，不能理解字母表示数的意义。代数式的本质在于可以将未知数像数字一样进行运算。认识这一点，需要有以下四个层次。

1）通过操作活动，理解具体的代数式。

问题一：让学生用火柴棒按图 4.2 的方式搭建正方形，并填写表 4.1。

图 4.2　用火柴棒搭建正方形

表 4.1　正方形数量与火柴棒数量

正方形/个	1	2	3	4	……	n	……
火柴棒/根	4						……

问题二：有一些矩形，长是宽的 3 倍，请填写表 4.2。

表 4.2　矩形的长与宽

矩形的宽/cm	1	2	3	4	……	n	……
矩形的长/cm	3						……

通过以上两个问题，让学生初步体会"同类意义"的数表示的各种关系。

2）探究阶段，体验代数式中的过程。

针对活动阶段的情况，可提出以下问题让学生讨论探究。

① 问题一中 $3n+1$，与具体的数有什么样的关系？

② 把各具体字母表示的式子作为一个整体，具有什么样的特征和意义？（需经反复体验、反思、抽象代数式特征：一种运算关系；字母表示一类数等。）

这一阶段还包括列代数式和对代数式求值，可设计以下问题让学生进一步体会代数式的特征。

① 每包书有 12 册，n 包书有_____册。

② 温度由 t（℃）下降 2℃后是_____℃。

③ 一个正方形的边长是 x，那么它的面积是_____。

④ 如果买 x（m²）的地毯[a（元/m²）]，又付 y（m³）的自来水费[b（元/m³）]，共花费_____元钱。

3）对象阶段，对代数式的形式化表述。

这一阶段包括建立代数式形式定义、对代数式的化简、合并同类项、因式分解及解方程等运算。学生在进行运算中就意识到运算的对象是形式化的代数式，而不是数，代数式本身体现了一种运算结构关系，而不只是运算过程。在这一阶段，学生必须理解字母的意义，识别代数式。

4）图式阶段，建立综合的心理图式。

通过以上三个阶段的教学，学生在头脑中应该建立起代数式的心理表征：具体的实例、运算过程、字母表示一类数的数学思想、代数式的定义，并能加以运用。

2. 数学概念同化

概念同化是奥苏伯尔提出的一种概念学习形式，指的是新信息与原有的认知结构中的有关概念相互发生作用，实现新旧知识的同化，从而使原有认知结构发生某些变化。数学概念同化的学习过程一般是直接揭示数学概念的本质属性，通过对数学概念的分类和比较，建立与原有认知结构中的有关数学概念的联系，明确新的数学概念的内涵和外延，再通过实例的辨认，将新数学概念与原有认知结构中的某些数学概念相区别，将新的数学概念纳入相应的数学概念体系中，从而完善原有的认知结构。数学概念同化的学习过程有以下几个阶段。

1）揭示本质属性。给出概念的定义、名称和符号，揭示概念的本质属性。例如，学习二次函数的概念，先学习它的定义："如果 $y=ax^2+bx+c$（a、b、c 是常数，$a \neq 0$），那么，y 叫作 x 的二次函数。"

2）讨论特例。对概念进行特殊的分类，讨论各种特例，突出概念的本质属性。例如，二次函数的特例是 $y=ax^2$，$y=ax^2+c$，$y=ax^2+bx$ 等。

3）新旧概念联系。使新概念与原有认知结构中的有关概念建立联系，把新概念纳入相应的概念体系中，同化新概念。例如，把二次函数和一次函数、函数等联系起来，把它纳入函数概念的体系中。

4）实例辨认。辨认正例和反例，确认新概念的本质属性，使新概念与原有认知结构中的有关概念精确分化。例如，举出 $y=2x+3$，$y=5x^2-2x+2$，$y=x^2-3$ 等让学生辨认。

5）具体运用。通过各种形式运用概念，加深对新概念的理解，使有关概念融会贯通。

数学概念形成与数学概念同化是有区别的，数学概念形成需要的是对物体或事件的直接经验，从这些物体或事件中抽象出它们的共同属性。在数学概念同化的过程中，新的数学概念的共同属性一般都是教师指出的，不需要学生自己去发现，重要的是使学生把新知识与头脑中已有的有关知识联系起来。在数学概念形成过程中，要求学生对所发现的共同属性进行检验，并通过对所发现的共同属性的修正，最终确定它们的本质属性。同时，在数学概念同化过程中，要求学生辨别所学习的新概念与原有认知结构中的有关概念的异同，并将新概念纳入原有的认知结构中。一方面让学生观察、思考，并从中归纳事物的本质属性，另一方面又直接揭示这些例子所蕴含的某类事物的本质属性，并给出有关数学概念的定义，这样学生对数学概念既有感性认识，又有理性认识，从具体到抽象，符合学生的认识规律，同时又可以提高教学效率，使学生能在较短的时间内正确理解数学概念所反映的事物的本质属性。

【案例呈现】

在学习异面直线的概念时，可先观察一些实例，然后直接向学生揭示异面直线的本质属性，给出它的定义，并让学生从实例中归纳所观察的事物的本质属性，将两者作比较，接着又可让学生举一些正例和反例，使学生懂得为什么异面直线的确切定义是"不同在任何一个平面内的两条直线叫作异面直线"。在此基础上将异面直线的概念纳入原有认知结构中。

二、数学命题的学习

命题学习（proposition learning）是指"学习以命题的形式表达观念的新意义"。根据新学习的命题与已有概念或命题之间的关系，可以分为三种类型的命题学习：下位学习（subordinate learning）、上位学习（superordinate learning）、组合学习（coor-dinate learning）。命题学习是指学习由若干概念组成的句子的复合意义，即学习若干概念之间的关系。命题是在概念的基础上形成的。因此，学习命题，必须先了解组成命题的有关概念意义，才能获得命题的意义。例如，学习"圆的直径是它的半径的 2 倍"这一命题时，如果没有获得"圆""直径""半径"等概念，便不能获得这一命题的意义。可见，命题学习不仅要以概念学习为前提，还要以符号学习为基础，旨在反映事物之间的关系，这是一种更加复杂的学习。

（一）数学命题学习的内容

在一个演绎系统中，不需要证明而把它们作为判断其他命题的真假的初始命题，称为公理。

从公理或从已被证明的其他真命题出发，用逻辑推理的方法推导出来，并可进一步作为判断其他命题真假的依据的真命题，称为定理。

数学中的公式也可作为命题的一种形式。公式一般是指用数学符号表示几个量之间的关系的式子，它具有普遍性，适用于同类关系的所有问题。

数学中大量有明确结论的习题也可作为数学命题。一部分带有探索性或创造性的问题，以及一些可以构成多种真命题的开放性命题都是数学命题的组成部分。

数学命题学习主要是指学习数学公理、定理、法则、公式，其目的是掌握这些数学命题，并能应用数学命题解决实际问题，或为进一步学习其他数学命题做必要的准备。数学命题学习包括以下四个方面。

1. 数学命题的内容

这是数学命题学习最基本的部分，要让学生会用准确的语言说出数学命题的内容。例如，勾股定理的内容是"直角三角形两直角边的平方和等于斜边的平方。即如果直角三角形的两条直角边长分别为 a、b，斜边长为 c，那么 $a^2+b^2=c^2$"。

2. 数学命题的结构

能分清数学命题的条件和结论，掌握它们之间的关系，并进一步分析该数学命题与其他有关概念、命题之间的关系。例如，勾股定理的条件是"直角三角形"，结论是"两直角边的平方和等于斜边的平方"，勾股定理是余弦定理的一个特例。

3. 数学命题的证明

数学命题的证明体现了数学命题与原有知识结构之间的逻辑联系，是培养学生逻辑思维能力的有效途径。数学命题证明的学习有助于加深对数学命题的理解和记忆，增强学习数学命题的自信心，提高学习兴趣。数学命题的证明方法有多种，如分析法、综合法、演绎法、数学归纳法、反证法、同一法等。这些方法不仅对于数学学习是十分重要的，而且对于其他知识的学习也是十分重要的。数学命题的证明不仅是对数学命题的直接验证，而且还可以培养学习者的创新意识。

4. 数学命题的应用

数学命题在现实生活和后续的数学命题学习中有广泛的应用。因此数学命题的应用是数学命题学习的重要组成部分，要通过例题和习题让学生领会定理和公式的适用范围、应用的基本规律和注意事项。

（二）数学命题学习的基本形式

1. 数学命题发现学习

发现学习是学生独立地获得知识的学习方式。学生从具体例子出发，通过操作、实验、分析、推理，发现一般结论。

发现学习强调学习过程，重视直觉思维，有利于激发学生的智慧潜能，培养学生的学习兴趣，激发学生的学习动机，学会发现的技能。

数学命题发现学习的过程是一个探索的过程。

【案例呈现】

在学习了三角形内角和定理后，通过将四边形分割成两个三角形，可以得到四边形内角和等于 360°，通过将五边形分割成一个四边形和一个三角形，可以得到五边形的内角和为 540°……依此类推，通过归纳可以得到多边形内角和定理。当然，在有些情况下，数学命题发现学习也可以通过演绎推理进行。数学命题发现学习的过程大致有以下几个环节。

1）探索发现。通过观察实际例子，找到这些例子所具有的共同条件，并在这些条件下进行探索，发现结论。发现的过程可以是一个实验与操作的过程，即通过实验与操作发现结论。例如，掷一枚均匀硬币，得到正面的概率为 0.5，可以通过全班学生做大量的实验，统计实验的总次数及出现正面的次数，计算频率，进行验证，并推断试验次数无限增加后，频率的稳定值为 0.5。

2）提出假设。在从一些实例发现某些共同的特性后，通过概括，进一步提出假设，将所发现的结果上升为数学命题。

3）验证假设。通过理论或实践对提出的数学命题进行验证。在很多情况下，是对命题进行逻辑论证。另外，由于数学命题的严密性的要求，常常会出现提出的命题不够完整，在验证的过程中须进行修正，使得到的数学命题更为完备，表达更为精练、更为确切。

4）得出结论。在验证假设的基础上，得到数学定理或公式。

例如，用发现学习的方式学习三角形内角和定理的过程是：首先进行探索，用量角器量许多三角形的三个内角，并将它们相加，得到这些三角形三个内角和。其次，通过观察，发现这些三角形的内角和接近 180° 或等于 180°。于是，提出假设，三角形的三个内角的和等于 180°。再次，通过演绎推理，证明这个假设成立。最后，得到三角形的内角和定理。

5）理解和应用。通过例题和练习进一步深入理解数学命题，并学会它的各种应用。

2. 数学命题接受学习

接受学习是将学习的内容以定论的形式呈现给学生，学生将这些内容加以内化。数学命题接受学习是把数学命题直接呈现在学生面前，通过分析命题所涉及的数学概念以及数学命题的条件与结论，得出命题的逻辑关系，然后学习命题的证明过程，并用实际例子对命题的正确性进行验证。将所证得的命题纳入学生已有的认知结构中，形成新的知识体系。最后还要学习命题的应用。数学命题接受学习的过程大致有以下几个环节。

1）分析命题。观察命题，理解命题的含义，分析命题的条件与结论、命题的逻辑结构。

2）激活旧知识。在原有的认知结构中找出与所学习的命题有关的概念、定理和公式等，建立新的数学命题与原有认知结构的联系。为此要对与所学习的命题有关的数学概念和命题作适当的复习，这样有助于学生加深对所要学习的数学命题的理解，为数学命题学习扫除障碍。

3）证明命题。在此基础上进一步分析命题证明的思路，得出命题的证明过程。

4）理解和应用。通过例题和练习进一步深入理解数学命题，并学会它的各种应用。

数学命题发现学习和接受学习两种形式各有利弊，发现学习有助于培养学生的探索精神，但要花费较多的时间。接受学习是由教师控制的，它比较紧凑，节约时间，但在激发学生学习的兴趣、引起学生对实际问题的关注等方面又显得不足。教师应根据所学命题的特点及学生的情况选择适当的学习形式。

【案例呈现】

学习相交弦定理时，可以利用"几何画板"软件动态演示，发现定理结论，猜测定理内容，给出定理后，再进行证明，如图4.3所示。

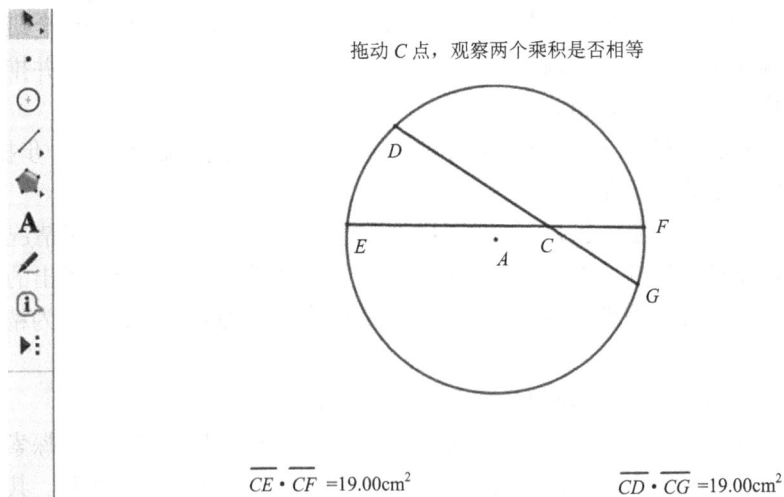

$$\overline{CE} \cdot \overline{CF} = 19.00\text{cm}^2 \qquad \overline{CD} \cdot \overline{CG} = 19.00\text{cm}^2$$

图4.3　相交弦定理动态演示图

互动交流

【交流研讨】

如何在数学概念教学中培养和开发学生的思维品质。

【实践训练】

针对一节数学概念课或者命题课进行教学设计，并针对教学设计谈谈你的设计是哪种学习形式。

要求：（1）设计要合理；（2）操作性要强。

评价反思

1. 通过本节课的学习，你知道数学概念教学应该是什么样的吗？举例说明。
2. 通过本节课的学习，你知道数学命题教学应该是什么样的吗？举例说明。

拓展提高

学习的八种类型

1968 年，美国教育心理学家加涅根据学习水平的高低及学习内容的复杂程度把学习分成八类：①信号学习；②刺激—反应学习；③连锁学习；④词语联想学习；⑤辨别学习；⑥概念学习；⑦法则学习；⑧问题解决学习。

1. 信号学习

信号学习就是巴甫洛夫的经典性条件反射。它或者是由单个刺激引起的，或者是由唤起个人情绪反应的一个刺激的若干次重复引起的。例如，一个数学教师对一个学生的不适当的批评（如讽刺、挖苦等），也许就决定了他对数学的厌恶情绪。这里教师的言语是一种刺激，唤起了学生厌恶数学的反应。

2. 刺激—反应学习

刺激—反应学习就是桑代克的工具性条件反射。这种学习也是一种信号学习，与信号学习不同的是，它是随意的学习，伴随着身体上的外显动作，而且常常需要强化刺激来实现。

3. 连锁学习

连锁学习是先前学习的两个或者更多的非词语刺激—反应(S—R)行为的有序联系。加涅指出："连锁的意思是，把一组个别的刺激—反应联结成一个序列"。他把非词语刺激—反应行为的顺序称为连锁学习，而把词语刺激—反应行为的顺序叫作词语的联想。

连锁学习的出现，要求学习者有先前学会这条链所需要的每个刺激—反应的链环。例如，数学中的尺规作图，就需要学生具有使用直尺画线和圆规画弧的能力，以及对几何模型的理解。其次，教师对所要求的行为提供奖赏和加以强化，也能促进刺激—反应学习和连锁学习。

4. 词语联想学习

词语联想学习是词语刺激形成链，也就是先前学会的两个或者更多的词语刺激—反应行为的有顺序的联系，最简单的词语联想就是把一个物体的外表和它的特征联系起来。数学学习中词语联想的学习是丰富的，在问题具体化的过程中和把实际问题数学化的复杂心理过程中，都要求学生有丰富的数学词语的储备及联想能力。

词语对话是词语联想学习类型中最重要的应用。可以通过"出声想"、互相讨论等方法，鼓励学生正确简明地表达事实、定义、概念和原理，以帮助学生提高数学词语的联想能力。

5. 辨别学习

当人们学会刺激—反应的联系之后，就可以将这些联系按顺序排列成更加复杂的学习行为的链,辨别学习就是区分不同链的学习,也就是去识别各种具体的和抽象的对象。辨别可分为单一辨别和多种辨别两种情况,辨别学习的运用与学习对象的特点有密切关系。例如,当把一种技能和问题与其他技能和问题分开学习时,学生很容易将技能与问题联系起来,并能正确地选用。但当连续、紧凑地教给学生一些相似但稍微不同的技能,去化简、解答不同类型的问题时,就会干扰他们对问题类型的辨别。在教学中应注意合理地运用辨别学习,使学生在不断地辨析过程中,真正地掌握各种技能与方法。

6. 概念学习

概念学习是学习认识具体对象或者具体事件的共同性质,并且把这些对象和事件作为一类进行反应。从这一意义上看,概念学习是辨别学习的反面,辨别学习需要根据对象的不同的特性去区分它们,而概念学习则要把具有某一共同性质的对象分为若干个集合,并且对这个共同性质进行反应。任何具体概念的获得,必须伴随着需要预先具备的刺激—反应链、适当的词语联想及区分特性的多重辨别。在数学概念教学中,应注意以下几点要求:第一,提出概念的各种不同的例子以促进概括;第二,举出不同的但和概念有关的例子帮助辨别;第三,提出不是概念的例子以促进辨别和概括;第四,要避免提出有一些共同特性,而又可能会干扰对概念例子进行适当分类的概念例子。

7. 法则学习

法则学习是以一系列的行动（反应）对一系列条件（刺激）做出反应的能力,它是促进人类既有效又连贯的活动的一种突出活动类型。数学学习中的大部分内容都是法则学习。

关于如何进行法则教学,加涅于1970年在《学习的条件（第二版）》一书中提出了五个步骤的教学程序:把希望在学习完成时的操作形式告诉学习者;用向学习者提问的方式,要使他恢复记忆（回忆）以前学习过的构成这些法则的一些概念;用言语陈述（提示）,引导学习者按适当的顺序把法则编成概念的锁链;用提问的方式,要求学习者"说明"这个法则的一个或更多的具体例子;用供选择的,但对以后教学有用的适当的问题,要求学习者陈述这一法则。

8. 问题解决学习

问题解决学习是法则学习的自然扩展。它要求学习者以独特的方式选择多组法则,并且把它们综合起来加以运用,它将建立起学习者先前不知道的更高级的一组法则。

加涅提出,解决现实世界中的问题需包括五个步骤:以一般形式提出问题;重述为可运算的表述方法;提出条件和假设（它们也许是攻克问题的关键）;检验假设和运算过程,得到一个解或一组可选择的解;决定哪一个可能的解最合适,或者检验说明单一的一个解是正确的。

加涅认为,不同的学习是从机体不同的状态开始,而以不同的操作能力结束,区别不同学习形式的重要标志是其最初的学习状态。一般来说,连锁学习和词语联想学习需要刺激—反应学习作为前提;辨别学习需要刺激—反应学习、连锁学习、词语联想学习作为前提;概念学习需要辨别学习作为前提;问题解决学习需要法则学习作为前提;信号学习虽然是重要的,但并不被认为是任何其他七种学习的前提。

　　加涅把信号学习、刺激—反应学习、连锁学习和词语联想学习作为学习的基础形式，总称联想学习。在联想学习的基础上，出现了五种学习结果，即言语信息、智力技能、认知策略、运动技能和态度。

　　在对学习层次进行更深入的研究之后，加涅于 1971 年又把学习的八个层次压缩为六个层次，即连锁学习、辨别学习、具体概念学习、意义概念学习、规则学习、高级规则学习。1974 年，加涅在《教学设计的原理》一书中，又把学习层次提炼为五个层次，即联结与连锁学习、辨别学习、概念学习、规则学习、高级规则学习。

　　　　（资料来源：王晓玲. 试析加涅的学习分类理论[J]. 盐城师范学院学报，2004，24（2）：131-134.）

第五章　中学数学教学技能

知识目标

1. 了解数学教学原则的内涵及数学教学原则的现代研究方法。

2. 了解数学课堂教学中有哪些常用的教学方法，知道在选择教学方法时应考虑哪些要素。

3. 认识数学教学过程属性，知道影响数学教学过程优化的几个要素。

4. 会编写教案。

文化素养

腹有诗书气自华。

——选自〔北宋〕苏轼《和董传留别》

【释义】

"腹有诗书"指饱读诗书，满腹经纶，"气"可以理解为"气质"或"精神风貌"，比喻只要饱读诗书，学有所成，气质才华自然横溢，高雅光彩。

【联想】

腹有诗书气自华，有才华的数学教师，才能培养出喜爱数学的学生，才能引导学生形成良好的学习习惯，本章研究如何更好地教数学，帮助学生成为有才气的教师。

教师的课前教学技能对完成教学任务有着重要的作用。本章将详细介绍研读课标技能、选择教学方法技能、教案编写技能、教具制作与使用技能。数学课堂教学是数学教师的教学能力、业务水平、文化修养、教育观点、师德和思想素质的综合表现。中学数学课堂教学基本技能包括导入、提问与启发诱导技能，使用数学教学语言及讲解说明技能，接收反馈信息技能，板书板画技能，练习、作业、考试的讲评技能等。

数学教学论是普通教学论的重要分支学科，既有一般教学论的普遍特征，又有显著的数学学科特色和研究范畴。本章我们选取的内容是在各科教学论范畴下都会涉及的内容，包括数学教学原则、数学教学方法、数学教学过程。本章更多地关注数学教育教学中的实际问题，并将数学知识和教育学、心理学等相关学科有机结合，突显数学教育教学实践的原则和方法。这三部分内容探讨了数学教学应该遵循的原则；在原则指导下有哪些常用教学方法，如何选择教学方法；数学教学过程的本质特征，如何在过程中运用方法渗透思想。

数学教师是一种职业，是一种需要特殊培养的专业人士。数学教学也需要进行科学的研究，取得深刻的理性认识。对于一名数学教师而言，只凭自己的经验或只掌握数学学科知识是远远不够的。

第一节　数学教学原则

学习目标

1. 了解数学教学原则。
2. 了解数学教学现代研究的趋势和特点。

学习任务

结合中学数学教学内容，阐述拟采取教学原则及理论依据，并介绍具体实施方法。

知识探究

数学教学原则是指导数学教学的一般性原理，是进行数学教学活动应遵循的基本要求，认识和把握数学教学原则能有效地开展数学教学。

一、数学教学原则概述

教学原则是人们根据对教学规律的认识而制定的，来自教学实践，又指导教学实践。它与教学规律不同，教学规律是客观存在的，而教学原则带有主观色彩。不同的人对教学规律的主观认识不同，就可能总结出不同的教学原则。那么，什么是数学教学原则？与一般意义上的教学原则相比，数学教学原则有哪些特殊性呢？

（一）数学教学原则的概念

对于数学教学原则的一般概念，数学教育界的看法是比较一致的，普遍认为，数学教学原则是数学教学工作必须遵循的基本要求和指导原理，是数学教学规律的反映，是千千万万数学教育工作者的经验总结。它是在基本教学论原则的指导下，根据教育目的、教学规律、数学特点及学生学习活动的规律等确立的。因此，数学教学原则并不等同于数学教学规律，也有别于数学教学经验。数学教学规律是客观存在的，是不以人的意志为转移的，是合乎实际的、正确的，而数学教学原则则带有强烈的目的性、实践性和主观性。正因为这样，才会出现名目繁多的数学教学原则，同时有些数学教学原则或许还是错误的。

（二）对现有各种教学原则提法的评述

我国古代数学思想丰富璀璨，教学原则确切朴实，如因材施教、循序渐进、启发诱导、教学相长等。在近现代，教育家陶行知还提出了"教学做合一"的原则，这些教学原则对当今的教学仍具有深刻的影响。目前，纵观国内外的数学教育理论专著和教材，几乎找不到两本对各条数学教学原则的名称提法相同或相近的书籍。名称各异的数学教学原则不下几十条。20世纪80年代初，数学教育界对"具体与抽象相结合原则"与"严谨性与量力性相结合原则"这两条普遍认可。但是进入20世纪90年代以来，这两条原则受到了质疑，特别是第二条原则，张奠宙等撰文提出其提法不够准确。数学学科的特殊性，要求数学教学原则必须具有鲜明的数学特点。目前的数学教学原则体系往往只是把一般教学论的教学原则简单地"移植"为数学教学原则，或者对一般教学论的教学原则作数学说明而已，即仍旧停留在一般教育原则的层面上。20 世纪 90 年代以后，人们开始对数学教学原则进行反思及体系开发研究，取得了丰硕的研究成果。

二、数学教学原则研究的历史与沿革

数学教学原则的发展经历了引进移植、审视与反思、体系的开发与研究的多样化三个阶段。

（一）引进移植阶段

这一阶段又可以分成直接引进并翻译苏联和西方的数学教学原则理论、教学论与数学学科教学论相结合两个阶段。

1. 直接引进并翻译苏联和西方的数学教学原则理论

这种类型的数学教学原则体系很少反映出数学教学的特性。它往往是直接翻译国外学者对于一般教学论中的教学原则的论述，只是把一般教学论中的教学原则在数学教学中的具体应用做了说明。例如，波利亚的三条原则，即主动学习原则、最佳动机原则和阶段性循序原则；苏联斯托利亚尔的六条原则，即教学的科学性、掌握知识的自觉性、学生的积极性、教学的直观性、知识的巩固性和个别指导。斯托利亚尔将"教学的科学性、教学的积极性、教学的直观性"这些一般教学论的原则直接列为数学教学原则，没有反映出数学教学的"个性特点"，具有明显的缺陷。

2. 教学论与数学学科教学论相结合

这一阶段是在一般教学原则基础上的数学化改造过程，通常都是在一般教学原则的指导下，根据数学教学目的、教学规律、数学特点等确立若干条数学教学的一般原则。对数学教学原则的阐述比较注重经验的论述，应用大量的例子来说明数学教学中为什么要遵循这些原则。这一阶段最有代表性和影响力的是十三所院校协作出版的《中学数学教材教法》（总论）中所提出的数学教学原则体系。书中提出了四条数学教学原则：严谨性与量力性相结合的原则；抽象与具体相结合的原则；理论与实际相结合的原则；巩固与发展相结合的原则。它在提出这四条教学原则之前，先简要介绍了一般教学论的教学原则，在论述这四条数学教学原则时，主要结合了数学的特点（如严谨性、抽象性等）及数学教学的规律等，说明了为什么要遵循这些数学教学原则，同时应用数学例子说明如何遵循这些原则进行教学。这种体系的应用对数学教学有很强的指导性和可操作性，值得提倡，但还应将其个性化、具体化。

（二）审视与反思阶段

审视与反思包括对已有研究体系的思考与质疑和关于数学教学原则体系科学性标准的思考两个主要方面。

1. 对已有研究体系的思考与质疑

在数学教学原则构建中，对直接将教育学中的教学原则简单平移提出了质疑。张奠宙在其所著的《数学教育学》中指出：适合一般教学的原则在数学教学原则中不应重复提出，数学教学原则应反映数学教学的特点和规律。为此，他提出了三条具有浓厚数学气息的数学教学原则：现实背景与形式模型互相统一的原则、解题技巧与程序训练相结合的原则、学生年龄特点与数学语言表达相适应的原则。学者及研究人员对一些具体的数学教学原则的内容与表述提出辨析与争鸣。例如"理论与实际相结合"原则，带有"移植型体系"的缺陷，不能很好地反映出数学教学的特殊性；是实事求是这条思想路线的组成部分，不宜直接搬来作为一条教学原则；要想依此确立数学教学原则，还应将其个性化、具体化。对严谨性与量力性相结合的原则，张奠宙认为，此条没有指出数学抽象的特点，没有指出严谨性适用的范围，在中学阶段应允许不严谨的数学存在，现今的中学根本做不到充分严谨，而一味讲严谨，并不能给数学教育带来多少好处。

2. 关于数学教学原则体系科学性标准的思考

当今数学教育界，由于各自的出发点不同，因此提出了许多不同的数学教学原则体系，名目繁多，不一而足，如何进行规范和评价呢？首要问题便是要确定一个判断标准。张楚廷提出了判别数学教学原则是否合理的五条标准，即适对性、完备性、相容性、独立性和简练性。这是对这一问题的有价值的思考，为后继者提供了理论支持。所谓适对性，其主要含义是指对所讨论的问题的范围、内涵要有一定的界定，要有针对性，要适当，要对口。显然，"移植型体系"是不符合这条标准的。还有许多体系中的原则也不符合这条标准。所谓完备性，是指数学教学过程中一些基本要求都应当在数学教学原则体系中得到反映。其实，任何一个教学原则体系想做到绝对的完备都是不可能的，因此，称为"相对完备性"标准更为准确。所谓相容性，是指体系中各条原则不能相互矛盾，任何一条原则与其他各条原则都要相容，任何一条原则包含的要点也要求彼此相容。所谓独立性，是指体系中各条原则应相对独立，不重复，不重叠，任何一条原则不为其他一条或若干条原则所替代、包含。所谓简练性，是指不要将过于一般化的内容列入体系中，也不要将过于具体的内容列入体系中，应使体系中的原则条文尽可能简练。

（三）体系的开发与研究的多样化阶段

经过 20 世纪 80 年代大规模的移植引进和内视与反思，进入 90 年代后期，呈现出从新的高度与深度构建数学教学原则的态势，主要体现在以下两个方面。

1. 数学教学原则体系的开发

曹才翰（1992）提出的结构体系说认为，数学教学原则有层次之分，他把教学原则分为目的性层次、准备性层次和科学性层次。之后，张楚廷、周春荔等也提出了结构层次的数学教学原则。杜玉祥等提出的阶梯层次结构数学教学原则体系，是结构体系说的新发展。层次结构体系的提出是我国学者理性反思与自我开发的理论体系，它最大限度地吸收了一般教学论的成果，结合数学教学活动，形成了相互联系、相互制约的统一体，呈现了合理科学的特征，是我国学者的开拓性成果。

杜玉祥等（2002）提出的阶梯层次结构数学教学原则体系，它的第一层次有五个一级原则：方向目的原则、教师教的原则、学生学的原则、师生合作原则、技术策略原则。在每个一级原则之下又对应着五个二级原则，如教师教的原则有组织辅导原则、课型区别原则、教知识与教做人统一原则、以科研促教改原则、不歧视差生原则。在每个二级原则之下又对应着不等的三级因子，这些因子可以变动，成为一个稳定而又动态的层次结构体系。这一体系给教师的主动性发挥留下了空间。

2. 探讨确立数学教学原则的依据

张楚廷在《数学教学原则概论》中谈了数学自身的特点、数学教学目的、数学教学过程等与数学教学原则的关系问题。喻平在《数学教育学导引》"数学教学的基本原则"一章中以专节的形式简要论述了确立数学教学原则的主要依据：数学教学目的、数学教学规律、数学的基本特点和学生学习数学的心理、思维等特点。值得注意的是，许多数学教育学论著在确立本身的数学教学原则体系时都注意到了教学目的、教学规律及数学的基本特点等方面的依据，但许多人还不能很有效地吸收现代数学学习论、数学学习心理学、数学思维方法论等方面的优秀成果，将它们作为确立数学教学原则的重要依据。

另外，现代教学技术的发展，如计算机辅助教学，也会对数学教育产生深刻的影响。数学与文化、哲学、语言的关系也是相当密切的，我们也可从中找到一些确立数学教学原则的依据。显然，这方面的研究在我国还是相当薄弱的，应该引起足够的重视。

三、数学教学原则的现代研究

（一）突出数学特征的教学原则体系探讨

建立数学教学原则体系，需要考察数学知识的发生过程，找出数学认知规律，总结数学教学的实践经验，为数学教学提供客观规律性的认识。另外，如前所述，还应该有效地吸收现代数学学习论、数学学习心理学、数学思维方法论等方面的优秀成果，将它们作为确立数学教学原则的重要依据。

张艳霞等（2007）指出，有关数学学科的特征，已经从"抽象性、严谨性和广泛应用性"的粗疏描摹，向更加精细的方向前进。仅仅说"抽象"是不够的，数学是一种模式，学习数学是学习数学化的过程；仅仅说"严谨"也不够全面，数学是形式化的科学，数学教学则必须适度形式化，即形式化和"非形式化"的统一；只是说数学有广泛应用性，未免空泛。数学是一种模型，数学活动的重要方式是数学建模，数学呈现形式是符号语言表达的数学问题。数学教学研究的成果表明，数学学习是再创造的过程。数学是"做"出来的，学生通过做题找到知识之间的内部联系，整体地看待数学，提炼其中的数学思想方法，形成数学思维品质，并服务于社会现实需要。因此，就数学教学的实际过程而言，数学教学原则可以概括为：学习数学化的原则、适度形式化的原则、问题驱动的原则和渗透数学思想方法的原则。

张奠宙等（2023）提出的三条数学教学原则：现实背景与形式模型互相统一原则、

解题技巧与程式训练相结合的原则、学生年龄特点与数学语言表达相适应的原则。这三条数学教学原则同样是具有浓郁数学气息的数学教学原则。这种类型的体系因为充分反映了数学的特点，深刻反映出数学思维和方法的规律，对数学教学有很强的指导性，因此已逐渐被许多数学教育工作者所接受。但其弱点也是明显的，首先，它只考虑数学教学方面的要求，而不能反映出数学教育总目的方面的要求；其次，对数学教学中非智力因素方面的心理要求考虑也有所欠缺。

（二）具有时代特征的多样化的研究视角

这种多样化的研究几乎与追求数学教学原则的科学化同时展开，其中包括：①数学创新教育教学原则的探究；②微观教学原则的研究，如数学教学中的结构性教学原则的研究；③民族教育中的数学教学原则研究；④教学模式下教学原则的研究，如中学数学创新教学模式教学原则的研究；⑤建构主义下数学教学原则的思索等；⑥国外数学教学原则与我国数学教学理念的比较研究，如美国数学教学原则与我国数学教学理念的比较，这些研究具有强烈的时代精神，丰富了我国的数学教育理论，是对数学教学原则的深化和发展。

互动交流

【交流研讨】
谈一谈你对数学教学原则的理解。

【实践训练】
运用你在本节课所学的内容，结合中学数学教学内容（一课时），阐述拟采取教学原则的理论依据及具体实施方法。

评价反思

1. 通过这节课的学习及交流研讨内容，谈谈你在中学数学教学中选用教学原则时的体会或感悟。
2. 通过这节课的学习，谈谈你对数学教学原则的认识。

拓展提高

波利亚的数学教学原则

波利亚提出数学教学与学习的心理三原则，即主动学习原则、最佳动机原则、诸阶段连贯原则。其中，诸阶段连贯原则是波利亚根据他对哲学家康德一句认识论名言的理解和加以充实而提出的并移植于数学学习活动。波利亚把学生学习数学的过程分解为衔接有序的三个阶段：探索阶段，这是人类认识活动与感受阶段，处于直观水平；形式化阶段，引入术语、定义、证明，上升到概念水平；同化阶段，将所学的知识消化、吸收、融会于学习者的整体认知结构中。波利亚的解题理论强调的是数学思维的教学，他把解题作为一种手段，通过怎样解题的教学，启迪学生的数学思维，以培养学生分析问题和解决问题能力。波利亚是数学教育发展史上一颗璀璨的明珠，他对数学思维一般规律的研究，堪称是对人类思想宝库的特殊贡献。

（资料来源：周文. 中学数学教学原则的学科性特征研究[D]. 温州：温州大学，2013.）

第二节　数学课型和教学方法选择技能

学习目标

1. 掌握数学课型的定义及分类，了解不同课型的特点。
2. 了解我国传统教学模式和教学方法，以及新教学方法的特点。

学习任务

结合中学数学教学内容，阐述拟采取的数学课型、教学方法及设计意图。

知识探究

数学课型和教学方法选择技能是数学教师的必备技能，数学课型是数学课堂教学基本类型的简称，按照不同分类标准可以分为不同课型，"教学有法，教无定法"是对教师选择教学方法的经典阐述，教师可以根据教学内容、学情、教师自身特点等多方面因素，选择适当的数学课型和教学方法进行授课。

一、数学课型

数学课型是数学课堂教学基本类型的简称，依据不同的标准可以有多种分类。以教学任务为分类基点，可以分为数学新授课、练习课、复习课和技能课等。以教学方法为分类基点，可以分为讲授课、演示课、练习课、试验课、复习课。以教学内容为分类基点，可以分为概念课、命题课、计算课、图形课、问题解决课等。蒋建兵（2013）认为："关于数学课型的分类，无论采用什么标准对数学课型进行分类，必须满足课型分类的两个基本要求，即必须涵盖数学学习的全过程以及划分出的各个数学课型要有一定的独立性"。在中学数学课堂教学中，常见的基本课型为概念课、命题课、解题课和复习课。

（一）概念课

概念是事物本质属性的反映，是对一类事物的概括和表征，是知识组成的基本单元（喻平，2010）。《义教课标（2011 版）》明确指出："改进数学概念教学，强调通过实际情境使学生体会、感受和理解。"概念是抽象的、严密的，对于小学阶段，特别是低年级的小学生来说，理解起来较为困难。因此在实际的概念课教学中，既要把握概念本身的基本特性，也要尊重学生的认知规律。概念课的结课就是在学习概念后或概念课结束时对概念及概念的学习过程进行概括总结，使新知识系统、有条理地纳入学生认知结构中（和小军等，2015）。

（二）命题课

希尔伯特认为："所谓命题是指每一个有意义的文句，由它的内容可以断定是真的或假的"。据此可知命题有可判断真假的特征。数学命题就是可以判断真假的、具有数学意味的陈述句。小学数学中的各种公式、定理、推论等都是符合客观实际的真命题。因此有的学者也将数学命题课称为"公式、定理课"，其教学是获得新知识的必经之路，也是提高数学素养的基础。小学数学命题课的主要教学任务是向学生讲授命题证明的过程，把时间和精力主要花在公式和定理的推导上。命题课的结课设计的主要任务就是用简练的语言梳理归纳出公式、定理的推导过程。

（三）解题课

解题课通常是以上两种数学课型的后续，其主要的教学目的是帮助学生能够更好地掌握运用概念和定理解决问题的方法与技能，帮助学生提高解决问题的能力，有的学者也把解题课称作例题、习题课。解题课的教学过程应把主要的时间和精力放在解题的全过程，引导学生参与到解题活动过程中，帮助学生优化解题思路，改进解题策略，从而寻求最优的解题方法。

（四）复习课

复习课是小学数学的重要课型，是一个单元学习结束后，教师辅助学生对所学的知识进行整理回顾和拓展应用的一种课型（惠雪梅，2019）。复习课的教学目的是对本单元或者本章节所学的数学知识、技能、方法等进行梳理和归纳。复习绝不是对旧知识的简单重复，而是学生认识的继续、深化和提高，应该把复习过程组织成学生再认识的过程，从更高的角度掌握和理解已学过的知识和技能，进而提高他们的数学能力（季海霞，2011）。惠雪梅认为数学复习课主要有三种教学模式：错题贯穿式、例题串讲式和问题导引式。错题贯穿式主要是就学生在本单元学习过程中出现的错题进行复习，总结归纳易错点，避免下次再犯类似错误。例题串讲式主要针对本单元出现过的例题进行复习。问题导引式复习课是指整个复习课以问题为核心，围绕一个主题进行问题的步步深入。

二、教学方法选择技能

笛卡儿曾经说过："最有价值的知识是方法的知识。"数学是基础科学，不仅高度抽象，而且有严密的逻辑体系。教师要提高教学质量，达到教学目的，不仅要有高的数学素养、强的教学技能，还要有好的教学方法。所谓"教学有法，但无定法，贵在得法"。教师要根据学情、教学内容、教材及课标要求选择合适的教学方法。

（一）教学方法的原则

1）依据学生的年龄特征选择教学方法。在初中阶段，学生的大脑用一种方法刺激多了，容易产生"惰性"。因此，应选择多种教学方法，尽可能交替使用，这样容易引起学生的兴趣。

2）依据教材内容和教学目标选择教学方法。初中教材有的例题可采用"启发式"或"讲练结合法"；有的公式和定理可采用"自学辅导法"或"讨论法"。小结课可采用"自学辅导法""纲要信号法"等。当要检查学生对某些知识的学习效果时，常用"提问法""练习法""答卷法"。

3）依据学生基础选择教学方法。正如巴班斯基所讲，任何一种教学方法是否属于最佳是相对学生基础而言的。它是根据学生水平的变化而加以综合运用所决定的。在学生知识基础较差的班级里，要多使用"讲解法""启发式"教学方法。在学生知识基础较好的班级里，可多用"自学辅导法""引导探究法"等教学方法。

4）确定教学方法，要考虑教师的自身因素，即教师的知识水平、教学经验、教学能力等。例如，教师要采用"发现法"教学，这就不仅要对有关题材的各种联系事先尽可能做周密的设计与安排，更重要的是教师必须掌握丰富的知识，具有高度的教学机敏性，灵活恰当地处理学生可能提出的各种问题，才能将学生引上"再创造"的道路上。如果教师不具备以上素质，就达不到预期的教学效果。

教师在选择和运用数学教学方法时，对上面提出的四条原则要综合考虑，如果忽视其中任何一条都可能影响教学效果。

（二）做好选择运用教学方法的基础工作

教师要选择运用最优的教学方法，必须注意虚心学习和研究各种先进的教学方法，做好选择教学方法的基础工作。

1）深入钻研数学教材和课程标准，深刻理解教材的编写意图和教材的特点，明确教材的教学目标、重点、难点、关键点。

2）教师要自觉提高自身的专业文化素质，更新教育观点。

数学教育的目的之一是培养学生具有创造性思维能力，这就要求教师本身具有创造性思维能力。正如波利亚所说："一个没有亲身体验过某种创造性工作的教师，绝不能期望他能够去启发、引导、帮助，甚至鉴别他的学生的创造性活动。"

3）要掌握影响学生学习的因素。影响学生学习的因素主要有学习者自身因素及客观环境因素。

① 学习者自身因素：年龄、生理、心理状态；原有认识结构，这是同化、顺应新知识的基础；智力因素，包括观察力、记忆力、想象力、注意力、思维力等；非智力因素，包括学习动机、态度、习惯、兴趣。

② 客观环境因素：教学内容的科学性、教育性、趣味性、实用性、启发性；练习与评价，练习要有顺序性、针对性、启发性、综合性，评价要有诊断作用、交流作用、调节作用、鼓励作用；教师素质，教师要崇德、博识、爱生、会教、善处；集体与社会、学校和班级、家庭与社会的风尚。

（三）教学模式

教学模式问题是现代教学论中的一个重要研究领域，它产生于教学活动之中，又应用于教学活动。教育界对教学模式概念的界定所持观点不同，教学模式是教学过程的模式，不是教学过程，也不是教学方法，它与一定的教学方法的策略体系相关。教学模式是一种既包含一定教育思想，又能便于实施于具体教学之中，结构和程序相对稳定的教学方式。教学模式主要有布鲁纳的发现学习教学模式、以德国教育家瓦根舍因因为代表的范例方式教学模式、以美国心理学家布鲁姆为代表的"指导—回授"教学模式。数学教学模式包括指导思想、教学目标、操作程序、运用策略和评价体系五个主要要素。

1. 传统教学模式

（1）讲解—传授模式

讲解—传授模式是我国常用的教学模式，这种教学模式可以节省教授时间，但不利于培养学生的逻辑思维能力。它包括诱导学生动机、领会新教材、巩固知识、应用知识、检查反馈五个操作程序。

（2）自学—辅导模式

自学—辅导模式（简称学导式模式）提倡教学中以学生自学为主，教师辅导为辅。它包括教师提出自学任务和要求、学生自学、教师精讲、学生演练、归纳总结等环节。该模式依据哲学原理，把开发学生智慧作为首位。

（3）引导—发现模式

引导—发现模式（也称为探究—研讨模式）在教学活动中不是把知识直接教给学生，而是通过一个个问题启发学生，培养学生兴趣，培养学生提出问题、分析问题和解决问题的能力。它包括问题、假设、推理、验证和总结等环节。

（4）活动—参与模式

活动—参与模式依据皮亚杰的"发生认知论"，教师让学生通过自己的实践学习数学，尽可能让学生在阅读、讨论、作图、制作模型，甚至实验、调查等实践活动中学习数学。该模式包括数学调查、数学实验、测量活动、模型制作、数学游戏和问题解决等形式，其目的是培养与提高学生的参与意识和应用意识。

2. 传统教学法

（1）谈话法

教师不直接讲授现成的教材，而是用谈话的方式引导学生自己主动去获得新知识的方法称为谈话法。

运用谈话法前，必须设计好谈话的资料。为此，教师要深入钻研教材，掌握教材的重点，了解问题的关键所在，并了解学生解决这个问题的预备知识是否具备、有哪些模糊的认识等，以便在谈话过程中逐一解决。

谈话法的根本优点是突出课堂教学的双边活动，有利于促使学生积极思考、努力进取。

要成功地使用谈话法，必须具备下列条件：首先，教师必须对教材理解深透，对问题系统明确，对学生估计正确，又善于调动全班学生的学习积极性。只有在这个基础上，才能设计好谈话资料。其次，教师需要有较高的教学技巧，善于应变。学生的思维是变化、发展的，在谈话过程中，可能出现各种各样的意外情况。如果教师不能根据变化了的情况冷静对待，及时设法排除障碍，就可能使这堂课的教学失败。最后，用谈话法需要有较充裕的时间，因此，一堂课新授的内容不能太多，一般来说，这一方法宜于在低年级使用。

使用谈话法时，还应注意下面几点。

1）教师提出的问题应该由浅入深，彼此衔接，逻辑性强，问题要明确，但又要使学生经过一番思考后才能回答。

2）要使全班学生都处于积极思维的状态。一般来说，为了促使学生主动地思考问题，应该向全班学生发问，经过学生思考后，再有目的地让某一个学生面向全班回答。避免出现这样的局面：教师置全班多数学生于不顾，只与少数几个答问的学生在进行谈话。

3）要善于爱护学生肯动脑的积极性，不要怕学生在发问或答问时出"乱子"。往往有这样的情况：一个学生鼓起勇气谈了自己的看法，结果说错了，便会引起哄堂大笑，甚至下课后还要受到同学的嘲讽。于是，这个同学再也不敢发言了，别人也会引以为戒，认为一定要有绝对把握才能发表意见。要避免这种情况的发生，关键在于教师如何进行诱导。必须明确，错误意见往往是具有教育性与启发性的，既能启发思路，用来调动学生的积极性，引导他们进行正确的思考，又能教育学生要吸取教训、总结经验、少走弯路。

4）要防止形式主义的谈话。常见的有这样两种现象：一种是提问过于简单，学生只需信口回答"是"或"不是"，无须动脑；另一种是为了赶进度，抢时间，对一些关键性的或难度稍大的问题，不给学生足够的思考时间，教师也不愿做适当的启发诱导，而是一提出问题就马上催促学生作答，一看到被问学生目瞪口呆，不知怎样回答时，教师就自行讲述，直接包办代替了。这两种都是形式主义的谈话，不符合启发性教学原则和以学生为主体的双边活动精神。

（2）指导作业法

指导作业法的特点是教师在课堂上指导学生独立作业，使学生通过独立作业掌握基础知识与基本技能。这个方法的优点是可以培养学生独立研究的能力，使他们养成认真钻研课本的习惯，使他们自觉地掌握知识，应用知识。这个方法可用于解答习题，也可用于分析某些新定理和新公式等。

（3）读书指导法

读书指导法的特点是教师指导学生直接阅读教科书来获得知识和技能，从而培养和提高自学能力。数学教科书是按照数学教学大纲和教学法的要求，为学生编写的数学专门用书。对学生来说，它是加深和巩固课堂所学知识的基本工具，是学生知识的主要源泉之一。指导学生学会独立阅读数学教科书，是教会学生自己进行学习的一个基本方法。

指导学生阅读教科书，一般有三种形式：预习阅读、复习阅读和新课进行中的阅读。教师对学生的每一种阅读都必须进行指导，使学生逐步积累阅读的方法，提高自学能力。

1）预习阅读可以按下述方式进行：阅读开始前，先准备好笔和纸，然后按教科书的顺序边读、边想、边动手。阅读中要特别注意对概念的定义、定理、公式、法则及说明性质的例题和习题等的理解与识记，并及时翻阅有关的已学知识，建立一定的知识体系，强化记忆。遇到读不懂或不甚理解的地方，可以做出标记，留待课上去解决。当仔细阅读完指定内容后，还要小结一下内容的要点，提炼出解决每一个问题的基本思路。

预习阅读既能培养学生良好的读书习惯，又能使学生带着自己预习中的问题上课，教师的讲解或学生的讨论就会更加突出重点，更有针对性，从而大大提高课堂教学的效率。

2）复习阅读就是在一堂新课或一个单元学习结束之后，或在期中、期末的总复习阶段进行的阅读。这种阅读的目的除了进一步理解课堂所学的知识，还要理解知识之间的前后联系，掌握知识的体系和结构，熟记那些必须记忆的东西，如定义、定理、公式和法则等。此外，还应尽可能研究各个命题可能的变化。研究某个定理或问题是否还有其他更好的证法或解法，把命题尽可能地加以推广或引申，对某些重要概念，还可以自己补充一些课本上没有的、正反两个方面的例子。

复习阅读时，除了使用教科书，还要充分利用自己的课堂笔记，回忆课堂上的讨论或分析。复习阅读做得好，不仅可以提高独立作业的效率，而且对于增强学生的记忆力，培养和发展学生的综合能力、概括能力及创造性思维能力都有一定的作用。

3）新课进行中的阅读是教师有目的、有计划地培养学生阅读能力的另一种方式。教师自己先对教科书做深入钻研，然后根据学生的实际情况，在新课进行中有指导地让学生当堂阅读一些完全可以明白的内容，并引导他们进行讨论，把握内容要点。这样会使学生逐步学会钻研教科书，不断提高自学能力，对他们以后的工作、学习将是十分有益的。

以上介绍的只是三种常用的教学方法，这几种教学方法之间是有机联系的，在使用中互相渗透、互相配合，每种方法都不是孤立的。应该说，丰富多彩的教学方法绝不止这三种，而每一种方法也绝不是万能的。只有根据教学目的、教材内容和学生实际，合理地将多样性的教学方法结合起来，才能灵活运用，选择一整套方法使课堂教学更生动、有效，才能使每一堂课成功，也才能创造出多种多样的方法把整个教学过程演示得更有成效。

3. 我国主要的新教学模式

（1）"诱导—尝试—归纳—回授—调节"教学模式

"诱导—尝试—归纳—回授—调节"教学模式是顾泠沅在 20 世纪 80 年代初在上海市青浦县（现青浦区）所进行的数学教学改革的实践成果。这种教学模式一般是由教师将教材组织成一定的尝试层次，学生在教师的指导下，通过尝试进行学习，培养学生获得和应用知识的能力。该教学模式包括创设问题情境、启发诱导、探究知识、归纳结论、纳入知识系统、变式训练尝试、回授尝试效果七个环节。

（2）"尝试法"教学模式

"尝试法"教学模式是邱学华经过 20 年反复实践和研究、不断探索和升华而形成的一种教学模式。特点是让学生在尝试中学习，在尝试中成功。一般由教师提出问题，学生在旧知识的基础上自学课本和相互讨论，依靠自己努力，初步解决问题，即"学生能尝试，尝试能成功，成功能创新"。该教学模式的基本结构是准备练习、出示尝试题、自学课本、尝试练习、学生讨论、教师讲解、第二次尝试练习。

（3）"质疑法"教学模式

"质疑法"教学模式通过创新的教学思想、新颖的教学方法、人性化的教学设计实现数学教学目的。特点是教师在教学中不断提出问题，组织课堂讨论，以此来完善教师的教学方式和学生的学习方式，让学生在学习过程中自己提出问题、发现问题和解决问题。该教学模式的基本结构是设疑、激疑、启发、析疑、评价。

4. 国内外教学方法的改革与实验

近年来，国内外在各种教学方法不断完善的情况下，都在注意改革和发展更有成效的一些方法，以适应当前要求，更好地培养学生独立探索知识的能力。

在教学方法的改革中，围绕着"如何加强课堂教学的师生双边活动，实现教学过程的最优化，从而达到学好基础知识，培养基本能力和进行思想教育的目的"的总方向，国内外的不少组织与个人针对以下几个方面的问题进行了大量实验，提出了很多有价值的教学方法，都值得我们在实践中参考。

例如，如何体现学生学习的主体作用与教师的主导作用？如何处理好教与学的关系？如何提高学习效率？如何搞活课堂教学？如何培养学生的自学能力？如何在班级授课的条件下，照顾学生发展的个性差异，使学生学习更加积极、主动？如何利用现代化教学手段提高教学质量？

本着教学既要有原则性（即遵从教学规律），又要有灵活性（即教学过程由教师调控）的精神，对近年来国内外正在进行实验的几种教学方法扼要介绍如下。

（1）发现法

发现法是指教师不直接把现成的知识传授给学生，而是引导学生根据教师和教科书提供的课题、资料，通过积极主动的思考，亲自去独立地发现相应的命题和法则的一种教学方法。

发现法的突出特点是重视知识发生过程的教学，有利于培养和提高学生的智力，特别是有利于发展学生的创造性思维能力。另外，学生在学习过程中看到自己有所发现，可以大大地激发学习兴趣，产生自行学习的内在动力。但是，采用这种教学方法需要花费很多时间，同时也不能做到一切都让学生自己去发现。因此，这种方法要与其他的教学方法配合，互相补充，才能扬长避短，取得较好效果。

（2）程序教学法

程序教学法是让学生按照一定程序独立获得知识的一种教学方法。

程序教学法的基本思想在于管理学生掌握知识、技能与技巧的过程，以及提高学生在教学中的独立性。这种教学方法是把教材分成许多不长的小段，布置便于检查学生对每段教材掌握情况的作业，指明进一步学习的内容。因此，按这种方法教学，不要求所有学生同步，不限定统一的进度，只要求最终达到同一目标。

（3）自学辅导法

自学辅导法的基本思想是突出教学中学生的主体作用和教师的主导作用，提高学生的自学能力。这种教学方法的基本做法是动员学生肯于自学，教会学生阅读，能够自学，指导学生会自学，启发学生爱自学。

在教学中，运用这种教学方法，需要具备专门编写的自学教材、练习本和测验本，三本结合使用，因此还有人把它叫作"三本教学法"。

目前，这种方法已在国内不少学校试验、推广，也正在不断总结、不断完善。

（4）读读、议议、讲讲、练练教学法

读读、议议、讲讲、练练教学法是国内一些学校在总结传统教学经验的基础上提出来的一种教学方法。它的基本精神就是充分认识到学生在学习过程中的主体地位，使教师的主导作用更有针对性，以使教学更有成效。

这种方法的基本做法是：学生读书；议论；教师重点讲解；学生练习。

这种方法的好处包括：有利于培养学生的科学读书方法和良好的读书习惯；有利于提高学生的自学能力；有利于因材施教；有利于发挥班集体在学习过程中的作用；有利于教学相长。

（5）研究法

研究法的基本思想也是为了充分调动学生学习的积极性、自觉性、主动性，着重培养学生的探究能力。

这种方法的基本做法是：教师提出问题；学生独立思考、探索；学生相互研究；回答教师的问题；教师总结提高。

研究法的特点是适用于各种课型，着力于课堂教学的师生双边活动，有利于提高学生的各种探究能力。

（6）单元教学法

单元教学法的基本精神是在组织和安排教学内容时，改变传统的按课时划分教学任务的做法，代之以根据知识的整体内在联系，将教学内容划分为若干单元，对一个单元的教学内容进行整体设计，据此安排教学过程。

目前的具体做法有两种形式：一种是将一个单元的教学分为自学探究、重点讲授、综合练习、总结提高四个步骤；另一种是每个单元依次通过自学课、启发课、复习课、作业课、改错课和总结课六种课型的教学完成。

这种方法的形式不同，但都有共同特点，在教学中应注意师生的双边活动，注意知识的整体联系和综合运用，这将有利于知识的完整掌握和灵活应用能力的提高。

互动交流

【交流研讨】

谈一谈你对中学数学教学方法的理解。

【实践训练】

运用你在本节课所学的内容，结合中学数学教学内容（一课时），阐述拟采取的数学课型、教学方法及设计意图。

评价反思

1. 通过本节课的学习及交流研讨内容,谈谈你在选用数学课型、教学方法时的体会或感悟。

2. 通过本节课的学习,谈谈你对研读中学数学教学课型和教学方法的认识。

拓展提高

初中数学课型分类及教法选择探究

由于中学生处于身心发展的关键时期,因此教师必须对学生进行引导,并与学生建立有效沟通。良好的教学方法可以减少学生的学习困难,更好地帮助他们解决学习问题。

一、教法选择的重要性

随着"新课改"的推进,在新的课程教育理念的指导下,中学教师的备课方式已经从过去的撰写教案转向教法选择。虽然撰写教案与教法选择都是对教学进行规划和安排,但是它们反映了对教学的不同看法:撰写教案反映了教师对教材研究的重视,而教法选择则反映了教师对有效的教育战略研究的关注。教师在课堂上扮演着非常重要的角色,要积极发挥自己的主导作用,并不断提高自己的教学能力。

二、课型分类

(一)新授课

新授课是数学教学中最常见的课型,主要是为了形成某一数学概念,探究某一数学定理、法则。新授课的常见类型:一是以概念教学为主的新授课;二是以规则教学为主的新授课;三是以应用教学为主的新授课。新授课的目的是让学生能理解新的知识,并能将新学的知识进行拓展和提升。在中学数学教学中,教师不能局限于仅对定理、概念等方面进行简单讲解,而应使学生能理解和运用相关知识,并能在不同条件下进行分类。在新授课的教学中,适当的问题情境能将一个抽象的数学问题变为一个容易理解的数学事实,从而激发学生对所学内容的兴趣。同时,教师也要突出新旧知识的"连接点",让学生可以从已有的知识经验出发,参与新知识的形成过程,主动获取新知识。

(二)复习课

复习课是指在一个教学单元或一章结束后,对已学知识进行回顾与概括,帮助学生巩固提高的课型。复习课的作用是使学生系统地对所学的基础知识、基本技能进行归纳整理,沟通知识间的联系,进而形成合乎逻辑的知识结构。上好复习课,可以让学生的知识从片面的、杂乱的,变成完整的、系统的,并可以让学生在复习基础知识的过程中,构建自己的知识网络。同时,学生要注意变式训练、多解多变、多题归一,把解题思路与解题规律搞清楚,达到"举一反三"的效果。

(三)习题课

习题课的目的是查漏补缺,将学生的知识结构形成知识网络,并通过题目的讲评,总结思想方法,纠正学生不好的思维习惯。在习题课上,教师应该为学生提供例题,学生根据例题进行练习,并总结解题的思路。教师在制定练习方案时,有三点需要记住:

一是选好本课的中心范例；二是从例题的解答思路入手，形成与之相关的习题集；三是从前面到后面形成一个"台阶"，其坡度必须小，但要体现出例题的思路。在习题课上，当学生有一些创新的解答时，教师要及时给予鼓励和强化；当学生出现一些失误和不足时，可以通过学生之间的讨论或教师的重点评析，帮助学生纠正错误。

（四）综合实践课

综合实践课是指在教师的引导下，学生进行自主综合学习的课型。综合实践课强调数学与其他学科或者与生活之间的联系。由于数学课程各环节的特点不同，因此教师应该认真考虑教学方法。对于符合课程特点、空间较大的内容，如直角三角形的应用，教师可以把直角三角形的概念和特点放在新授课中，让学生根据其所学到的直角三角形的知识解决现实中的实际问题。例如，设计最短路径问题，让学生在"做"中学，在"玩"中学，学生通过亲身体验，能迅速准确掌握知识。

三、教法选择

（一）进行合理的教学设计

就中学数学教学设计的有效性而言，只有提高学生的学习兴趣，才能提高学生的学习效率。提高学生学习兴趣的具体方法：第一，丰富课堂学习环境。在新时代教育背景下，课堂不再仅侧重于教师的强制性灌输，而是更加注重学生有效参与课堂实践和将知识充分融入日常生活的能力。因此在进行教学设计时，教师应该设计多种多样的趣味学习活动。第二，教师要经常对学生进行鼓励和赞美，让学生拥有学习的动力。中学生的思维仍然处于发展的早期阶段，他们对事物的了解程度往往会受到外部的赞美和鼓励的影响。教师对学生进行赞美和鼓励可以提高学生的学习积极性，进而提高教学的质量。

（二）注重学生基础

数学学习是循序渐进的，数学的基本概念、基本计算和基本技能是数学学习的基石。数学能力的培养及提高是建立在对基础知识的牢固掌握、深刻理解、灵活运用之上的。因此在教学时，教师应指导学生在日常学习中灵活运用各种学习方法，以便更好地掌握基础知识，同时，学生还要加强课后习题的练习，进而提高成绩。

（三）进行情境教学

在"新课改"的背景下，中学数学教师的教学方法必须从本质出发，明确创设情境的可行性。情境教学能够培养学生的感知能力和判断能力。在这个过程中，中学数学教师必须按照课程的基本要求，明确创设情境的重要性，认识到创设情境对提高学生学习兴趣和教学质量的重要作用。这种教学方式不仅能改变传统教学的弊端，还能真正把情境融入教学中。

（四）进行合作教学

中学生的心理具有敏感性，一些成绩较差的学生往往因为无法完成学习任务而感到自卑，同时他们还承受着巨大的学习压力。通过合作学习，学生可以释放压力，并将知识运用到实践中。合作学习既可以帮助成绩较差的学生提高学习能力，还可以加强学生之间的沟通，使每个学生都能在数学课堂上表现出自己的主观能动性。

结语

初中数学课型的分类和教学方法的选择是一项创造性活动。它具有科学性，是根据教学规律对教学内容进行规划安排的。它具有艺术性，是教师智慧的集中表现。实施课型分类和教学方法的选择，不仅可以提高教学效果，还可以提高学生的学习能力。因此，在实践教育中，教师必须对教学方法和课型进行明确分类，并合理应用教学方法，提高学生的数学能力。

（资料来源：王静. 初中数学课型分类及教法选择研究[J]. 数学学习与研究，2021（12）：37-38.）

第三节　研读课标技能与教材分析技能

学习目标

1. 掌握研读课标的基本技能。
2. 掌握教材分析的基本技能。

学习任务

结合中学数学教学内容完成教材分析。

知识探究

数学课程标准对数学课程性质、基本理念、设计思路、目标、内容标准、实施建议和课程资源的开发与利用、教学目的要求及教学安排、教学中应该注意的问题均做出了规定性说明。教师应认真研读课标，正确全面地理解、把握数学课程标准内容，掌握研读课标的技能。

教材分析是备课的前提和依据，是教师备课过程中的一个重要步骤，是教师进行教学设计的基础，是备好课、上好课和完成教学目标的前提，也是教师开展教学活动的主要依据，还是教师和学生共用的实践教学活动的有效工具，做好分析才能灵活运用教材。数学教学具有很强的专业性，为了提高教学内容分析的水平，数学教师平时要注意学习积累与独立思考，遇到问题多向高水平的同行求教，不断提高自身的数学素养。教材分析可从知识背景、教学功能、内容结构、学习任务、教学素材等方面进行。

一、研读课标技能

课标是课程标准的简称，针对数学课程教学，特指数学课程标准，它是数学教学的指导性文件，是编写教材和进行教学的依据。数学课程标准对数学课程性质、基本理念、设计思路、目标、内容标准、实施建议和课程资源的开发与利用、教学目的要求及教学安排、教学中应该注意的问题均做出了规定性说明。我国初高中阶段的现行课标分别为《义教课标（2022 年版）》和《高中课标》。教师应认真研读课标，正确全面地理解、把握数学课程标准内容，掌握研读课标的技能。

（一）掌握教学目的

数学教育教学的根本目的是提高学生的数学素养，数学知识技能是数学素养的基础要素，加强数学知识技能的研究与教学至关重要。中学数学的教学目的是使学生学好当代社会中每一个公民适应日常生活、参加生产和进一步学习所必需的代数、几何的基础知识与基本技能，进一步培养运算能力，发展逻辑思维能力和空间观念，并能够运用所学知识解决简单的实际问题，培养学生良好的个性品质和初步的辩证唯物主义观点。教学目的是指导数学教学的总方针，作为数学教师必须通过研读课标，熟练掌握，认真研究，并很好地贯彻到教学中去。

（二）教学内容

中学数学教学内容精选的是人们日常生活和工作中所必需的代数、几何中基本有用的部分。高中数学课标把数学教学内容划分为必修课程和选修课程。选修课程分为文科生选修内容（系列1）、理科生选修内容（系列2）和专题内容（系列3和系列4）三个部分。

（三）掌握教学中应注意的问题

教师应面向全体学生；教师应结合教学内容对学生进行思想品德教育；教师须重视数学基础知识的教学，注重对学生进行基本技能训练和各种能力培养；教师应重视改进教学方法；教师还应能够正确组织学生进行数学知识练习，并能够对学生进行合理的数学成绩考查和评定。在数学教学中如何处理以上几个问题，中学数学课程标准给予了精辟的阐述，并提出了教学的方向、方式和方法，教师应在教学中认真加以领会，充分体会课标的思想。

（四）教学要求

课标在阐述教学要求中，把要求分为"了解""理解""掌握""灵活运用"四个层次，并对它们的含义做了阐释。教师在教学中应遵照课标要求，很好地区分哪些知识是需要"了解"的，哪些知识是需要"理解"的，等等。掌握教学要求程度的不同，才能做到有的放矢，分清主次，合理分配教学时间与课时数，避免达不到课标的要求或出现超出课标要求的现象。

二、教材分析技能

教材分析是备课的前提和依据，是教师备课过程中的一个重要步骤，是教师进行教学设计的基础，是备好课、上好课和完成教学目标的前提，也是教师开展教学活动的主要依据，还是教师和学生共用的实践教学活动的有效工具，做好分析才能灵活运用教材。

数学教学具有很强的专业性，为了提高教学内容分析的水平，数学教师平时要注意学习积累与独立思考，遇到问题多向高水平的同行求教，不断提高自身的数学素养。教材分析可从知识背景、教学功能、内容结构、学习任务、教学素材等方面进行。

1. 知识背景分析

知识背景是知识起作用的历史情境和现实环境，是任何学习和教学事件中始终渗透着的潜在因素。知识背景分析主要是分析数学知识的发生、发展的过程，它与其他有关知识之间的联系，以及它在社会生产、生活和科学技术中的应用。分析数学知识的产生、发展过程，可以使教师更深入地理解蕴含于其中的数学思想实质和数学发展规律，更准确、更灵活地把握数学教学内容。教学设计时要做到深入浅出。分析所教部分与数学学科其他部分之间的知识联系，可以使教师联系前后内容。要整体理解数学的知识体系，教学设计时力图相生相济。分析数学知识在社会生活、生产和科学技术中的应用，可以使教师获取数学建模的素材，更深入地认识和理解教学内容的意义与价值。教学设计时应加强学以致用。

2. 教学功能分析

教学功能分析的目的在于了解学习内容在整个知识体系中的地位和作用，以及对于发展学生素质的意义。也就是说，教学功能分析即是对教学内容学习价值的分析。

数学教学内容一般可以从知识价值、智力价值和思想价值三个方面进行教学功能分析。这里，知识价值是指相关教学内容的理论价值与应用价值；智力价值是指数学思维品质的培养、思想方法的训练、数学能力的提高等；思想价值是指个性品质的培养、人格精神的塑造、世界观和人生观的形成等。这些价值往往是潜在的因素，隐含在教学内容之中，需要教师深入钻研、积极挖掘。

例如，平面几何"圆"这一部分内容的教学功能，可作如下分析。

知识价值：圆的学习为学生今后参加科学研究和社会生产奠定基础。圆的知识是进一步学习三角、立体几何、解析几何、物理和其他学科的前提；圆的知识在工农业生产、交通运输、土木建筑、日常生活和科学技术中有着广泛的应用。

智力价值：圆的学习是平面几何的综合提高阶段，有利于培养学生分析、综合、归纳、演绎等逻辑思维能力和综合运用数学知识解决实际问题的能力。

思想价值：圆的学习内容包含很多辩证唯物主义因素，可以使学生理解自然界的事物都在不断地运动和变化，彼此之间是相互联系、相互依赖的。

3. 内容结构分析

内容结构分析即是从整体上理解教学内容的层次性特征，阐明知识体系的构成要素与组合方式。从纵向看，内容结构分析可分两个层次展开：一种是整体结构分析，指的是整个数学学科、某个学科分支或某个单元内容的结构分析；另一种是单课结构分析，指的是某一课时内容的结构分析。从横向看，内容结构分析主要应包括数学知识结构（知识要点与逻辑联系）分析及蕴含知识结构之中的深层次的数学思想方法分析。

例如，对"平面向量"章节可作如图5.1所示的单元结构分析。

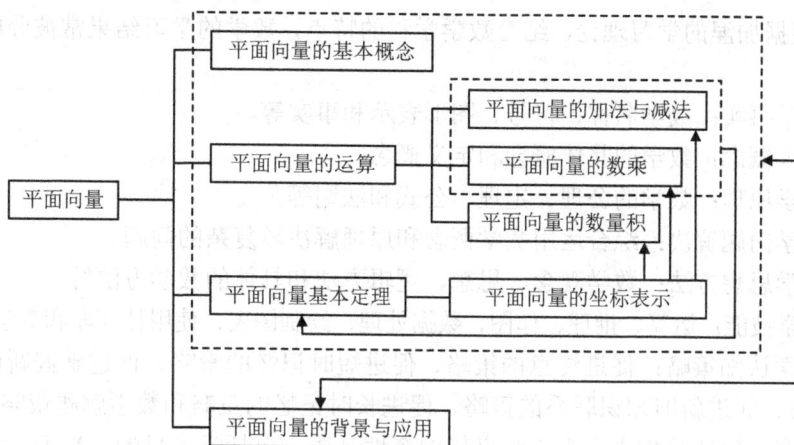

图 5.1　"平面向量"章节的单元结构分析

又如，对"平面向量的实际背景及基本概念"课题可作如图 5.2 所示的课时结构分析。

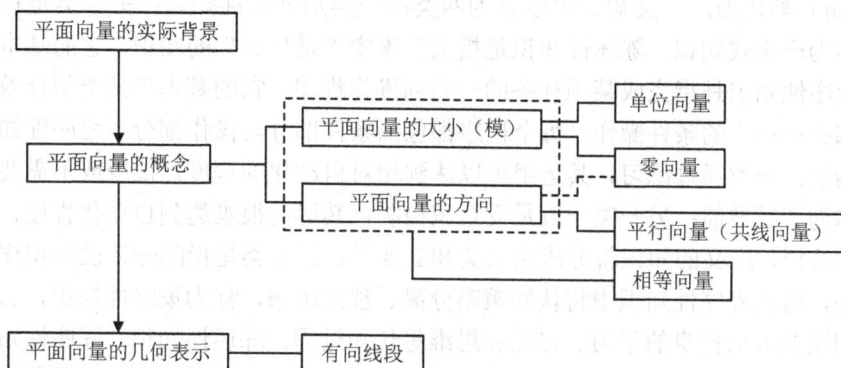

图 5.2　"平面向量的实际背景及基本概念"课题的课时结构分析

蕴含其中的主要数学思想方法有以下几种。

1）抽象思想：向量是重要的数学模型，是描述和刻画物理等学科现实问题的基本工具。不仅向量的概念，而且向量的运算也都是从现实背景中抽象出来的。

2）数形结合思想：向量是集数形于一身的数学概念，它既能进行代数运算，又有直观的几何意义，是数形结合思想的典型体现。

3）化归思想：平面内所有向量都可用基底线性表示，平面向量的运算可转化为基底的运算。选择合适向量组作为基底来进行向量运算，是向量求解几何问题的基本方法。

4. 学习任务分析

学习任务是指对学习者要完成的具体学习活动的操作和结果的描述。学习任务的分析一般包括以下三个方面。

1）分析学习任务的类型或性质。学习任务是有差别的，不同类型的学习任务对学生的能力要求和教学要求有很大差异。对学习任务的类型或性质进行分析，可从学习结果和学习过程两个角度考虑。

关于学习结果，加涅曾将它分成五类：言语信息、智慧技能、认知策略、动作技能和态度，根据加涅的学习理论，结合数学学科的特点，数学的学习结果常被分成以下八种类型。

① 数学事实：数学名称、符号、图形表示和事实等。

② 数学概念：数学的具体概念和定义概念。

③ 数学原理：数学的公理、定理、公式和法则等。

④ 数学问题解决：综合运用数学概念和原理解决较复杂的问题。

⑤ 数学思想方法：数学观念、思想、逻辑方法和具体的数学方法等。

⑥ 数学技能：运算、推理、作图、数据处理、绘制图表、使用计算器和数学交流等。

⑦ 数学认知策略：促进注意的策略、促进短时记忆的策略、促进掌握新信息内在联系的策略、促进新旧知识联系的策略、促进长时记忆的策略和数学解题策略等。

⑧ 态度：辩证唯物主义观点和良好的个性品质，包括学习目的、兴趣、意志、信心、科学态度和创新精神等。

现代信息加工心理学家关于知识的分类也可用来指导对学习结果的分析。安德森（Andersen）等认为，广义知识可以分为两类：一类是陈述性知识；另一类是程序性知识，也称为产生式知识。陈述性知识是指关于事实"是什么"的知识，它的基本形式是命题。程序性知识是指完成某项任务的一系列操作程序，它的基本形式类似计算机"如果……那么……"的条件操作，每个程序都包括条件部分与操作部分。程序性知识还可以分为两类：一类通过练习，其运用可以达到相对自动化的程度，很少或不需要受意识控制，称为智慧技能；另一类一般是受意识控制，其运用很难达到自动化程度，称为认知策略。这样，广义的知识就分成两大类和三亚类。三亚类是指除陈述性知识作为一类知识之外，再从程序性知识中将认知策略分离、独立出来，称为策略性知识，它主要用于支配和调节人们自身的学习、记忆和思维等认知过程。陈述性知识、程序性知识和策略性知识无论是在知识的表征、获得上，还是在知识的提取和应用上都存在一定差别（皮连生，1996）。

此外，波兰尼（Polanyi）的个人知识理论对分析学习结果也有一定的借鉴意义。他将人类通过认识活动所获得的知识区分为显性知识（又称言传知识）和缄默知识（又称意会知识或默会知识）两种形式。显性知识是指那些通常意义上可以用概念、命题、公式、图形等加以陈述的知识；缄默知识则是指人类知识总体中那些无法言传或不清楚的知识（石中英，2001）。

关于学习过程，奥苏伯尔的有意义学习理论可提供参考。根据新旧知识的不同关系，奥苏伯尔将学习分为以下三种不同形式。

① 下位学习：学生认识结构中原有的知识在包摄性和概括水平上高于新学习的知识，新知识与旧知识构成类属关系，又称为下位关系，这种学习称为下位学习或类属学习。

② 上位学习：当学生的认知结构中已经形成了几个观念，现在要在原有知识的基础上学习一个概括和抽象水平更高的概念或命题，这种形式的学习称为上位学习或总括学习。

③ 并列结合学习：当新的概念或命题与认知结构中的原有知识既不是类属关系，也不是总括关系，而是并列联合关系时，便产生并列结合学习。奥苏伯尔认为，下位学

习最容易，上位学习其次，并列结合学习最难。

皮亚杰的发生认识论所提出的同化与顺应的概念也可帮助我们分析学习过程的类型或性质。皮亚杰认为，个体的认知图式是通过同化和顺应的方式发展的。个体每当遇到新的刺激时，总是试图用原有图式去同化，若获得成功，便得到暂时的平衡；如果原有图式无法同化环境刺激，个体便会做出顺应，调整或改变原有图式，再以创建的新图式去同化新刺激，从而达到认识上新的平衡。显然，相对同化而言，顺应的学习过程更为复杂和困难。

2）明确学习任务的具体程度要求，确定教学的重点、难点和关键点。

数学课程标准一般都会明确列出了学段和单元的教学任务。教师要在此基础上，根据所面临的教学内容，从中具体分离出本节课的教学任务，有时还要作适当调整以适应现实情况。由此出发，再确定教学的重点、难点和关键点。

特别指出，教学重点、难点和关键点的确定在教学设计中占有相当重要的地位。所谓教学重点是指那些在数学知识结构中占有基础地位、起着核心作用、贯穿全局、应用广泛的内容。教学重点具有普遍价值，学生应首要掌握。所谓教学难点是指那些学生理解、掌握或运用起来比较困难，容易产生混淆或错误的知识点。教学难点产生的原因很多，教学内容过于抽象或复杂，概念本质属性比较隐蔽，所涉及的准备知识学生掌握不牢固，新观念或新观点与思维定式冲突，造成学生不易接受等都可能是其中的因素。所谓教学关键点是指那些对整体知识的掌握起枢纽作用、能带动问题全面解决的内容。教学关键点往往是教学的突破口。只有明确教学内容的重点、难点和关键点，教学设计才会具有针对性，才能做到分清主次、抓住主要矛盾，取得事半功倍的教学效果。

教师确定教学内容的重点、难点和关键点，既取决于对数学学科知识体系的理解，也取决于对数学课程目标和教材体系的认识，还取决于对学生"数学现实"的把握。

例如，"对数与对数运算"课题在普通高中数学课程标准（实验）中是这样规定它的教学任务的：理解对数的概念及其运算性质，知道用换底公式能将一般对数转换成自然对数或常用对数；通过阅读材料，了解对数的发现历史及对简化运算的作用。由此分析，可确定这节课的教学重点是对数的概念及其运算性质，教学难点是对数运算性质的发现，而教学关键点则是对数式与指数式之间的互化，因为无论是对数的定义还是对数的运算性质，本质上都可以从它的逆运算——指数运算中获得。

3）分析学习任务完成的先决条件及它们之间的逻辑依赖关系。

分析先决条件的主要目的是要为教学顺序的安排和教学情境的创设奠定逻辑基础，这一般可采用逆向分析的方法。分析过程从需要完成的学习任务开始，要达到这些学习要求，学生必须具备哪些次一级的先决条件？要获得这些次一级的先决条件，又需要具有哪些更次一级的先决条件？如此下去，一直分析到学生的起点能力为止。

5. 教学素材分析

教学素材分析针对的主要是教材及相关的辅助材料。教材在课堂教学中占有非常特殊的地位，它是师生开展教学活动的主要载体，制约着教学模式和教学策略的选择与运用。同时，它也包含了丰富的教学信息，是教学设计素材的重要来源。

　　教师只有在深刻分析教材的基础上，才能灵活地处理教材、组织教材和运用教材。教学素材分析主要包括感性材料分析、例习题分析及内容展开分析。

　　感性材料指的是图形、图表、实例、现实问题等直观或具体材料，它们往往供知识引入或理解时使用，是学习数学基础知识和基本技能的必要准备和认知辅助。感性材料分析可分析它的适用性、丰富性、典型性、简明性。

　　数学例题是教学精选的具有较强代表性的典型数学问题，主要供教师课堂示范之用。习题是有关计算、推理、论证、画图、测量等方面的训练材料，留待学生课堂或课后巩固知识、形成技能和培养能力之用。由于例习题是学生获取知识、掌握方法的重要途径，并能直接反映教学的具体要求及教材的编写意图，因此，例习题分析的主要任务是了解教材配备例题和习题的类型、分量、难易程度、编排、使用方式和功能，探讨解题思路，钻研解题方法，提炼其中的数学思想。例习题分析要在一题多解、一题多得、一题多变、多题一解上下功夫，并考虑是否需要补充或调整，以及如何引导学生进行解题后的反思。

　　内容展开分析主要是了解相关教材所包括的知识要点，它们之间的先后次序，以及相关的教学安排，明确教材编写思路，领会编者设计意图，为后续的教学过程设计提供参考。

　　从教学实践上看，当前通行的中学数学教材编写时一般都不只提供数学事实和结论，还会体现一定的教法安排。例如，适当安排引导学生独立探索结论的过程，按照学生的认识规律和接受方式序列化教学内容，等等。这种叙述方式直接体现编者对教学顺序安排和教学方法选择的意图，能为课堂教学结构的设计提供基础。

　　例如，平行四边形的判定（义务教育课程标准实验教科书数学（八年级下册）[M]. 北京：人民教育出版社，2008：86-87. ）的内容展开可作如图5.3所示的分析。

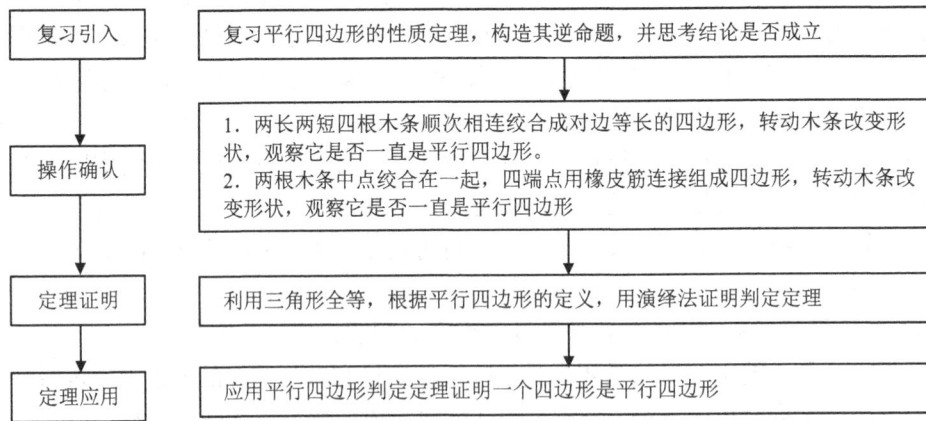

复习引入	→	复习平行四边形的性质定理，构造其逆命题，并思考结论是否成立
操作确认	→	1. 两长两短四根木条顺次相连绞合成对边等长的四边形，转动木条改变形状，观察它是否一直是平行四边形。 2. 两根木条中点绞合在一起，四端点用橡皮筋连接组成四边形，转动木条改变形状，观察它是否一直是平行四边形
定理证明	→	利用三角形全等，根据平行四边形的定义，用演绎法证明判定定理
定理应用	→	应用平行四边形判定定理证明一个四边形是平行四边形

图 5.3　平行四边形的判定的内容展开分析

　　显然，通过分析这一段教材，我们事实上已获得了一个合理的教学过程设计框架，如以此为基础加以适当补充和完善，就可以形成一个较为理想的教学设计方案。

　　应该特别指出，教材所提供的教学思路和过程未必都能尽如人意，它也可能存在些许不合理的地方。我们应该明白，分析教材的目的不是为了亦步亦趋地照本宣科，而是要针对课题具体问题具体分析，吸收优点，弥补不足，真正实现"用教材教而不是教教材"。

互动交流

【交流研讨】

请你谈一谈中学数学教学中研读课标的意义。

【实践训练】

运用你在本节课所学的内容，结合中学数学教学内容（一课时）完成教材分析。

评价反思

1. 通过本节课的学习及交流研讨内容，谈谈你在进行教材分析时的体会或感悟。
2. 通过本节课的学习，谈谈你对研读中学数学课程标准和教材分析的认识。

拓展提高

教材的分析策略

在中小学，分析教材是教师进行教学设计的基础，是教师上课的前奏；对教材分析是否到位，不仅关系到能否真正发挥教材的作用，也会直接影响教师的课堂教学质量。教师应该坚定地树立一个信念：教材怎样研读都不过分。在教材分析过程中，采取合适恰当的策略尤为重要。

分析教材的八个基本策略分别是：目标化策略、结构化策略、生活化策略、程序化策略、主体化策略、工具化策略、纵横比较策略、反思性策略。这八个分析教材的策略构成一个开放的、循环的教材分析系统（图5.4）。目标是分析教材的方向，也是教师课堂教学效果评判的依据，统领决定着其他方面。结构化策略是针对数学学科内容而言，生活化策略是针对数学与生活之间的联系而言，程序化策略是针对教师课堂教学而言，主体化策略是针对教材的主要使用者——学生而言，工具化策略是针对信息技术而言，纵横比较策略是针对教材本身而言，反思性策略是针对教师个人成长而言，是为了更好地分析教材，提高分析教材的质量。

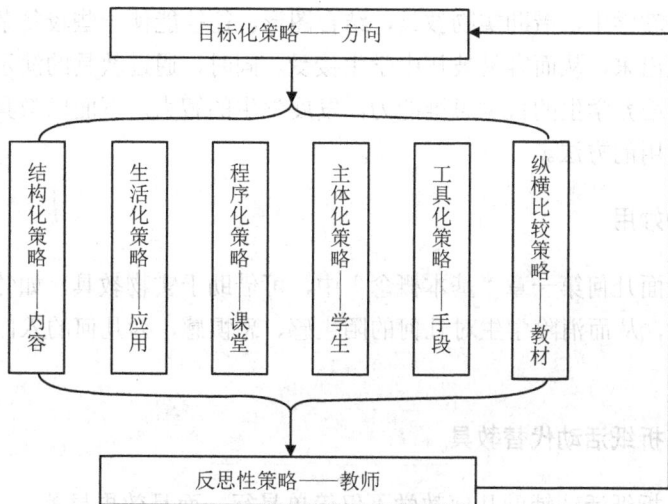

图5.4 教材分析系统

教师只有吃透教科书的精神与实质，才能不断提高教科书的"附加值"。当然，教材无论设计得怎样科学，怎样完美，怎样利于学生，都需要教师二次重新建构自己的理解，并且最终一定要落实到课堂教学中，以课堂教学实践来检验效果。

（资料来源：吴立宝，曹一鸣. 中学数学教材的分析策略[J]. 中国教育学刊，2014，1：60-64.）

第四节　教学手段

学习目标

1. 了解数学课堂教学常用的教学手段。
2. 掌握部分教具的制作和使用方法。

学习任务

结合中学数学教学内容（一课时）制作或选用一种或多种教具辅助教学，演示教具展示过程。

知识探究

教学手段是教学中师生间表达、加工、传递教学信息的工具及其使用方式，包括保证教学任务顺利完成的各种物质条件。由于中学数学的抽象性，只有恰当选择和合理使用教学手段，才能保证数学教学过程中各种信息交流通畅，为学生提供抽象思维的支持，提高数学思维效益。在中学数学教学中，三角板、量角器、直尺、各种模型、挂图等传统的教具、学具都是常用的教学手段。教师根据教学需要，采用适当的教学手段，并在课堂上通过教具演示生动地进行教学，也是一项重要的教学技能。一件好的教具可以胜过许多冥思苦想的计算或证明，不仅能节省教学时间，而且能取得好的教学效果。尤其是在平面几何的教学中，借助实物教具，结合图形，往往能使一些较复杂的概念、定理简单明了地表现出来，从而容易被初中学生接受。同时，通过教具的演示，可以提高学生的学习兴趣，培养学生的直觉思维能力，发展学生的智力。下面以教具为例，介绍一些教具制作与使用的方法。

一、实物教具的妙用

例如，在平面几何第一章"基本概念"中，可借助于实物教具，如竹竿、圆规等进行线、角的教学，从而消除学生对几何的陌生感、恐惧感，为几何的入门教学打下良好的基础。

二、利用剪纸、折纸活动代替教具

利用剪纸、折纸活动辅助几何教学不仅简单易行，而且效果显著。

例5.1 剪一个任意三角形，折纸求三角形的内心、重心、垂心、外心。

折叠方法如图 5.5 所示，过 A 作一折叠使 AB 与 AC 重合，然后展开得折痕 AD（$\angle A$ 的平分线），类似地作 $\angle B$ 的平分线 BE，此时 AD 与 BE 交于 I，过 C、I 折叠，必使 CA 与 CB 重合，I 为三条角平分线的交点，即为三角形的内心。其他三心的折纸活动，图略。

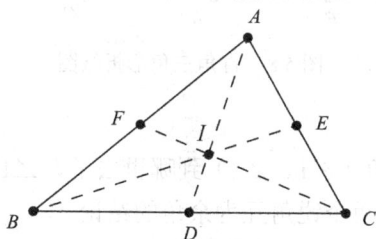

图 5.5 三角形 1

例5.2 用折纸证明三角形内角和定理与三角形中位线定理。

用纸剪一个任意三角形，如图 5.6 所示，对折 AB、AC 得 AB、AC 的中点 E、F，沿 EF 将顶点 A 向下对折（A 点必落在 BC 上），再将 B、C 分别折向 A 点，所落位置如图 5.7 所示，此时 BE 必重合于 EA，CF 必重合于 FA。此活动可验证三角形内角和定理与三角形中位线定理（在折纸过程中，教师适时提出问题，引导学生发现验证）。

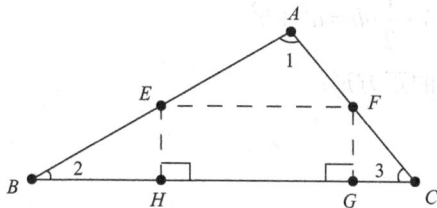

图 5.6 三角形 2

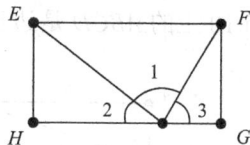

图 5.7 落点位置图

问题：

1）$\triangle ABC$ 三个内角（$\angle 1$、$\angle 2$、$\angle 3$）到什么位置去了？$\angle 1+\angle 2+\angle 3=$？学生容易从自己手中的模型中回答这些问题，从而得出三角形内角和定理。

2）EF 是 $\triangle ABC$ 的什么线？$EFGH$ 是什么图形（四个内角均为直角）？EF 与 HG 有什么关系？HG 与 BC 有什么关系？学生自然得出三角形中位线定理。

3）矩形 $EFGH$ 的面积等于多少？若 $\triangle ABC$ 中 BC 边上的高为 h，BC 为 a，则可以推得矩形 $EFGH$ 面积等于三角形面积的一半。

例5.3 用折纸验证定理：①直角三角形斜边的中线等于斜边的一半；②直角三角形的两个锐角互为余角。

剪一个直角三角形，如图 5.8 所示。将 A、B 分别折向 C，使点 A、点 B 和点 C 重合，从而有 AD、BD 均与 CD 重合。

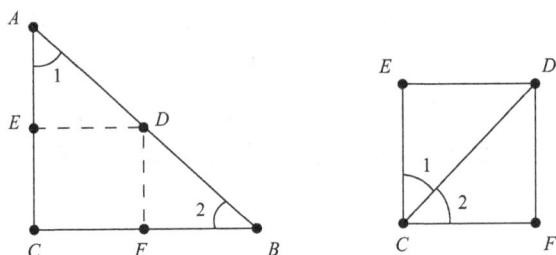

图 5.8 直角三角形折纸图

问题：

1）Rt△ABC 的两个锐角（∠1、∠2）到哪里去了？∠1 与 ∠2 的和与 ∠C 有什么关系？从而得出直角三角形的两个锐角互为余角的结论。

2）D 是斜边 AB 的什么点？CD 是什么线？AD、BD、CD 有什么关系？从而得到直角三角形斜边上的中线等于斜边的一半的结论。

例 5.4 用折纸法验证勾股定理。

拿一张边长为（$a+b$）的正方形纸，把它的四个角折出直角边分别为 a、b 的四个全等三角形，如图 5.9 所示。

问题：$EFGH$ 是什么图形？面积为多少？这个面积等于边长为（$a+b$）的正方形面积减去折去的四个直角三角形的面积之和，即

$$c^2 = (a+b)^2 - 4 \times \frac{1}{2}ab = a^2 + b^2$$

图 5.10 上的 $ABCD$ 是边长为（$a-b$）的正方形。

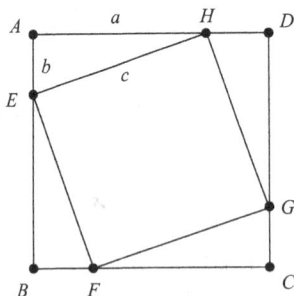

图 5.9 正方形折纸图 1　　　　图 5.10 正方形折纸图 2

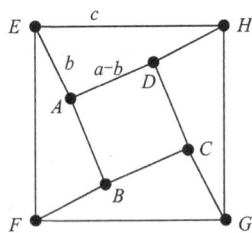

例 5.5 利用折纸、剪纸导入轴对称、轴对称图形的概念。

先把一张方纸对折，然后用剪刀剪几下，展开后，一个美丽的图案展现在学生面前，如图 5.11 所示。教师让学生拿出一张纸来，请学生仿照教师的做法去做，结果发现无论怎样剪，展开后均是一个对称图形，如图 5.12 所示，这是为什么？

带着这样的悬念，教师导入新课，使学生对轴对称、轴对称图形的概念有了深刻的认识。

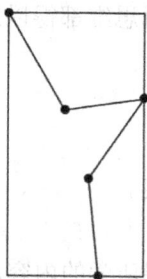

图 5.11 折剪示例图

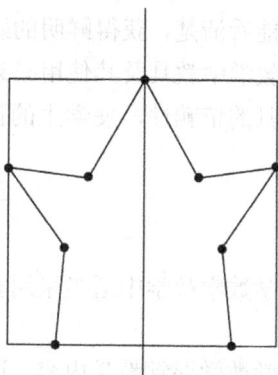

图 5.12 折剪展开图

三、利用其他教具进行辅助教学

例 5.6 讲解"同位角、内错角、同旁内角"一节，用木条做模型，如图 5.13 所示，先要学生记住标准图形同位角、内错角、同旁内角的判定，如图 5.14 所示，然后旋转 CD 木条，使它变为图 5.15 和图 5.16 的情形，再让学生判定以不同直线为截线时的同位角、内错角、同旁内角。

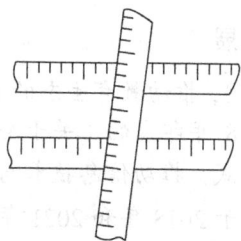

图 5.13 木条模型

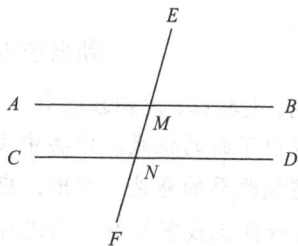

图 5.14 标准图形

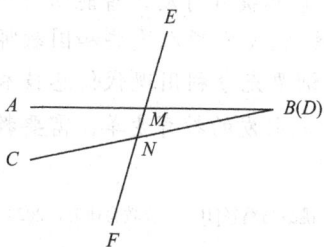

图 5.15 旋转后图形 1

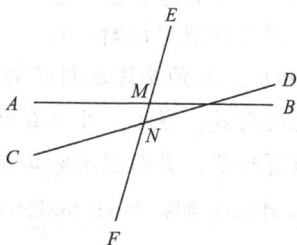

图 5.16 旋转后图形 2

例 5.7 讲解三角形三边关系时，课前教师可布置一道题：用铁丝或木棒做两个长度分别为 10cm、15cm 的木棍，以它们为三角形的两边，试一试，构成三角形的第三边的长度应在什么范围内？学生通过试验很快得出第三边的长度应大于 5cm 小于 25cm。

教师自制教具，利用教具辅助教学是提高教学质量的重要手段。自制教具要有明确的教学目的，为了取得好的教学效果，教具应尽量制作成活动式的，使用单一明快的色彩，并且力求简单实用，具有多项功能。在使用教具时，教师应注意演示教具的角度，应该使每个学生都能看清楚，获得鲜明的感知。教具的演示应该紧密结合教学内容，与教学过程同步。在教学中教具及其使用必须适时、恰当，并与逻辑论证讲解相结合，要防止学生对直观教具的依赖性，使学生的直觉思维与逻辑思维都得以发展。

互动交流

【交流研讨】

请你谈一谈中学数学教学中适当采用教学手段的意义。

【实践训练】

选择适当的中学数学课堂教学内容，运用你在本节课所学的内容，制作或选用一种或多种教具辅助教学，演示教具展示过程。

评价反思

1. 通过本节课的学习及交流研讨内容，谈谈你在制作或选用教具，以及使用教具进行展示时的体会或感悟。

2. 通过本节课的学习，谈谈你对中学数学教学手段的认识。

拓展提高

新兴技术赋能教师专业发展

人工智能、大数据、虚拟现实等新兴技术的教育应用，推动教育生态的系统性变革，对教师教育提出了新的挑战。中共中央、国务院于 2018 年印发的《关于全面深化新时代教师队伍建设改革的意见》指出，应转变教师培训方式，推动信息技术与教师培训的有机融合，实行线上线下相结合的混合式研修。教育部于 2018 年和 2021 年先后开展两批人工智能助推教师队伍建设行动试点工作，深入推进新技术与教师队伍建设的融合创新，开展教师发展智能实验室建设行动、智能教育素养提升行动、智能研修行动等，探索建设与应用教师能力诊断测评，开展精准培养培训。《中华人民共和国教师法（修订草案）》也指出，教师要适应科技的发展，教师培训要充分利用现代信息技术等手段，采取多样化的形式、方法。可以看出，新兴技术发展引发的教育变革，需要教师适应技术发展与教育转变，更新理念和认知。

（资料来源：郝建江，郭炯. 新兴技术赋能教师专业发展：诉求、挑战与路径[J]. 开放教育研究，2023（1）：48-54.）

第五节　教学设计技能

学习目标

1. 了解教学设计的概念。
2. 掌握数学教学设计的基本内容和设计过程。

学习任务

结合中学数学教学内容（一课时）完成数学教学设计。

知识探究

本节讨论课堂教学设计，其研究对象主要是课时、单元的教学设计。概括起来，课堂教学设计实质上要解决以下四个基本问题。

1）目标：我们要走向哪里？即教学目标的设计，包括显性目标和隐性目标。

2）定位：我们现在在哪里？即教学起点的分析，包括学生已有的知识经验、年龄特征、兴趣爱好、能力差异、知识结构、认知水平及将要学习的新知识与已有的知识基础之间的内在联系等。

3）行动：我们如何到达那里？即教学材料、媒体与教学策略的选择及教学过程的设计。

4）评价：我们如何判断是否已经到达了目的地？即目标检测的设计及整个教学设计的科学性、合理性、可行性的评价与修正。

一、教学设计

"设计"在《辞海》中的解释是："根据一定的目的要求，预先制定方案、图样等"。人类社会一切有意识、有目的的活动都离不开设计，数学课堂教学自然也不例外。什么是教学设计？为什么要进行教学设计？如何进行数学教学设计？怎样评价一个数学教学设计方案的优劣？本节将围绕这些问题展开论述，从整体上勾勒数学教学设计的概貌。

（一）教学设计与课堂教学设计

教学设计（instructional design，ID），又称教学系统设计，是面向教学系统，以解决教学问题、优化学习为目的的一种特殊的设计活动。它既具有设计的一般性质，又必须遵循教学的基本规律（皮连生，2000）。教学系统有不同的层次，因此教学设计一般也相应划分为课程设计和课堂教学设计。

根据《中小学教师教育技术能力标准》的说法，课堂教学设计可定义为主要依据教学理论、学习理论和传播理论，运用系统科学的方法，对教学目标、教学内容、教学媒体、教学策略、教学评价等教学要素和教学环节进行分析、计划，做出具体安排的过程。总体而言，课堂教学设计具有以下一些特点。

1）课堂教学设计是运用系统方法解决教学问题的过程。教学系统由教与学两个子系统构成，包括教学目标、教学内容、教学对象、教学策略、教学媒体、教学评价等在内的诸多基本要素，必须运用系统论的观点和方法，通过系统分析、系统决策和系统评价的操作程序进行教学设计。也就是说，教学设计应从教学系统的整体功能出发，综合考虑教师、学生、教材、媒体、评价等各个方面在教学中的地位与作用，以及它们之间相互联系、相互制约的关系，进行整体的分析和策划，使之相辅相成，互相促进，产生整体优化效应。

2）课堂教学设计是全面规划教学双边行为的过程。教学是师生互动的信息传播活动。例如，在数学教学中，教师的主要行为包括内容的呈示、对话与辅导，辅助行为包括激发动机、期望效应、课堂交流和课堂管理等；学生的主要行为包括听讲、观察、思考和练习，辅助行为包括操作、实验、讨论等。因此，教学设计的主要任务除了应包括教学内容的组织与呈现，还要具体安排师生间的交流、互动等活动与控制，以及课堂教学的组织与管理等。

3）课堂教学设计是科学与艺术高度统一、完美结合的活动。它既要接受教与学基本规律的指导，不断提高科学化水平，又要进行艺术的构思与想象，力争达到完美的境界。作为一种创造性劳动成果，教学设计集中反映了教师的教育价值取向与审美情趣，是学科观、教学观、学生观的具体体现。

4）课堂教学设计是教师有效开展课堂教学活动的保证。教学设计的目的不是发现客观存在的尚不为人知的教学规律，而是运用已知的教学规律去创造性地解决教学中的问题，为学习者策划学习资源和学习活动。教学设计的最终产物是经过验证的教学系统实施方案，包括教学目标和为实现一定教学目标所需的（印刷的或视听的）教材、学习指导、测试题等，以及对所有教与学的活动和教学过程中所需的辅助工作做出具体说明的教学实施计划。

目前，围绕教学设计这一领域已初步形成了一个独立的知识体系，即教学设计学。教学设计学是研究教学系统设计的一门应用科学，其任务包括：①发展教学设计的基本原理，揭示教学设计过程中所依赖的基本规律及设计过程本身应该遵循的规律；②系统提出关于教学设计的实际建议，包括工作步骤和具体做法，以便教师和教学设计人员使用。

（二）数学教学设计与教学模式的运用

教学设计组织教学活动一般需要依照一定的教学模式进行。教学模式是教学活动的基本结构和操作程序，是可供执教者模仿的教学标准样式。由于教学模式能有机地组合各种教学方法和教学策略，使教学诸环节、诸要素之间配合更加协调合理，因此可从整体上控制课堂教学过程，保证教学质量。

教学模式可能源于对教学实践经验的归纳总结，也可能是某种教学理论推演验证的结果。随着新的教学思想层出不穷，加之新的科技革命使教学方式产生了很大的变化，教学模式的发展呈现日益多样化的趋势。总的来说，当前我国数学课堂教学模式主要有如下四种基本形式（曹一鸣等，2008）。

1. "讲解—传授"模式

"讲解—传授"模式是指通过教师的系统讲授而使学生理解和掌握大量知识的教学模式。它的基本教学程序是：复习—导入—讲解—巩固—小结。此模式对我国数学教学影响最大，主要特点是课堂教学以教师讲授为主，有利于突出教师的中心地位，知识传授效率较高。不足之处是易于造成学生被动接受知识，不利于培养主动学习的习惯和发展创新意识、探索能力。

2.“引导—发现”模式

“引导—发现”模式是指在教师的引导下，学生经历观察、探索等实践活动，通过独立思考、讨论、合作等方式，发现问题、获取新知识的一种教学模式。它的基本教学程序是：创设问题情境—观察猜想—推理论证—验证应用—总结反思。此模式突出了学生的主体地位，能给予学生较多的自主发展空间，注重数学活动经验的积累和探究能力的培养。不足之处是教学费时较多，达成预期的教学目标有时有一定的难度，不利于系统传授和掌握知识。

3.“自学—辅导”模式

“自学—辅导”模式是指在教师的指导下，学生通过自学、自练、自检，从而获得知识、发展能力的一种教学模式。它的基本教学程序是：明确自学要求—开展自学—互相讨论—练习运用—讲评总结。此模式能充分尊重学生各自的学习特点或学习优势，有助于自学习惯的养成和自学能力的培养。但是此模式对学习基础薄弱、行为习惯较差的学生及难于理解的学习内容不宜采用。

4.“问题解决”模式

“问题解决”模式是指在教师的引导下，学生综合运用各种数学知识和方法，创造性地解决实际问题或非常规性问题的一种教学模式。它的基本教学程序是：设置研究问题—抽象概括—模型建立—演算推理—验证讲评。此模式主要侧重培养学生综合运用数学知识和分析解决问题的能力，利于他们形成数学地思考问题的意识。由于它对知识综合程度要求较高，较适合在知识应用环节使用。

具体而言，教师在进行教学设计时，应充分认识到教学模式的运用终究只是手段而不是目的，并在全面了解各种教学模式的内涵、适用范围、适用条件的基础上，根据教学内容、教学目标、学生的实际情况、教学条件与环境等，合理借鉴和灵活选用不同的教学模式，学会科学分析，适当变更调整，扬长避短，使教学效果达到最优。更进一步，教师还可通过发挥各自的教学特长，融合自身的教学风格，对教学模式进行不断创新，真正做到有模式而不被模式所限，遵循模式又不被模式所拘，最终超越模式，实现“无模式化”的数学教学。

二、数学教学设计的过程

教学设计既是一个重要的教学环节，也是一项复杂的教学技术。教学设计可以采取多种不同的设计模式。从教学实践上看，数学教学设计通常经历如图5.17所示过程。

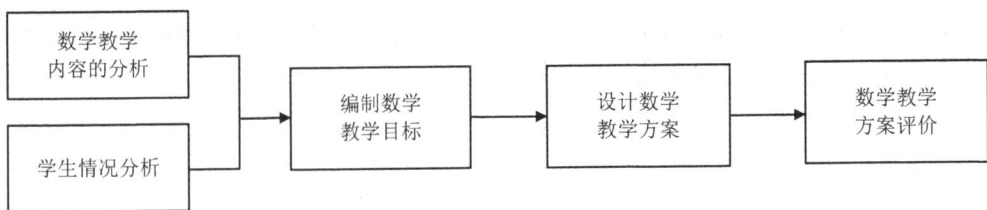

图 5.17　数学教学设计的过程

　　教学设计的第一步就是要分析教学内容与教学对象。进行教学内容分析既要从整体上作一般了解，又要从局部上作精细考量。例如，要挖掘教学内容的知识背景，提炼蕴含其中的思想观念和文化因素，厘清知识之间的依赖关系，寻找新知识的生长点，明确教学的基本要求，领会教材的编写意图，剖析例习题的功能，延拓教材内容，等等。进行学生情况分析既要了解班级学生的整体水平，又要关注优秀生和后进生的特殊需求。要分析班级学生的学习基础、认知能力、兴趣和态度，研究学习材料与学生已有经验之间的关联。

　　通过以上两个方面的分析，设计者就可在此基础上对学生应达到的学习结果做出具体、明确的规定，这就是编制数学教学目标。教学目标既是由课程标准规定的，同时也需要教师将它进一步细化和清晰化，以便落实于课堂。教学目标要按照内容和水平分类，并加以恰如其分地陈述，注意全面性、层次性及实现的可能性。

　　教学目标确定后，教学设计就有了明确的方向和要求。教学方案设计是数学教学设计的中心环节，它要解决的是如何教学的问题。其具体内容包括：确定课的类型（如新授课、练习课、复习课和测验课等）、选择教学模式、设计教学活动、安排教学过程、组织教学形式（如集体授课、小组学习和个人自学等）、选用教学媒体和手段等。设计师生双边活动的过程和方式，要使教师的主导作用和学生的主体地位都能得到充分发挥，要使学生能高效学习并获得最大限度的发展。

　　教学设计的后期，还需要对设计成果进行评价。根据试行结果判断它能否取得理想的教学效果，在多大程度上达到教学目标，并由此对设计方案进行修改，以使其不断完善。

三、数学教学设计案例

函数的单调性

一、教材分析

　　本节课"函数的单调性"是高中数学必修第一册 A 版第三章第二节第一课时的内容，是研究函数的性质的第一部分，包括增（减）函数的定义、函数单调性的判断与证明。

　　1. 地位分析

　　在初中阶段学习函数时，是基于函数图像进行直观感知函数的单调性，本节内容是对初中有关内容的深化与延伸。

　　2. 作用分析

　　函数的单调性不仅是函数的基本特征之一，而且是继续学习函数的最值、函数的奇偶性等函数性质的基础，为后面基本初等函数的研究提供了理论基础、一般方法和示范作用。函数单调性的实质是对函数两个变量运动趋势相关性的研究，研究函数的单调性是从观察具体图像的变化趋势入手，通过图像分析数值之间的关系，最终抽象出用数学符号表述的定义。

3．内容分析

通过进一步分析教材，可以发现教材首先在第三章第二节函数的性质及章前的阅读与思考中介绍了函数概念的发展历程，加强了课程思政的融入。研究函数单调性的过程如图 5.18 所示。

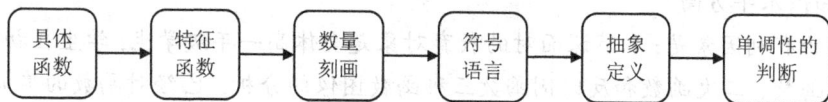

图 5.18　教材研究函数单调性的过程

二、教学目标

教学目标如图 5.19 所示。

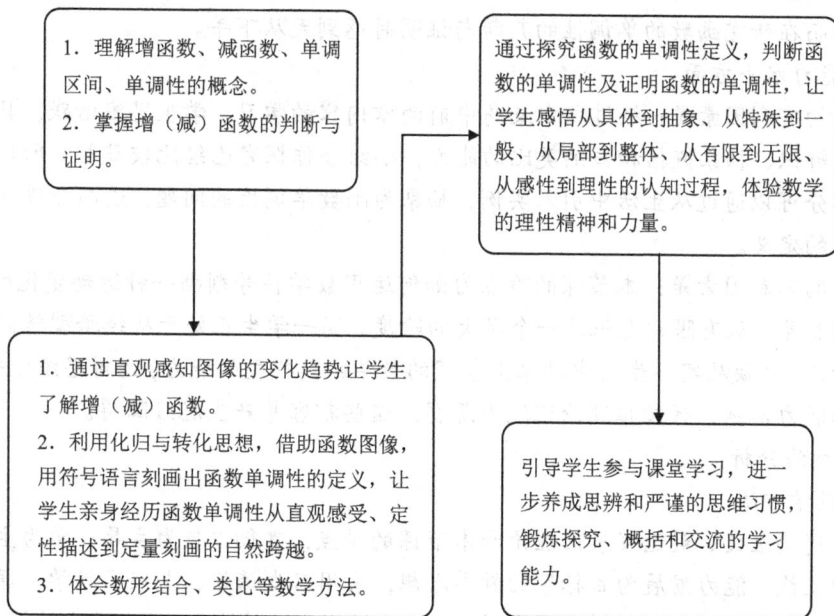

图 5.19　教学目标

三、学科素养

1）数学抽象：借助函数图像运用符号化语言表述函数单调性的定义。

2）逻辑推理：证明函数的单调性。

3）数学运算：证明函数的单调性中的作差与变形。

4）直观想象：由函数的图像研究函数的单调性。

5）数学模型：由实际问题构造合理的函数模型。

四、教学重难点

1. 重点

1）借助图像、表格和自然语言、数学符号语言，形成增（减）函数的定义。

2）能用定义判断函数的单调性。

2. 难点

1）利用增（减）函数的定义证明函数的单调性。

2）如何从图像升降的直观认识过渡到函数增减的数学符号语言表述。

五、学情分析

1. 知识水平方面

教学的有利因素是：本节课面对的教育对象是全体高一年级学生，学生在初中阶段，通过一次函数、二次函数和反比例函数三种函数图像的分析，已经对函数的单调性有了一定的直观认识，了解用随着 x 的增大而增大（减小）来描述函数图像的上升（下降）趋势。

教学的不利因素是：学生还欠缺利用符号语言表述函数单调性定义的意识。由于学生刚刚开始接触高中的函数部分，对于抽象问题的理解训练较少，缺乏系统的知识技能基础，从而在研究函数的单调性的判断与证明时感到无从下手。

2. 能力水平方面

教学的有利因素是：经过初中及高中前两章内容的学习，学生思维活跃，具备了一定观察、辨识、抽象概括和归纳类比的能力，小组合作探究已经比较默契。所以，在课程导入部分可以通过从生活中引入实例，抽象为函数单调性的问题，进而合作探究出函数单调性的定义。

教学的不利因素是：本节课的难点为如何运用数学符号刻画一种运动变化的现象，从直观到抽象、从有限到无限是一个很大的跨度。高一学生正处于从经验型转向理论型的过渡阶段，欠缺从实际生活中抽象出合理的数学函数模型的能力，逻辑思维水平不高，抽象概括能力不强，代数推理论证能力薄弱，这些都容易产生思维障碍。

六、教法分析

1. 教学方法

根据建构主义、最近发展区理论和本节课的特点，贯彻"教为主导，学为主体，问题解决为主线，能力发展为目标"的教学思想，采用启发诱导、支架式教学，通过从实际生活中抽离出物理与数学学科融合的问题，进而营造问题情境，激发学生的探索欲望，鼓励学生自主探索，发挥好多媒体教学的优势，充分利用学生熟知函数图像的直观性，通过对函数单调性的研究，让学生经历从直观到抽象，从图形语言到数学语言，理解增函数、减函数、单调区间概念的过程。在这个过程中，让学生通过自主、小组探究活动，体验数学概念的形成过程，使学生学习数学思考的基本方法，培养学生的数学思维能力。

2. 教学手段

利用多媒体直观、形象的动态功能，为函数单调性概念的理解提供直观、形象的认知基础；同时对函数在某一区间内的变化趋势进行动态演示，帮助学生理解。

七、教学过程

为达到本节课的教学目标，突出重点，突破难点，本节课将教学过程设计为六个环节：创设情境，引入新课；合作探究，概念形成；学有所用，证法探究；随学随练，学科融合；课堂小结；课后作业。

1．创设情境，引入新课

1）"火车之父"乔治·斯蒂芬森，如图 5.20 所示。

2）虽然乔治·斯蒂芬森被称为"火车之父"，但是并不是他创造出第一辆蒸汽机车，而是在 1804 年英国的理查·特里维西克制造了世界上第一辆轮轨式蒸汽机车"新城堡号"，由于实用性远远不如乔治·斯蒂芬森在 1829 年制造的"火箭号"，所以错失了"火车之父"的荣誉。图 5.21 展示了两辆机车的载重对比。

运载 10t 的货物和 70 位乘客，
行驶 16km 用时 4 时 15 分！！！
时速约为 3.8km

运载 30t 的货物，
最高时速为 48km

图 5.20　乔治·斯蒂芬森　　　　图 5.21　两辆机车的载重与时速对比

3）对比英国的机车发展，虽然起步较晚，最开始的机车时速仅为 5km，经过几十年的发展，现在的中国高铁（图 5.22）速度是多少呢？

图 5.22　中国高铁

【动手操作】

目前中国高铁的稳定运行速度为 250～350km/h，在特殊的轨道试运行速度已经达到了 600km/h。乘坐高铁从长春到达北京最快仅需 4h，请大家根据速度与路程的函数关系式，画出当时间为 4h 时，速度与路程的大致函数图像，并分析路程随速度的变化怎样变化（图 5.23）？

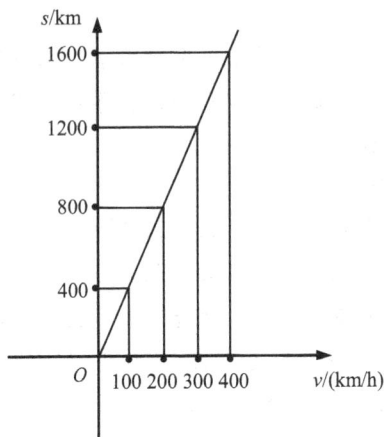

图 5.23　高铁运行 4 小时速度与路程关系图

【答案】

路程随速度的增加而增加。

【设计意图】

通过结合历史故事引出实际生活中的例子，丰富学生的视野，吸引学生快速地融入课堂，加强学生从实际生活中提炼数学问题的能力和意识。

利用多媒体播放的视频内容，既体现了英语、物理及数学三门学科的融合，也从高铁速度提升的角度侧面向学生展示了国家的强大，提升学生的爱国情怀。

思考题结合物理公式，学生可以加强将数学计算应用于其他学科的能力。帮助学生建立合理的数学模型，提升学科素养，引发学生对于旧知识"函数图像的变化趋势"的"唤醒"，为下一步知识迁移做准备。

2. 合作探究，概念形成

【直观感知】因为速度会受到技术、动力、阻力等因素制约，所以只能在一定范围内研究，接下来，扩大一下取值范围，观察图 5.24 所示的两个函数图像，分析 x 在哪个范围内变化时，y 随 x 的增大而增大或减小？

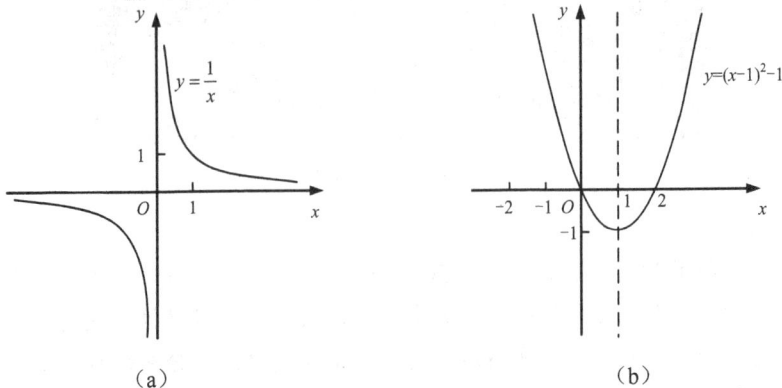

（a）　　　　　　　　　　　　　（b）

图 5.24　两个函数图像

【答案】

图 5.24(a)为反比例函数图像,当 $x \in (-\infty, 0)$ 时,y 随 x 的增大而减小,当 $x \in (0, +\infty)$ 时,y 随 x 的增大而减小;图 5.24(b)为二次函数图像,当 $x \in (-\infty, 1)$ 时,y 随 x 的增大而减小,当 $x \in (1, +\infty)$ 时,y 随 x 的增大而增大。

【设计意图】

顺应学生的认知规律,以学生熟知的一次函数、二次函数、反比例函数为切入点,从图像直观感知入手,对单调性的认识由形到数,让学生体会函数值的增减变化,把对单调性的认识由感性认识上升到理性认识。

完成了通过直观感知图像的变化趋势让学生了解增(减)函数的教学目标,提升了学生的学科素养,学生的直观想象能力得到提高。

【小组讨论】经过观察图像直观感知可以分析出 y 随 x 的变化趋势,以高铁速度与时间的函数关系为例,如何用符号化的数学语言来准确表述函数的单调性呢?

【设计意图】

此环节的设计目的在于通过探究符号化表述的"五步曲",用自然语言的转化给予衔接,渗透转化与化归的数学思想,帮助学生突破"从图像升降的直观认识过渡到函数增减的数学符号语言表述"的教学难点,完成"借助图像和自然语言、数学符号语言,形成增(减)函数的定义"的教学重点。

完成数学思考目标,即让学生亲身经历函数单调性从直观感受、定性描述到定量刻画的自然跨越。体会数形结合、类比等思想方法。

让学生由特殊到一般、由具体到抽象归纳出单调性的定义。帮助学生进行数学抽象的转化,渗透学科素养。

【梳理总结】通过以上讨论,我们可以得到增函数的定义:一般地,设函数 $f(x)$ 的定义域为 I,区间 $D \subseteq I$,如果 $\forall x_1, x_2 \in D$,当 $x_1 < x_2$ 时,都有 $f(x_1) < f(x_2)$,那么就称函数 $f(x)$ 在区间 D 上单调递增。特别地,当函数 $f(x)$ 在它的定义域上单调递增时,我们就称它是增函数。

【类比总结】请大家类比增函数的定义,给出减函数的定义:一般地,设函数 $f(x)$ 的定义域为 I,区间 $D \subseteq I$,如果 $\forall x_1, x_2 \in D$,当 $x_1 < x_2$ 时,都有 $f(x_1) > f(x_2)$,那么就称函数 $f(x)$ 在区间 D 上单调递减。特别地,当函数 $f(x)$ 在它的定义域上单调递减时,我们就称它是减函数。

【知识补充】通过对于上述增(减)函数定义的分析,引导学生得出单调区间的概念:

如果 $y = f(x)$ 在区间 I 上单调递增(减),那么就说函数 $y = f(x)$ 在这一区间具有严格的单调性,区间 I 叫作 $y = f(x)$ 的单调区间。

3. 学有所用,证法探究

【合作探究】请同学们根据定义,研究函数 $f(x) = kx + b(k \neq 0)$ 的单调性。

【引导分析】根据函数单调性的定义,需要考察当 $x_1 < x_2$ 时,是 $f(x_1) < f(x_2)$,还是 $f(x_1) > f(x_2)$?根据大小关系的基本事实,只需要考察 $f(x_1) - f(x_2)$ 的大小关系。

【答案】略。

【小结】请同学们思考上述问题并总结出判断函数单调性的过程。

【小试牛刀】根据定义证明函数 $y = x + \dfrac{1}{x}$ 在区间 $(1, +\infty)$ 上单调递增。

【答案】略。

【设计意图】

通过合作探究研究一般的一次函数的单调性和证明在给定区间内的函数的单调性，渗透逻辑推理和数学运算的学科素养。完成了"能用定义判断函数单调性"的教学重点，突破了"能用定义证明函数单调性"的教学难点，完成了知识技能目标与解决问题目标。

在得出具体步骤之前对该问题进行引导分析，加强学生对于函数单调性定义的应用意识，学生的思辨和严谨的思维习惯得到培养。探究之后引导学生通过小组合作总结出判断与证明函数单调性的具体步骤，锻炼探究、概括和交流的学习能力。

4. 随学随练，学科融合

1）如图 5.25 所示是定义在闭区间[-4,7]上的函数 $y = f(x)$ 的图像，根据图像说出 $y = f(x)$ 的单调区间，以及在每一个区间上，$f(x)$ 是增函数还是减函数。

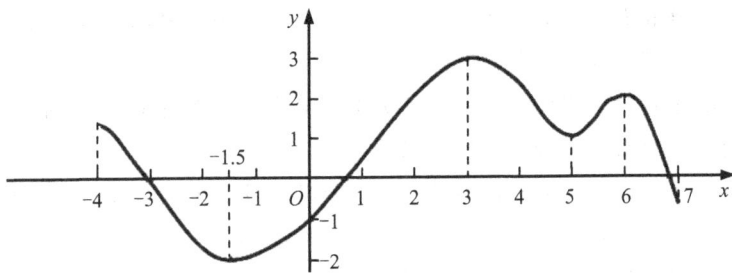

图 5.25　函数 $y = f(x)$ 图像

2）物理学中的波义耳定律 $p = \dfrac{k}{v}$ （k 为常数）告诉我们，对于一定量的气体，当体积 V 减小时，压强 p 将增大，试用函数单调性证明之。

【答案】略。

【设计意图】

通过随学随练的设置进一步加强学生对于判断函数单调性的训练，加深对于判断单调性步骤的记忆与理解。

5. 课堂小结

弗莱登塔尔曾指出："反思是数学思维活动的核心与动力"，所以请同学们与教师一起对本节课的学习内容进行回顾。

1）从生活实际中发现数学问题，直观感知函数图像的变化趋势。

2）利用符号语言表述增函数、减函数的定义。

3）对定义进行补充辨析。

4）通过探究判断函数单调性并总结步骤。

5）通过探究证明给定区间的函数单调性并总结步骤。

【设计意图】

通过让同学们进行课堂总结，加深学生对于知识内容的理解与概括，提升学生对于所学知识的总结能力，突出以学生为主体、自主学习、培养"四基""四能"的新课标要求。

6. 课后作业

【书面作业】教科书第79页练习1～4题，第85页习题3.2第1、2、3、8题。

【课后探究】函数 $f(x)$ 在 $\mathbf{R}$ 上单调递增，那么 $\dfrac{f(x)-f(y)}{x-y}$ 的符号有什么规律？若单调递减，又该如何？

【设计意图】

作业布置分为书面作业和课后探究两部分，既可以加强学生对于本节内容学习的训练，又可以拓展思维，了解等价形式，为进一步发展得到导数法及利用导数研究函数单调性埋下伏笔。

八、板书设计

板书设计如图5.26所示。

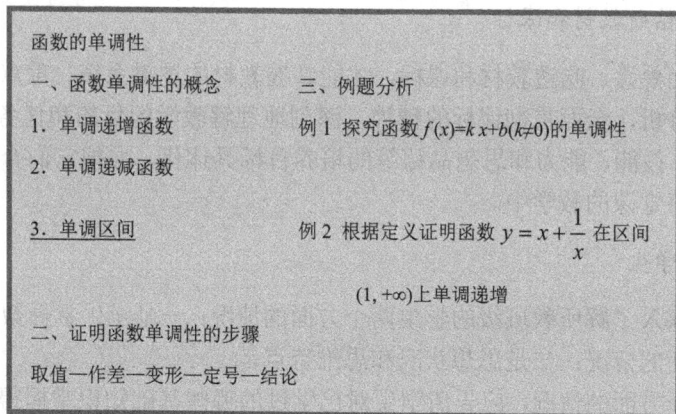

图5.26 板书设计

九、教学反思

教师在进行备课时就考虑到要使学生从形与数两个方面理解函数单调性的概念，初步掌握利用函数图像和定义判断、证明函数单调性的方法，在课堂教学时更应注意到要培养学生从具体到抽象、从特殊到一般、从感性到理性的认知过程和不断探求新知识的能力，因而本节课的教学效果达到了预定的教学目标。只要通过钻研教材、了解学生学情、清楚教学目标、设定切合实际的教学目标，围绕目标精心组织教学，以培养学生的学习能力与学习兴趣为出发点，就一定能做好数学教学。

四、数学教案

（一）编写教案的目的、意义

教案是教师根据教学课标、教学内容和教学对象，为达到预定的教学目标而设计的在课堂教学中组织、指导学生进行有效学习活动的方案。编写教案的过程也是深入理解课标、钻研教材、分析学生而采取合理教学方法和手段的过程，是教师上课的依据。一篇好的数学教案，第一，可以增强数学课堂教学的目的性，避免盲目性。教学目的、重点、难点的确定，教学方法、手段的选取，例题、习题的精心筛选，都为一堂课取得良好的教学效果奠定了基础。第二，可以增强数学课堂教学的条理性，避免随意性。经过慎重考虑的教学过程，使一堂课的教学重点更加突出，难点逐步攻破。何处详讲，何处略讲，何处精练，如何遵循教学原则、规律，怎样教与学才更适应学生年龄特点、不同层次学生实际，在编写教案过程中，教师都应做到有序安排，从而避免了教师上课过程中的随意性。第三，可以积累数学教学资料、总结经验和教训。记录在纸面上的教学内容，可以起备忘录作用，教师可以从中吸取好的教学经验，并克服不足，不断改进教学方法，提高课堂教学效率。

（二）编写教案的基本要求

1. 深入钻研教材和课标

只有全面熟悉、吃透教材和课标，才能掌握教材的逻辑系统、重点和难点，才能对教材做整体分析，全面贯彻课标的精神，深刻地理解教学的目的和任务。也只有这样，才能把知识、技能、能力和思想品德等的培养目标具体化，并把它们合理地分配到全学期各单元及每堂课的教学中。

2. 了解学生

教师应深入了解所教班级的学生两个方面的情况：一是学生掌握数学基础知识和具备的能力方面的情况；二是思想状况和思维特点。

关于第一方面的情况，应弄清学生对已学过的哪些基础知识掌握得比较牢固，哪些知识还不够熟练或者还存在缺漏，其中特别是与新课内容直接相关的知识掌握得如何，学生哪些方面的能力较强，哪些方面的能力较弱，造成知识缺陷和能力不强的原因是什么，等等。通过对这方面情况的了解和分析，要确定课堂教学中的重点、难点和关键，以及突出重点、抓住关键、突破难点的途径和方法。

关于思想状况和思维特点，主要指学生对待数学课的态度和学生的个性特征。应该了解哪些学生懒散，哪些学生勤奋踏实，哪些学生喜欢在课堂上发言，哪些学生不善于表达，哪些学生有傲气，哪些学生对学好数学缺乏信心，哪些学生思维敏捷，哪些学生思维迟钝，等等。

掌握以上情况后，一般可将全班学生按优、中、差归为三类。课堂教学的设计是以大多数中等水平学生的情况为基本出发点，同时又适当注意照顾两头来考虑的。

教师了解学生的途径，可以间接根据经验和一般规律，估计学生可能出现的情况。这就要向有经验的教师学习他们历年教学的实践，摸索并掌握各个年级学生学习数学的规律特点，从而大致估计学生对哪些数学知识的学习会有困难，学生作业中容易出现的错误是哪些类型，等等。也可以直接深入了解学生的个性差异和不同班级的特点。课堂提问、课后辅导、批改作业、分析试卷、个别谈话、开座谈会等都是直接了解学生的方式。教师应充分利用以上方式及时全面地了解与分析学生情况，发现学生的疑难所在，以便在备课中从实际出发设计教学方案，采取相应的教学措施。

3. 确定教学目的和要求

在深入钻研教材和了解学生的基础上，就可以确定各章、各节、各个课题的教学目的和要求了。

教学目的和要求应考虑到下列几个方面：教材的思想性体现在哪一方面？对基础知识和基本技能、技巧的掌握应达到何种程度？应提出何种水平的要求？如何为今后学习有关知识做准备？如何结合教材内容进行思想教育？应着重培养学生的哪些能力？等等。

教学目的要明确、具体，要求要恰如其分。如果提得太宽，过于笼统，针对性不强，显不出本课的特点，这是不好的；如果提得太窄，只注意一些细枝末节，而把重要的忽略了，这样会因小失大，更不恰当。教学目的和要求也不能偏高或偏低，偏高不能兑现，偏低达不到教学大纲所规定的要求。一些定性的措辞，如"了解""理解""透彻理解""初步掌握""会""熟练掌握"等，就是反映要求的高低程度的，要根据实际情况仔细斟酌，适当选用。

4. 选择和组织教学内容

选择和组织教学内容就是根据教学目的和要求，把教材加工成课堂上便于师生双边活动的程序材料。这些内容大致包括复习、检查的材料；引入新课的材料；抽象出概念或发现定理、法则、公式的材料；配备的例题和课堂练习、课外作业内容；等等。选择和组织教学内容时，要特别注意解决好如何突出重点、突破难点、抓住关键等问题。

一章、一节或一个课题的重点是什么，钻研教材时已经明确。现在的任务是要考虑如何突出这个重点，使学生更好地理解和掌握。

要突破教学中的难点，必须让学生有一个"从感性到理性，从量变到质变"的认识过程。要分散难点，各个击破。还要注意充分利用与已知的知识类比，或在既有知识的基础上充分酝酿，逐步渡过难关。这样，就能使学生对于新知识、新问题不觉其难，难点就会较容易突破。例如，在几何教学中，一开始的推理证明是一个难点：学生初次接触到推理证明，不明白证明的意义，不知道证明的方法。对待这一难点，最好是分散难点，采用较长时期有计划的训练和逐步突破的办法。首先，通过例题示范，让学生初步认识证明的意义，初步了解证明的方法，通过要求在括号中填写每步的理由，初步明确证明的格式。接着，让学生模仿例题，试着写出证明格式。经过一段时间的准备，从三角形全等的判定开始，由简到繁、由易到难地逐步训练学生，使他们自己能写出全部证明。在教学中，由只要求学生能找出判定条件，证明两个三角形全等，到要求在证明两个三角形全等的基础上，再证明另一对三角形全等。所选的题目由不必作辅助线直接应用定理的，逐步过渡到需要作辅助线创造条件应用定理的，由题目中已经写明已知什么、求证什么的，过渡到要求学生写出已知什么、求证什么的。同时，要特别注意训练学生会根据题意自己画出图形，标明字母，写出已知、求证。经验证明，采取上面这样逐步过渡的方法进行训练，对于引导学生突破推理论证这一难点，是行之有效的。

5. 选择教学方法

在选择和组织教学内容时，实际上同时考虑了教学方法。一般来说，任何一堂课都不会采用某种单一的教学方法，往往是多种教学方法的结合使用。如前所述，各种教学方法都有其自身特点，有它们各自的长处和短处。考虑一堂课或一个单元的教学方法时，要根据材料的具体内容、教学目的、学生的年龄特征、知识基础和能力水平、教师本身的素养等因素来决定。考虑教学方法时，应该提倡新的教学方法的实验。只有勇于实践，大胆创新，反复比较、鉴别，才能探索出更符合现代教学目的的有效教学方法。

6. 制订切实可行的教学计划

要保证教学质量，就要从全局出发，认真备课，制订切实可行的教学计划，在此基础上写出每堂课的教案。

1）学期教学计划。数学教学大纲里对于每学年的教学内容和教学进度都有明确规定，教学要求和课时安排也有说明。但是由于学生的实际情况存在地区和班级之间的差别，加之教材也经常有所变化，因而如何结合实际情况实现大纲中的规定和要求，还需要教师认真地调查研究和细致地设计安排，制订出切合实际的学期教学计划。学期教学计划包括两部分，即教学进度表及说明。

各地的教学进度表格式不完全一致，表 5.1 是其中一种格式。

表 5.1　教学进度表

周次	日期	教学内容	执行情况

填写教学进度表时，在"教学内容"这个项目下，应根据教学大纲中所指定的内容列出课题，指明各个课题属于教科书的哪章、哪节及所在的页码。初当教师的人最好按课时顺序一堂一堂地在表上编写授课的题材，这样做可以使自己对将来要进行的教学工作胸有成竹。在以后检查时，就容易发现自己的计划是否准确，执行是否恰当。这样的教学计划就能起到督促与指导作用。

在"教学内容"项目下，还要注意在适当的时候列入课堂练习和书面检查。课堂练习和书面检查的次数要恰当。如果次数过多，占用的教学时间就会多，会使在教学大纲规定的时数内无法完成教学任务；如果次数过少，对学生各种能力的培养与成绩的考查就做不到应有的深度，影响教学质量。这一栏还应当考虑复习工作，列入专门的复习课。

填好"教学内容"这一栏，需要对各个项目的教学时数做出恰当的估计。这种估计必须根据课标的规定和学生的实际情况予以适当的、灵活的分配，并保证课标规定的整个学年进度不受影响。

"执行情况"这一栏是课后记录工作执行情况的。各个项目是否按计划完成了？如果未能完成，原因有哪些？都应一一记录下来，以便总结经验、教训，在以后授课中予以补救、提高。

在教学计划的说明部分中，应当指出上述教学进度表中哪些地方与教学大纲稍有出入？为什么？计划具有哪些特点？为什么？此外，还可列举在某些工作中需要应用哪些辅助工具，进行哪些实践性工作。对第二课堂的工作最好也在这部分做出规划。

教学计划的制订，通常由同年级的教师在钻研课标和通读教材的基础上，先个人草拟，再集体讨论修订，求大同，存小异，最后由教研组长审查，报教导处批准。在实际执行中，如果要做较大变更，应该经过仔细考虑和讨论，再通过审批手续。教学计划执行情况要有详细、完整的记录，既可作为期末总结工作的重要依据，也是今后工作的参考。

2）单元教学计划。这种计划是在学期教学计划的基础上，将各个单元的教学安排进一步具体化。每一个单元的教学开始前，先由教师根据学期总计划和本班学生的实际学习情况，拟出该单元的具体教学安排，然后通过同年级备课组的集体讨论做到大致统一。

单元教学计划的内容一般包括单元教学目的，单元教学课时划分，每一课的教学内容、教学目的和要求、课的类型、例题和习题的配备及单元考查等。为了鼓励教师开展教学改革，在完成学期总计划教学任务的前提下，允许在单元教学计划中有不同的处理方案。如采用单元教学法，这种单元教学计划与各课时教案实际上已合为一体。因此，需将计划编写得更为详细。

（三）教案内容及编写教案应注意的问题

1. 教案内容

教案是课堂教学的设计图，它应该力求反映出课堂教学全过程的概貌。由于每堂课的具体任务不同，课型不一，教学方法各式各样，教学过程千差万别，因此没有一个统一的编写教案的模式。但是，一篇完整的教案应该包括课题、教学目的、教学重点和难点、教学过程、教学后记等内容。其中，教学过程是核心的内容。

一般来说，教案必须包括下列两项基本内容：一是说明这堂课的目的、要求；二是拟订教学过程中各个步骤的教学计划。由于不同教师的经验有多有少，驾驭课堂教学的能力有强有弱，因此，教案有详简之分。以新课为例，详细的教案应当写明如何检查家庭作业，复习哪些具体内容，提问哪几个学生；新课题的任务如何提出，如何逐步启发诱导，一步一步地完成新知识的学习任务，巩固阶段的内容安排，课堂练习的内容布置，课堂小结的进行方法，布置家庭作业的内容和必要的提示与解释，等等。此外，教学中需要使用哪些教具，板书如何计划，各个环节需要多少时间，也可以在教案中说明。至于简略的教案，则相当于详细教案的提纲。它虽然简短扼要，但也必须包含教师和学生进行活动的基本步骤，并简要说明教学内容和教学方法。

教案的最后还可以附教学后记，以便上课后记载这堂课的教学经验和问题。一般来说，新教师宜写出详细的教案。这样，一方面可以促使自己备课更加仔细，另一方面也有利于逐步积累教学经验。那些写得详细，又认真做了教学后记的教案，将来再教同一内容时，将是宝贵的参考，备课也可以事半功倍。此外，观摩教学与示范教学的教案，一般应写得比较详细，以便大家学习和讨论。当然，对于教学经验丰富的教师，教案可以写得简单一些，因为他们在课堂上能够灵活而富于创造性地掌握好各个教学环节，圆满地完成教学任务。

在编写一堂课的教案的同时，连带考虑好后面几堂课的教学细节，不仅有助于更好地利用时间，而且可以对一个阶段的教学工作做到通盘筹划、有机结合，从而提高教学工作整体的计划性，保证教学质量。

缺乏教学经验的教师，在教案编写完毕之后，应当在上课前按照教案进行试讲，必要时可以请有经验的教师给予指导。

2. 编写教案应注意的问题

1）广泛参阅资料，但不照抄照搬。目前，有关参考教案、现成案例的文章、书籍比较多见。这为广大数学教师从事教学提供了很好的参阅资料。但是，有的教师捧着现成的教案，视为经典，照本宣科，结果一篇优秀教案在实施中却未收到理想的教学效果。这里教师的错误是忽视了教学对象，在编写教案时没有把自己的教学对象真正考虑进去。正确的做法是教师要广泛借鉴既成教案适合教师自身和所教学生实际情况的东西，并加以发挥，融入自己的教案，使其为我所用，才能收到较好的教学效果。

2）教案应切实可用。教案不是摆设，写教案也不是走形式。一篇教案是教师备课的体现，无论是新教师还是老教师，都必须先备课写教案，后上课。教案形式不限，按照教材内容的特点和班级学生的实际，力求完备简约，以实用为准，教学上需要的就写，不需要的就不写，可详可略。

3）教学后记栏不能少。一堂课结束后，教师应对实施教案的情况进行反思，把实践的体会（成功的或失败的）及时写在教案后记栏内，作为以后完善教案、改进教学、总结经验和探索规律的参考。因此，教学后记栏不能少。

4）教案应体现数学课的任务和反映数学课应具有的基本要求。

① 体现数学课的任务。编写教案要体现数学课的任务。中学数学课的任务是由中学数学教学的总目的和教学过程的客观规律确定的。数学教学的主要目的之一就是使学生掌握必要的数学基础知识，所以数学课的第一项任务就是学习数学新知识（主要是指新的数学概念、数学命题、数学思想和数学方法）。数学课的第二项任务就是组织和引导学生对已学知识的复习巩固。数学课的第三项任务是培养和形成学生的技能技巧，培养和发展学生的能力，特别是数学能力。除此之外，数学课还负有对学生进行数学知识、技能和技巧的检查和指导学生课后复习等任务。

② 反映数学课应具有的基本要求。教案编写要反映数学课的基本要求。数学课的任务是一堂课连着一堂课综合完成的，每一堂课都是教学总体中相对独立的一环，都应该体现出目的、内容、手段、方法、组织等基本因素之间的相互关系。数学课应具有的基本要求，实质上就是对上述基本因素的要求：第一，每堂数学课要有一个主要的教

学目的。第二，每堂数学课要在完成智能教育任务的同时，完成一定的思想教育任务。第三，每堂数学课的教学材料的选择要有依据。一般来说，选择一堂课的教学材料时，至少要满足如下要求：材料的内容符合这一堂课的基本教学目的，材料的分量恰到好处——保证能完成这堂课的教学目的，而时间上又十分紧凑，材料的安排符合学生的认识规律（从具体到抽象再到具体，理论和实践相结合）。第四，每一堂课的教学方法要应用恰当，确保学生积极、主动地学习。第五，每一堂课的教学过程要组织得周密。此外，教师写教案时，还要自如地掌握一堂课的教材和整个教学科目的内容，要熟悉和恰当选择各种教学方法与手段，要掌握所教班级学生的特点，估计学生可能会遇到的困难及克服这些困难的办法；要周密地考虑教学过程中各个环节的时间分配、教与学工作量的分配，以及板书计划、教学辅助手段的合理运用等。

5）应明确数学课的类型和结构。学生学习任何一种新知识都必须经过领会—建立—巩固—发展的认识过程。要使学生真正做到主动地学习，课堂教学的结构就应该与学生的这种认识过程同步。依据每堂课的主要教学目的和任务，可以将数学课分为以下几种结构不同的主要类型：新知课、练习课、复习课、讲评课、考查课、导言课、测量实习课等。编写每堂课的教案时要明确这堂数学课的类型和结构。

经常使用的四种主要课型的结构和特征如下。

① 传授新知识课（简称新知课）。新知课的主要任务是学习新的数学基础知识。它的特征是以学生获取新知识、新技能为主，使学生积极活动，主动进取。因此，这类课的结构是由复习已有知识，讲解、认知新知识，巩固新知识和布置作业等环节组成。

认知新知识是新知课的基本组成部分。认知新知识包括领会、建立两个阶段。因为学生是学习的主体，所以学生获取知识必须通过他们自己的一系列心理活动来完成。课堂上教师的作用主要在于给学生设计好符合他们学习心理过程的学习程序。

领会阶段指的是在教师的适当讲解和启发下尽可能做到让学生经历对新课主要内容的探索过程，即对概念产生的具体背景，概念的形成，概念定义的合理性，定理的条件、结论、证明途径及解题的思路等，进行有目的、有计划的探索、概括，达到领会知识的目的。

建立阶段指的是要让学生对本节课要学习的主要新知识有一个清晰、鲜明的认识，即认识概念的本质属性，掌握它的确切定义，弄清定理的条件、结论及证明方法，总结出解题规律等。这里要注意的是，凡是学生自己经过努力能做到的事，最好让他们自己完成。教师的工作主要是启发、疏导和必要的讲解，而不是包办代替和注入。

巩固新学的知识也是新知课的必要组成部分。当学生认知新知识以后，应当要求初步巩固这些知识，这就要求按所学内容的不同，采用不同的教学形式进行巩固：可根据定义判断概念，或应用概念的定义解决有关计算、作图、证明等问题；可进一步理解、分辨定理的条件和结论，回忆定理的证明思路，初步应用定理解决有关的问题；可整理和应用新课中所确立的算法等。巩固，既能培养应用新知识的初步技能、技巧，又能及时检查学生对新知识掌握的情况，便于及时发现知识的缺陷，有利于新知识的深入理解。因此，在一般情况下，新知课还应该有一个复习、检查已有知识的组成部分。由于数学是一门完整的演绎体系学科，学习新知识，必然要以一些已有知识为基础，这种复习检查可以通过多种方式灵活进行：可以在新课前复习提问、板演，可以在新课进行中随时提问，还可以检查学生的作业等。

最后，布置家庭作业也是新知课的必要组成部分。

根据学生的年龄特征和教学任务的轻重，在中学的不同年级的新课中，上述几个必要的组成部分在时间的分配和进行方式上都有所不同。一般来说，低年级每一堂新课学习的新知识比高年级要少，因而认知这一环节所占的时间也要少，相应地，复习和巩固练习的时间却要多些。在低年级，复习阶段通常包括检查学生的课外作业，复习的内容多用提问或笔练的方式；在高年级，课外作业的检查不一定放在课堂上进行，除非那些特地为新课做准备的作业，才有必要在课堂上加以询问，以便引出新课或为新课的顺利进行铺平道路。复习的方式除了提问或笔练，还可以由教师自问自答或简要复述。在巩固阶段，低年级通常要安排课堂练习，高年级往往以师生一起研究范例，或启发学生一起归纳、概括、小结及应用所学知识等形式进行。

值得注意的是，新课必须以认知新知识这一环节为主，复习和巩固都是围绕掌握新知识这一中心而进行的，不能搞得过多、喧宾夺主，也不能简单重复和让学生死记硬背，应着重于基础知识的理解、方法的运用及对学生辨析能力、概括能力的培养。

② 练习课。练习课的目的是巩固所学的知识，培养技能、技巧，主要任务是解答数学习题。它的特征是教师对练习作专门的、有针对性的指导。它的结构一般是复习、练习、小结、布置家庭作业。

课堂练习应该培养学生看书的习惯和良好的解题作风，使学生养成"在掌握基础知识的前提下，进行有目的的练习"和"重视基本理论在解题中的指导作用"等良好习惯。所以，在做练习之前，教师首先要引导学生回忆前几节课所学的基础知识，使学生明确做练习时所需的知识范围。

在进入练习时，题目应逐道安排和布置，可以先由师生共同讨论解出一题，并由教师板书示范，做出明确要求，然后由学生进行有计划、有目的的练习；也可以首先略做解题分析，启发学生思维，接着就由学生自己独立去做。学生独立解题时，每题可指定一个学生板演，然后其他学生对照，共同改正。这样，通过板演可使全班学生都看到解题过程，不仅锻炼了板演的学生，而且促使全班学生认真去检查分析自己的解题过程。教师要特别注意对成绩较差学生的个别启示和辅导。

练习完毕后，教师要做出适当小结，既可以分析学生练习中存在的问题，也可以总结解题规律，并归纳出一些常用的解题方法。

最后，还要布置作业。练习课的作业一般是课堂练习的延续深化或补充提高。还要指出，练习课的适用范围不只限于解答习题，也可用于对教材中某些新内容的学习。例如，在新课中学习了两角和与差的正弦和余弦之后，就可采用练习课的课型进而学习两角和与差的正切和余切。

③ 复习课。复习课的目的是巩固和加深学过的知识，使之系统化。复习课有阶段复习、期末复习和新学年开始的复习三种形式。阶段复习课的任务是对某一章或某一单元的教材作总结性的复习。其结构一般是提出复习提纲、重点讲述或讨论、总结、布置作业。

复习提纲是教师事先准备好的。在低年级，教师在上课一开始就可以向全班学生提出，然后引导学生边回忆边看提纲；在高年级，为了使学生在复习中获得系统知识和分析综合、抽象概括的能力，课前可指定范围让他们去独立钻研。课堂上，教师用一串精心设计好的提问，要求学生依次回答，在答问中把这一部分教材所包括的主要知识及各个项目之间的逻辑联系揭示出来，然后教师根据学生的回答系统地做出总结。

重点讲述或讨论的内容应在课前进行深入细致的调查研究来确定。教师通过复习提问、批改作业、课外辅导等工作，了解学生已经牢固地掌握了哪些知识、已经解决了哪些疑难问题、还有哪些地方不懂或者懂得不透、哪些方法还不熟练及哪些知识需要补充等，然后归纳出几个主要的、基本的问题，在复习课上重点讲述或组织讨论，以便补缺堵漏，解决疑难，加深对基础知识的理解和数学方法的掌握。

教师的总结应该以更全面的、概括的方法揭示各基础知识之间的内在联系，并指出在理解和运用这些知识方面应注意的问题，以及在理解的基础上记忆有关知识的方式方法等。

复习课的作业比一般新课的作业应该更带有综合性，学期复习课一般要连续进行若干课时。通常的结构是先着重系统复习教材内容，牢固掌握基础知识；然后重点放在知识的综合运用上，通过系统练习，着重培养学生分析问题、解决问题的能力。

对于高年级，还有一种非常有用的复习课——专题讲座，这种复习既可以使知识系统化，又可以使知识深化。例如，关于函数的概念、方程的理论和解法、三角式的恒等变形、几何证题法等，就可以分专题进行讲座式的复习。

新学年开始，有时也需要安排复习课，目的在于帮助学生解决一些在过去学习中所存在的问题，并为新学年的学习做好准备，使他们对今后的学习树立信心。复习课一般是在教师的主导下，以指导学生解题的方式带动对已学重点内容的复习。

④ 讲评课。讲评课的任务是对某一阶段的课外作业情况进行总结，或者是对某次考试的结果进行分析。它的目的在于介绍作业或考试中出现的最佳解法及纠正带普遍性的缺点和错误。发挥优秀生作业的榜样作用，总结经验教训，鼓励先进，启发后进，以利于今后进一步学习。

学生在作业中出现的典型错误和好的解法，有些虽然是属于个别人的，但从教育性的角度来看，都带有一定的普遍指导意义。如果教师能够对这些内容进行理论上的分析，找出产生的原因，给予具体指导，将会激发学生学好数学的兴趣和信心，尤其对后进生更有帮助。因此，在适当时候进行一次作业讲评课很有必要。考试完毕后，教师通过评卷，既可以发现学生存在的一些主要问题，也可以发现个别学生的突出优点，有利于及时树立榜样，纠正错误，弥补知识上的缺陷，为下一阶段的学习奠定基础。

讲评课的结构大致如下：首先，说明完成作业的数量和质量概况或者考试的评分结果，并就作业或试卷中出现的错误进行归类，将各类典型错误和正确答案公布给学生，让学生分辨；其次，分析错误产生的原因，寻找改正的方法，同时介绍学生作业或试卷中的最优解法；最后，总结经验教训，必要时，还可适当布置一些补充作业。

需要指出的是，以上介绍了几种主要课型的结构，并不意味着教这些类型的课时只能按所述的程序进行。事实上，在教学实践中，由于教师所教班级的具体情况存在差异，教师所采用的教学方法的多样性，因而每种课型的结构大体上有一定要求，但都可以有多种不同的组织形式和教学活动程序。只有根据具体情况，灵活应用，才能收到良好的教学效果。

（四）编写教案的基本方法

1. 教学目标的确定

在中学数学课程标准和中学数学教师教学用书中，对数学课程的教学目标、各章的教学要求都提出了较明确的要求，教师在备课时必须认真阅读和钻研，这是确定每一堂课的教学目标的基础。因为，总的教学目标要到每一堂数学课中去落实。只有通盘掌握数学课的教学目标，各章、单元的教学目标，才能对总的教学目标做恰当的分解，合理地落实到每一堂课中。目前，中学数学教学中普遍从知识技能、数学素养、情感态度三个方面确定教学目标。

例如，"勾股定理"一课的教学目标可确定如下。

1）掌握勾股定理的内容及其证明，并能初步应用；初步学会面积法和比较法。

2）体会由特殊到一般、由具体到抽象的认识规律；提高逻辑思维和发现、分析及解决问题的能力。

3）了解一些数学史方面的内容，提升爱国主义情怀。

2. 重点、难点的确定

确定好教学重点，就是抓住了教学的主旨；确定好教学难点，才能突破难点，进而更好地掌握重点，达到对知识的全面理解掌握。确定教材的重点，可通过对教学大纲、教材的编排意图、单元教学要求和课后作业训练内容的仔细分析得出。确定教材的难点，一方面可从教材本身分析，确定难以理解的部分；另一方面，可从教学对象学生入手，因学生年龄偏低、知识水平及生活经验的不足，对一些比较抽象的、离生活实际较远的、过程复杂的知识，仍难于理解，这部分也是教学的难点。突破难点，一般可采用分散难点、联系实际、抓住特征不断强化等方法来解决。

3. 教学内容的设置

一堂课要教多少内容，这是教师编写教案时首先必须考虑的，应根据教材要求、课时计划和学生的接受能力恰当地分配教学时数，使重点突出、难点分散，既要完成教学任务，又要取得最佳的教学效果。

4. 教学过程的安排

课堂教学的安排要讲究逻辑性，教学过程要适合学生的年龄特点和认识规律；从导入新课到揭示课题、进行新课、课堂练习、小结等各个教学环节都要力争做到前后衔接自然；授课时长，要做到合理分配，张弛有度，保持学生的学习兴趣；何处提出有分寸的设问，"学优生"和"学差生"会有什么反应，教师应如何处理，编写教案时都应周密地考虑到；从思考题、问题探讨、作业题的安排到讲授知识、培养能力、发展智力的方法，以及教具、学具的利用，板书设计、教学效果的检查等都应通盘合理布置，以实现课堂结构的最优化。

（五）教案模板

表 5.2 和表 5.3 为两种教案模板。

表5.2 教案模板1

课题	（所授课题名称）		课型	（所授课堂的类型）
教材分析	（说明本堂课在教材中的特点及作用，以及在教材知识体系中的位置，包括学习任务和学习方式的分析）			
学习者分析	（浅析学生的知识能力状况、学生学习心理与认知水平，以及基础知识与技能的掌握程度、学习起点的能力与学习特点等）			
教学目标	（体现知识、能力、情感三维目标，注重培养学生的创新精神与实践能力）			
教学重点				
教学难点				
教学设计思想	（主要解决"如何教、如何学"，简述采用何种教学模式、教学方法等教学策略）			
媒体设计思路	（教具准备、教学媒体的选用等）			

	教学活动过程			
教学流程	教师活动	学生活动	教学媒体（资源）和教学方式	备注
	（与教学步骤相对应的教师活动）	（与教师活动相对应的学生活动）	（与教学活动相对应，较为详细地说明在教学活动中使用的教学媒体、教学资源和所使用的教学方式）	

板书设计	
作业（测验）设计	
教学评价（反思）	（包括备课及课后反思、学生课后反馈、评价教学目标是否实现、教学策略是否合理、教学效果如何等）
补充说明	（如果还有需要进一步说明的内容，写在此处）

表5.3 教案模板2

周次		时间	年　月　日　第　　节		
章节名称					
授课性质	理论课（　　　）、实践课（　　　）、实习（　　　）			教学时数	
教学目的					
教学重点、难点					
教学要求					
教学方法					
教学内容					

续表

讨论练习作业	
参考资料	
备注	

（六）教案案例

教案案例如表 5.4 所示。

表 5.4　教案案例

时间：　　　　　姓名：　　　　　学科：				
课题章节	第一章第八节　完全平方公式（义务教育教科书七年级下册，北京师范大学出版社）			
教学目标	通过推导完全平方公式，掌握公式结构；正确运用完全平方公式进行计算			
	探究完全平方公式；体会数形结合的思想			
	通过分析得出结论；感受成功的喜悦；激发学习兴趣			
教学重点、难点	重点：弄清完全平方公式的推导及其结构特点			
	难点：正确运用完全平方公式进行运算			
课型	新知课	教法	启发式	教学手段	黑板、多媒体教学

教学过程	设计意图
一、复习回顾 　　复习上一堂课"两数和乘以这两数的差"内容：上一堂课里，我们学习了乘法公式的第一种类型，$(a+b)(a-b)$ 等于什么？（答案：a^2-b^2） 　　不错，看来大家有回家复习！那么，我们趁热打铁，一起来探究乘法公式的第二种类型——完全平方公式。	温故知新
二、创设情境 　　现在，我们观察图 1，一块边长为 am 的正方形试验田，因需要将边长增加 bm（边读题边操作计算机，显示图形），这样就形成四块试验田，以种植不同的新品种。 　　方法一：直接求，总面积 $=(a+b)^2$。 　　方法二：间接求，总面积 $=$ ？ 　　形成的四块试验田是由哪几个部分组成的呢？边长为 a 的正方形，边长为 b 的正方形，以及两个长为 a、宽为 b 的长方形。 　　那么，我们不难得出，间接求总面积$=a^2+ab+ab+b^2$。 　　根据面积相同，填出等式： $$(a+b)^2=a^2+2ab+b^2$$ 　　　　　　　　　　　　　　　　　　　　　　　图 1 三、讲授新课 1. 两数和的平方公式 　　我们把等式 $(a+b)^2=a^2+2ab+b^2$ 叫作两数和的平方公式。运用多项式的乘法对两数和的平方公式进行验证。	运用直观图形，推出完全平方公式

教学过程	设计意图
2．两数差的平方公式 利用多项式的乘法计算出 $(a-b)^2 = a^2 - 2ab + b^2$。 提示同学们还可以运用换元的思想把 $(a-b)^2$ 转化为 $[a+(-b)]^2$，最后得出 $(a-b)^2 = a^2 - 2ab + b^2$，这个等式即为两数差的平方公式。 　3．完全平方公式 　　　完全平方公式 $\begin{cases} \text{两数和的平方公式} (a+b)^2 = a^2 + 2ab + b^2 \\ \text{两数差的平方公式} (a-b)^2 = a^2 - 2ab + b^2 \end{cases}$ 【结构特征】：左边是二项式（两数和的平方）；右边是二次三项式（两数的平方和加上或减去它们乘积的 2 倍）。 【叙述】：两数和（或差）的平方等于它们的平方和加上（或减去）它们的乘积的 2 倍。 【顺口溜】：首平方，尾平方，首尾两倍放中央，中间是加就加，是减就减。 从形式上理解公式： 例：利用完全平方公式计算： ① $(4a+b)^2$；② $\left(y-\dfrac{1}{2}\right)^2$。 四、练习 1）下列计算是否正确？如不正确应如何改正？ ① $(a+b)^2 = a^2 + b^2$。 ② $(a-b)^2 = a^2 - b^2 - 2ab$。 ③ $(a+2b)^2 = a^2 + 2ab + b^2$。 2）填空。 ① $a^2 + b^2 + \underline{\qquad} = (a+b)^2$。 ② $a^2 + 4b^2 + \underline{\qquad} = (a-2b)^2$。 ③ $9m^2 + 4n^2 - \underline{\qquad} = (3m+2n)^2$。 ④ $4x^2 - 4xy + \underline{\qquad} = (2x-2y)^2$。 五、小结 1）进行学习反馈活动：我的收获我来说。 2）教师总结： ① 完全平方公式 $\begin{cases} \text{两数和的平方公式} (a+b)^2 = a^2 + 2ab + b^2 \\ \text{两数差的平方公式} (a-b)^2 = a^2 - 2ab + b^2 \end{cases}$ ② 完全平方公式的结构特征。 ③ 完全平方公式的叙述。 ④ 顺口溜。 六、作业 要给以边为 a 的正方形的桌子铺桌布，桌布四周均超出桌面 0.1m，问：需要多大面积的桌布？	不限定思维，从多种角度解决同一问题 顺口溜的目的在于可以速记,加深学生对公式中字母含义的理解,明确字母意义的广泛性 巩固练习,加强概念理解 训练学生的归纳总结能力
课后记	这堂课自我感觉良好，学生基本上能套用完全平方公式进行运算，部分学生用已学过的乘法法则计算，短时间内不能理解公式里每个字母表示数的意义，即不会用新知识去解决问题。所以，对数学公式的学习需要学生认真体会，加强练习

互动交流

【交流研讨】

请你谈一谈中学数学教学设计的意义。

【实践训练】

选择一课时的中学数学内容，运用你在本节课所学的内容，完成教学设计。

评价反思

1. 通过本节课的学习及交流研讨内容，谈谈你在进行教学设计时的体会或感悟。
2. 通过本节课的学习，谈谈你对中学数学教学设计的认识。

拓展提高

IDNT 模型

Brantley-Dias 等在诸多研究的基础上开发了一个"新手教师的导引性设计"的模型（introducing design to novice teachers，IDNT），以帮助新手教师生成具有反思倾向、意识与能力的专家设计模型（图 5.27）。

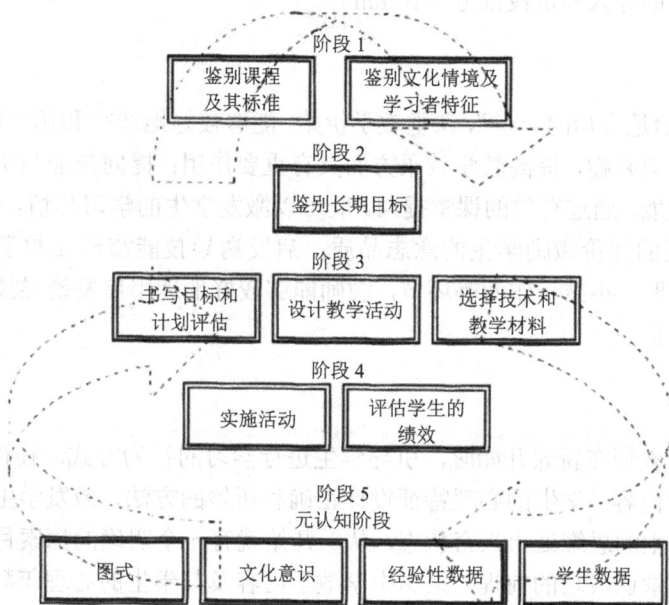

图 5.27 "新手教师的导引性设计"模型

IDNT 模型包含如下两个部分之间的整合，一是课堂/活动的设计导引（该模型中的阶段 1、2、3、4），另一是促进反思和信念识别的元认知过程（阶段 5）。第一部分包含四个阶段，即，分析阶段、目标阐明阶段、设计阶段和实施阶段。第二部分则是元认知阶段或反思阶段，它是指对教学的一种回顾、审思、辨析与重新决策的思维过程。在 IDNT 模型中，反思的发生既可渗透在第一部分的四个阶段，也可出现在一段教学的初步完结之后，其目的在于为新一轮的问题识别与决策生成，提供信息来源与理性根据。

由此，IDNT 模型的更重要的意义在于，"为新手教师提供一个对设计与反思的真实模拟，并向其展示课程设计和传递的复杂性和不确定性"。这也反映了该模型的提出者 Brantley-Dias 等的初衷，"通过与新手教师探讨如何设计、评价和修改教学，可以向其展示设计的递归本质，以及作为专家知识特征的弹性设计模式"。

（资料来源：吕林海. 新手教师的教学设计能力的发展：理念与模型[J]. 现代教育技术，2010（1）：39-42.）

第六节　导入、提问与启发诱导技能

学习目标

1. 了解数学课堂教学导入技能、提问技能、启发诱导技能的分类。
2. 掌握导入技能、提问技能、启发诱导技能的运用方法，并能灵活运用。

学习任务

结合中学数学教学内容（一课时），运用导入技能、提问技能、启发诱导技能，完成数学课堂教学的导入和讲授部分（10min）。

知识探究

"良好的开始是成功的一半"，课堂教学伊始，能够较好地选择和运用课堂导入技能，在激发学生的学习兴趣，提高教学效果方面具有重要作用；提问技能是贯穿数学课堂教学始终的运用技能，通过有效的课堂提问，既可以激发学生的学习热情，引领学生思维，还可以通过积极的评价激励学生的意志品质；启发诱导技能渗透在数学课堂教学的导入、讲授、例习题、小结、作业等环节，教师能够较好地运用启发诱导技能完成课堂教学，可以事半功倍。

一、导入技能

导入新课是教师在新课开始时，引导学生进行学习的行为方式。在讲授新课之前，教师应根据教学内容、学生的心理特征设计正确和巧妙的方法，激发学生的学习兴趣和求知欲望，使学生的思维处于兴奋状态，从一开始就有一个明确的探索目标和正确的思维方向，这是一堂课成功的前提。根据中学数学内容及其学生的心理年龄特点，导入新课一般有以下几种类型。

（一）从旧知识导入新课

这种导入法以旧知识为基础发展深化，从而引出新的教学内容，达到温故而知新的目的。具体做法有复习提问、测试总结、复习测试相结合等。使用这种方法要注意：第一，复习提问或测试的习题要与新知识有紧密的联系，使复习、提问或测试自然过渡到新知识的提出与讲授；第二，教师要提示或明确告诉学生什么是新旧知识的联系，以引起学生思考，从而明确新旧知识之间的关系，进入新的学习阶段。

例 5.8　三角形的内角和（引入新课教学设计）。

1. 诊断性测试

1）平角的定义是＿＿＿＿＿＿＿＿＿＿。

2）两条平行直线被第三条直线所截，则同位角＿＿＿＿＿＿，内错角＿＿＿＿＿＿，同旁内角＿＿＿＿＿＿。

3）两条直线被第三条直线所截，如果同位角相等（或内错角相等，或同旁内角互补），则这两条直线_____。

2. 实施目标

教师：前面我们学习三角形三边的关系，即三角形任意两边的和大于第三边。基于此，我们自然会思考：三角形的三个内角有什么关系呢？例如，三角形的任意两个内角的和是否大于第三个内角呢？教师在黑板上先画出直角三角形、锐角三角形和钝角三角形各一个，然后要求每个学生在自己的练习本上画出三个与之类似的三角形，再要求学生用量角器量出自己画出的各个三角形的三个内角，计算一下是否满足上面的猜想。

学生：不满足。

教师：那么，三角形的三个内角有什么关系呢？（提示：请学生根据量得的结果总结各种类型三角形三个内角有何共同性质。）

学生：三角形的内角和都等于 $180°$。

教师要求未发现这一结论的同学验证一下，结论一致后，教师出示课题：三角形的内角和。

本课的引入自然生动，测试题的内容是新课定理证明要用到的基础知识。由已学过的三角形三条边的关系，联想三角形三个角的关系，并提出问题，体现了教学从问题开始，不断提出问题、解决问题的特点。

（二）由直观演示导入新课

这种导入法是在讲授新课之前先让学生观察实物、模型、图表、幻灯片、投影等，引起学生的学习兴趣。再从观察中提出问题，使学生从解决问题入手，自然而然地过渡到新课的学习。采用这种方法时教师应注意：第一，展示的实物、模型、图表、幻灯片、投影等的内容与新课内容有密切关系；第二，在观察时教师要及时恰如其分地提出问题，为学习新知识做准备。

例5.9 一元一次方程应用题——浓度问题（引入新课教学设计）。

1）在玻璃杯中放入一些水，并准备一瓶红墨水，先做示意性试验，让学生观察其变化。

① 把少许红墨水放入盛水的玻璃杯中，搅拌均匀，溶液呈粉红色，称它为红颜色水。

② 再放一定量的红墨水于红颜色水中，搅拌均匀，此时红颜色水变深。

③ 再在较深的红颜色水中加入一定量的水，搅拌均匀，颜色又变浅。

2）教师与学生共同总结：

① 红颜色水颜色深与淡的变化取决于里面的水和红墨水的多少。

② 将上述结论用准确的概念和语言表达出来，即：水——溶剂，红墨水——溶质，红颜色水——溶液，而溶液的质量=溶剂的质量+溶质的质量。溶质的质量÷溶液的质量×100%=溶液的浓度。

上面是一个由直观演示导入新课的例子，学生观察演示过程，思考教师提出的问题，充分发挥其主观能动性，有利于深刻理解"浓度"这个概念，激发其进一步学习的兴趣。

（三）由生活中的实例导入新课

由生活中常见的实例导入新课，一方面使学生感到亲切，另一方面也使学生体会数学来自实践。

例如，引入数轴概念时，列举秤杆上的"点"表示物体的质量、温度计上的"点"表示温度、船闸的标尺用"点"表示水位的高低等实例。通过讨论，学生会发现秤杆、温度计、标尺都具有三要素：①度量的起点；②度量的单位；③明确的数量增减方向。这些实例启发人们用直线上的点表示数，从而引入数轴的概念。

如此巧妙地引入新课，学生的思维就会被快速激活，注意力也会迅速集中到教师所提的问题上。这种导入新课的方法不仅能够使学生尽快地集中精力，也有利于其深刻理解所学知识，更有利于培养其严谨的科学态度。

（四）由介绍数学史资料导入新课

一些数学史资料中的典型事例，可以用来引入新课。例如，讲勾股定理时，教师可介绍西周初期的著名数学家商高，《周髀算经》记载了商高与周公的一段对话："勾广三，股修四，径隅五"。古希腊数学家毕达哥拉斯也发现了勾股定理，因此欧洲人称其为毕达哥拉斯定理。但商高的发现早于毕达哥拉斯 500～600 年。又如，讲无理数时，教师可将祖冲之给出的精确到小数点后 8 位的 π 值，保持了 1000 多年的世界纪录的历史事实讲给学生听。再如，中国古代解方程的方法可用来引出二元一次方程组的解法，讲圆的概念时可结合教材中的章头图引用战国时期《墨经》中："圆，一中同长也"引入新课。中学数学教材中关于中国古代数学史的资料很丰富，教师从中国数学史资料导入新课的方法，生动活泼，引人入胜，既有助于学生科学思维的养成，又有助于对学生进行爱国主义教育。

世界数学史的一些材料也可以用来引入新课，如有的教师在讲尺规作图及基本作图时，开头语是这样的："公元前 400 年左右，希腊的首都雅典聚集了一批被称为诡辩学派的知识分子，他们常在公共场所发表演说，以展示其丰富的知识和雄辩的才能，他们以其研究的三大问题无人解决而洋洋得意，这三大问题都属于尺规作图问题……"借助这些典型的中外数学史资料导入新课，可以激发学生的学习积极性。

（五）由类比导入新课

类比是在两类不同的事物之间进行对比，找出若干相同或相似点之后，推测在其他方面也可能存在相同或相似之处的一种思维方式。由于中学数学内容具有较强的系统性，前后知识衔接紧密，因此由类比导入新课在中学数学教学中较为常见。

例如，讲不等式的概念及性质时，可由类比等式的概念及性质引入；讲分式的四则运算法则时，可由类比分数的四则运算法则引入；讲整式的运算法则时，可由类比数的运算法则引入；讲授相似三角形判定定理时，可由全等三角形的判定定理来类比；等等。这种方法有利于分析二者的异同，归纳出新授内容的有关知识，帮助学生促进知识的迁移，提高探索发现问题的能力。

（六）由指导学生动手实验导入新课

教师巧设一些实验，并指导学生动手操作，观察发现规律，进行归纳总结，而所得的结果又是新课的内容。这种导入新课的方法能激发学生的学习兴趣，使学生在活动中认识知识，学会发现、探索问题的思维方法。

例如，讲"三角形内角和定理"，可通过下面的实验操作引导学生发现和认识。

实验一：自己画一个三角形，用量角器量它的三个角，求其和。

实验二：先将纸片三角形一角折向其对边，使顶点落在对边上，折线与对边平行；然后把另外两角相向对折，使其顶点与已折角的顶点相重合；最后观察、猜想三角形的内角之和。

实验三：将纸片三角形顶点剪下，观察是否可拼成一个平角。

实验四：用橡皮筋构成△ABC，其中顶点 B、C 为定点，A 为动点，放松橡皮筋后，点 A 自动收缩于 BC 上，让学生观察点 A 变动时所形成的一系列三角形内角会产生怎样的变化，启发学生在观察的基础上得到下面的结论。

1）三角形各内角的大小在变化过程中是相互联系和制约的。

2）三角形的最大内角不会等于或大于 180°。

3）当点 A 离 BC 越来越近时，∠A 越来越接近 180°，而其他两角越来越小，趋于 0°。

4）当点 A 远离 BC 时，∠A 越来越小，逐渐趋近于 0；而 AB 与 AC 逐渐趋向平行，即∠B+∠C 趋于 180°。让学生猜想三角形的内角和可能是多少。

（七）由介绍数学知识的实际应用导入新课

数学知识具有广泛的应用性，由介绍数学知识的实际应用导入新课可以激发学生的学习积极性，培养学生学数学、用数学的意识。例如，讲对数运算时，可先提出这样的问题：设国民经济每年平均增长率为 8%～9%，若国民经济每年平均增长率为 9%，几年可以翻一番？这样借助于数学知识与实际问题的联系导入新课，很容易引起学生的求知欲，在学生急盼解决问题的心理状态下讲解新课，自然会收到事半功倍的效果。

（八）由揭示矛盾引入新课

教师通过揭示数学自身的矛盾来引入新概念，表明引入新概念的必要性和合理性，激起学生学习新概念的强烈愿望。例如，在讲解无理数概念时，先提出问题：以边长为 1 的正方形的对角线为边，作一个正方形，该正方形的面积是 2，它的边长是多少呢？

当学生设其边长为 x，得 $x^2 = 2$ 时，教师问：在以前学过的有理数中，有没有平方等于 2 的数呢？从而证明仅有有理数是不能满足需要的，这样，教师自然引出新课"无理数"。

总之，引入新课的方法很多。教师应根据教授内容的特点，采用合适的方法引入，创造良好的课堂气氛和环境，充分调动学生的学习积极性，激发学生的求知欲望，创造生动、活泼的氛围。

二、提问技能

提问是课堂教学中师生之间思维交流的方式。提问技能是教师以提出问题的形式，通过师生的相互作用，检查学习，引导思维，巩固知识，运用知识，促进学生学习的行为方式。

提问是重要的教学技能，精心设计课堂提问，为学生创造问题情境是实施启发式教学的重要一环。提问的最大优点是使学生注意力集中，思维活跃，恰当的问题可以激发学生的学习动机与学习兴趣，可以沟通师生的情感交往，对培养学生的逻辑思维能力、语言表达能力都有很大作用。教师必须具备和努力掌握好提问技能。提问的设计主要依据教学内容的特点及学生的知识水平和思维特点。

提问技能有多种不同的分类方法。

（一）按不同回答方式的提问分类

1. 指名回答

教师对全体学生提出问题，让学生思考之后再指名回答。教师要预想学生可能回答的答案。这样的问题不宜过难。因为是指名回答，学生站起来，可能会精神紧张，若答不对可能影响其听课情绪。

2. 提问举手回答

教师提出问题之后，要求能回答的同学举手回答，由教师指定举手人来答。这种提问可以激发学生的主动精神与竞争意识。

从"指名"回答到"举手"回答，其意义在于学生由"被动"变"主动"的质的飞跃，教师要启发、鼓励学生，促进学生积极举手回答问题，形成生动活泼的课堂气氛和积极主动的学风。

3. 提问后分小组讨论回答

对于一些综合问题或有多种解法的问题，提问后，可让学生分组讨论选出代表回答。讨论更容易调动学生积极思维，在讨论中学生互相交流思想，其认识过程逐步深化。教师在学生回答后，要及时给予评价，完善学生的答案，并给出简单明了的语言表述。

4. 由教师自己回答

教师根据教学内容提出问题，让学生思考片刻后，自己回答。这样的问题，通常应是学生回答不出或无法完整回答的。例如，课堂上，教师在讲一道比较典型的复杂题后，为了帮助学生进一步掌握解题思想与方法，教师问："这道题我们采用了哪些解法呢？"问题提出后，让学生思考片刻，再由教师回答。这种方式有利于集中学生的注意力，激发求知欲。

（二）按提问的目的分类

在教学中，为了达到某种教学目的，教师进行提问，大体可分为下列几种类型。

1. 激趣性提问

数学课不可避免地存在一些缺乏趣味性的内容，这就要求教师有意识地提出问题，激发学生的学习兴趣，创造生动愉快的数学思维情境，使学生带着浓厚的兴趣积极思维。例如，讲三角形的稳定性时，教师提问："为什么射击瞄准时，用手托住枪杆（此时枪杆、手臂和胸部构成三角形）能保持稳定，而银行的铁门总是做成平行四边形才能开关？"看似平常的两三句话，却可使课堂气氛顿时活跃起来，使学生在轻松的状态中进入知识探索的思维中。这种形式的提问能使枯燥无味的数学内容变得趣味横生。

2. 铺垫性提问

这是一种常用的提问方法，在讲授新知识之前，教师要提问本课所关联到的旧知识，为学习新知识铺平道路，以达到顺利完成教学任务的目的。例如，在讲梯形中位线定理时，教师首先提问学生："三角形中位线定理的内容是什么？"学生回答后继续问："能不能用三角形中位线定理证明梯形中位线定理？"这样提问，就为梯形中位线定理的证明思路定了方向，使学生围绕三角形中位线的性质进行积极思考，探索证明思路，于是证明的关键引辅助线就很容易突破。

3. 迁移性提问

不少数学知识在内容和形式上有类似之处，它们之间有内在的联系。对于教材中的这些内容，教师要精心设计问题，使学生将已经掌握的知识和思维方法迁移到新的知识中。例如，讲相似三角形时，可指出全等三角形是相似比等于 1 的特殊的相似三角形；讲相似三角形的性质时，可先提问全等三角形的性质；讲相似三角形的判定定理时，可先提问三角形全等的判定定理。再如，讲一元一次不等式的解法时，首先提问："解一元一次方程的步骤是什么？"然后问学生："能用解一元一次方程的方法解不等式 $2x+36<6$ 吗？"于是全班学生跃跃欲试地解这个不等式。这样提问可促使学生迫不及待地将已获得的知识技能从已知的对象迁移到未知的对象上。

4. 探索性提问

这种提问能培养学生思维的灵活性和深刻性。教师在提出一个数学问题，学生回答解决问题后，要追问其解题思路是什么，是否还能用其他方法去解决，引导学生的思维向深和广两个方面扩展。例如，讲授分解因式时，教师可通过分析得出两种解法：

$$x^6 - y^6 = (x^3)^2 - (y^3)^2 = (x^3 - y^3)(x^3 + y^3)$$
$$= (x - y)(x^2 + xy + y^2)(x + y)(x^2 - xy + y^2)$$
$$x^6 - y^6 = (x^2)^3 - (y^2)^3 = (x^2 - y^2)(x^4 + x^2 y^2 + y^4)$$
$$= (x - y)(x + y)(x^4 + x^2 y^2 + y^4)$$

教师引导学生比较两种解法后提问："同学们，由上面的两种解法能得到一个什么样的恒等式呢？"学生们就会回答：" $x^4 + x^2 y^2 + y^4 = (x^2 + xy + y^2)(x^2 - xy + y^2)$ 。"

5. 激疑性提问

宋代理学家朱熹说："于不疑处有疑，方是进矣。"又说："读书无疑者，须教有疑；

有疑者，却要无疑，到这里方是长进。"足见设疑在读书及教学中的作用。中学生的思维一般不具备深刻性与创造性的特征，对一些数学概念似懂非懂而又提不出什么问题。教师精心设疑，将促进学生深入思考。例如，在教授"平行线的定义"时，教师可提出激疑性问题："在平行线的定义中，为什么要强调在同一平面内？"通过教师的激发，学生产生了疑点，必定进行深入的思考，从而真正理解平行线的定义。

6. 过渡性提问

这样的提问常常是为了突破新知识的难点，从旧知识出发，设计一个问题串，对学生进行引导。例如，教师讲解"经过⊙O外一点作⊙O的切线"这一作图问题时，教师不妨问学生："假定过圆上 P 点的切线已经作出，那么这条切线与过切点的半径有什么关系？"接着问："在圆中，什么样的圆周角是直角？"这样提问，向学生指明了解决问题的途径，顺利地完成了这一作图。

7. 以错悟理性提问

数学知识除了从正面讲解，还应针对一些常出现的错误进行提问，让学生从正确与错误的对比中澄清概念，明辨是非，提高思维能力。例如，针对学生常常忽略对数中真数的取值范围，尤其在求真数中参变量的值时，常常忽视必需检验的问题，为了加深学生的印象，有的教师提出如下问题：

–1 和 1 是相等的，证明如下：

由 $(-1)^2 = 1$ 两边取对数得

$$2\lg(-1) = 0$$

即

$$\lg(-1) = 0$$

又 $\lg 1 = 0$，故 $\lg(-1) = \lg 1$，即 $1 = -1$。

学生看后，思维发生冲突，因为 $1 = -1$ 是错误的。这时寻找错误原因的动机非常强烈。一旦错误被指出，必定留下深刻的印象。

再如，学习对数性质时，教师可以在黑板上写下这样一道题：

求证：2>3。

证明：因为

$$\frac{1}{4} > \frac{1}{8} \qquad \left(\frac{1}{2}\right)^2 > \left(\frac{1}{2}\right)^3$$

两边取对数

$$\lg\left(\frac{1}{2}\right)^2 > \lg\left(\frac{1}{2}\right)^3 \qquad 2\lg\frac{1}{2} > 3\lg\frac{1}{2}$$

又因为

$$\lg\left(\frac{1}{2}\right) \neq 0$$

所以 $2 > 3$。

　　学生看到这道题，感到惊疑，教师不急于指出错误，而是让学生讨论，教室里顿时活跃起来，争论激烈，最后由教师稍加指点，再由学生分析错误的原因，使学生茅塞顿开，欣喜难忘。

　　8. 巩固性提问

　　教师为了让学生真正理解并掌握所讲授的新知识，常在授完新课后，对本课的一个或几个重点内容提出问题，让学生回答，以达到巩固知识的目的。例如，讲完新课后，教师提问："这堂课讲的××定理条件是什么？结论是什么？""××公式中各字母代表什么？掌握公式要注意什么？""本堂课的例题有几种类型？它的解法的关键是什么？""××例题的解法、步骤、思路是什么？"等等。

　　9. 发散性提问

　　发散思维是一种创造性思维，若教师在授课中能提出激发学生发散思维的问题，引导学生从正面和反面等途径去思考，纵横联系所学知识，以沟通不同部分的数学知识和方法，将对提高学生思维能力和探索能力大有裨益。例如，教师在讲完一个例题后，启发学生一题多解的提问，或者对题目引申性的提问等，都属于这一类型。

　　例 5.10　如图 5.28 所示，PA 切圆 O 于 A，$PA=PB$，BCD 是圆的割线，DP 交圆于 E，BE 交圆于 F，连接 CF，求证：$CF /\!/ BP$。

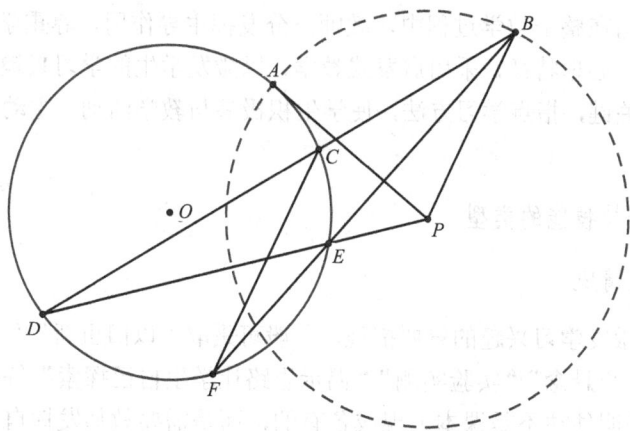

图 5.28　例 5.10 图

　　在学生证明完此题后可引导学生讨论求解：

　　1）假设 A、P、B 在一条直线上，其他条件不变，要求证结论 $CF /\!/ BP$ 是否成立。

　　2）如果 B 点在圆内，割线 BCD 变为弦 CBD，其他条件不变，要求证结论 $CF /\!/ BP$ 是否成立。

　　3）若把 $CF /\!/ BP$ 换成条件，$PA=PB$ 换成结论，所得新题是否成立？

　　10. 评价性提问

　　对学生在板演、回答问题中出现的正面的巧妙方法和错误问题，教师不要用包办代替的方法去处理，而是应充分调动学生的好胜心理和参与意识，让学生去评价，教师可以问："这个（证）解法对不对？""是否是最好的方法？""解题思路是什么？""有没有更好的方法？"学生通过分析、讨论、评价，选择好的方法，可拓宽思路，提高思维的科学性和评价能力。

11. 反馈性提问

在课堂教学中，教师根据教材的特点、重点、难点，有意设计一些问题，以了解学生的理解程度，了解学生是否已经学会，并及时采取措施。所提问题要具体，最好不要问"懂不懂？""会不会？"之类的问题。

提问时应注意以下问题。

1）要明确提问的目标。确立目标之后，教师的提问要为目标服务，没有目标的提问起不到深化教学的作用。

2）提的问题要富于启发性。启发要恰到好处，启发思路，举一反三，但启发不能过度，也不能不到位。启发过度，学生答起来缺乏动力；启发得不到位，学生答不出来。

3）提问要适量。既然是有目标的提问，就不能连问不停，不能以问答的形式去代替教师的讲解，教学需要提问，但更需要教师有条理地讲解。连问不停会使学生厌烦，会使教学显得零碎。

三、启发诱导技能

启发诱导是指在整个教学过程中，教师充分发挥主导作用，尊重学生的主体地位，根据学生的年龄与心理特征，采用启发式教学，以激发学生的学习兴趣，启发学生积极思维，点拨疑难关键，指点学习方法，使学生积极参与教学活动，主动获取知识的行为方式。

（一）启发诱导技能的类型

1. 创设问题情境

问题情境是激发学习兴趣的重要措施，一般可采取"以旧引新""讲故事""展示一个矛盾""产生一个悬念""实验实测""揭示思路让学生自己探索"等手段进行。既然是"创设"，这证明往往不是课本上现成备有的，而是需要教师发挥自己的教学艺术水平，结合教材、学生、教学条件及教师自身等各方面的实际，去发掘、创造、设计。

2. 揭示新旧联系

揭示新旧联系，即以旧引新，这是较常用的手法之一。

例如，一位教师在讲等腰三角形判定定理之前，启发学生：现在有一个等腰三角形 ABC，一位同学不留心，用墨水把它的一部分涂没了，只留下一条底边 BC 和一个底角 $\angle C$，同学们想想看，有没有办法把原来的等腰三角形 ABC 重新画出来？从而引出如何判定等腰三角形的问题。

又如，学习反证法时，有的教师向学生讲了一个故事：相传古时一位贤臣被奸臣所害，判了死罪，皇帝念其有大功，采用了用命运裁决的方法，用两张小纸片，一张写个

"活"字，另一张写个"死"字，处决前由他来抽取，抽到"活"字便可赦免，而奸臣歹毒无比，命人把两张纸片都写了"死"字，恰巧被贤臣的朋友知道了，并告诉了他，贤臣稍加思索便高兴地说："我有救了！"当抽取纸片时，只见他抽取了一张纸片，不给任何人查看，便吞到肚里，监斩官只好看剩下的纸片是什么字，剩下的无疑是"死"字，这位贤臣便被赦免了。为什么他能死里逃生？这就是反证法的思维方式的生动应用，数学思想有如此"死里逃生"的妙用，怎能不激起学生强烈的学习欲望呢？

3. 设计提问阶梯

提问是启发诱导学生思维的重要手段，提问设计的质量影响启发诱导的效果。课堂提问应把握好"度"与"序"，即深浅要适度，层次先后要有序，或穷追不舍逐步逼近，或引而不发适可而止。

有的教师经常埋怨学生"启而不发"，却很少反问自己是否"启不得法"。例如，有的教师提问时，一连问了几个学生都答不出来，教师仍用同一水平、同一叙述方式的提问去反复问学生，却不反思一下，所提的问题是否进入学生思维的最近发展区，是否触及学生思维火花的引爆点。只有全面掌握知识与学生两个方面的情况，才能准确地把握提问的度。问题太难，则不能启迪学生思维，使学生望而生畏，失去兴趣；问题太易，则不利于学生思维能力的发展。教师教学时应在课前设计一串适应不同思维层次的阶梯式问题，以备在教学中适情选用。

4. 故设思维障碍

在教学中，教师把曾经经历的或可能出现的思维受阻的情况呈现在学生面前，让学生从中悟出如何选取正确的思路。

例如，讨论 a 取何值时，关于 x 的方程 $(a-2)x^2-(2a-1)x+a=0$ 没有两个不相等的实数根，教师故意留下疏漏，只讨论 $\Delta \leqslant 0$ 得 $a \leqslant 1/4$，而遗漏了 $a=2$ 的特例。再启发学生去评价解答是否完整，使学生"吃一堑，长一智"。

（二）启发诱导应注意的问题

1. 启发诱导而不束缚

教师在启发诱导的过程中，应该保护、鼓励学生的求异思维，不要强制学生的思维方向。

例如，在一堂"求多边形内角和"的公开课上。教师诱导学生将问题化归为"三角形内角和"问题，并提问："如何将多边形分解成若干个三角形呢？"这时，有个学生提出："从某一个顶点引对角线……"而这是与现行课本和教师教案不同的方案，教师便立即"启发"学生："在多边形内任取一点，与各顶点连接……"硬要学生放弃顺乎自然的归纳型思路，而去适应课本采用的演绎型思路，貌似"启发诱导"，实为束缚。如果教师让学生思维发散开去，再适时聚敛到课本中，则可"启发诱导"出学生思维活跃的精彩场面。

2. 启发诱导而不替代

学生是认识的主体，教师在启发诱导中要做到"道而弗牵""开而弗达"，让学生按教师的启发诱导自己去走，而不是牵着走；自己达到目标，而不是抱到目的地。同样一个结论，由教师和盘托出与启发学生自己说出，其意义大不一样。每当教师因势利导，水到渠成，用学生的口说出教师想说的话时，课堂气氛就会异常活跃，教师、学生都会感到兴趣盎然；反之，如果在关键时刻，由教师包办代替，把结果抛给学生，教师、学生都会感到索然无味。

互动交流

【交流研讨】
请你分别谈一谈数学课堂教学中导入、提问、启发诱导的意义。

【实践训练】
选择适当的中学数学内容，运用导入技能、提问技能、启发诱导技能，完成数学课堂教学的导入和讲授部分（10min）。

评价反思

1. 通过本节课的学习及交流研讨内容，谈谈你在练习课堂导入技能、提问技能、启发诱导技能时的体会或感悟。

2. 通过本节课的学习，谈谈你对中学数学教学中导入技能、提问技能、启发诱导技能的认识。

拓展提高

波利亚数学教育主要观点

波利亚的主要观点"启发法"是波利亚多年深入研究数学问题解决过程得出的理论成果。波利亚对启发法解释道："现代启发法力求了解问题解决过程，特别是问题解决过程中典型有用的智力活动。……在这种研究中，我们不应忽视任何一类问题并且应当找出处理各类问题所共有的特征来；我们的目的应当是找出一般特征而与主题无关。"可见波利亚的启发法讲的是问题解决在数学方法论上的共同点。

启发法源于他对问题解决的研究。问题解决就是"在没有现成的解题方法时寻找一条解题途径，就是从困难中找到出路，就是寻求一条绕过障碍的道路。用适当的方法达到所要去的但不能立即达到的目的地"。通过对问题解决过程，波利亚发现，可以机械地用来解决一切问题的"万能方法"是不存在的；在问题解决过程中人们总是针对具体情况不断地向自己提出有启发性的问句、提示，以启动与推进思维的小船。

波利亚曾著书给出这样一些启发性的模式或方法：分解与组合、笛卡儿模式、递归模式、叠加模式、特殊化方法、一般化方法、"从后往前推"、设立次目标、合情推理的模式、画图法、"看着未知数"、回到定义去、考虑相关的问题、对问题进行变形等。特别引人注意的是波利亚把问题和建议按照问题解决过程的四个阶段组成了他的"怎样解题表"。这四个阶段依次是：弄清问题、制订计划、实施计划和回顾。

（资料来源：康武. 波利亚数学教育思想述评[J]. 深圳大学学报（人文社会科学版），1998（3）：90-95.）

第七节　数学教学语言及讲解说明技能

学习目标

1. 了解数学教学语言、讲解说明技能的分类。
2. 能够灵活运用讲解说明技能完成数学课堂教学。

学习任务

结合中学数学教学内容（一个定义、一个定理或命题、一个例题或习题），运用讲解说明技能完成教学活动。

知识探究

语言是信息的载体，数学教师讲课主要以语言为主，不能做徒劳的提问。所谓数学教学语言，是以传授数学知识为目的的具有鲜明职业特征的数学教师的工作语言。除特殊教育外，教学活动都是以语言为载体，通过教师运用讲解说明技能完成的。因此，作为数学教师了解数学教学语言，掌握讲解说明技能，并能够灵活运用于数学课堂教学，是数学教师的必备技能。

一、数学教学语言对教学效果的影响

语言是信息的载体，是交流思想的工具。教师数学教学语言的运用质量直接影响学生对数学知识、数学方法、数学思想的理解，以及数学技能、能力的形成与发展。教师课堂教学语言的运用水平，对学生数学的学习起着直接作用。

二、数学教学语言的分类

数学教学语言包括数学语言和自然语言。

（一）数学语言

1. 文字型数学语言

文字型数学语言是指完全用文字叙述的数学定义、定理及数学方法所使用的语言。例如，"把一个多项式化为几个整式的积的形式，叫作把这个多项式因式分解，也叫作把这个多项式分解因式"。

2. 符号型数学语言

符号型数学语言是由数学符号和公式构成的人工语言，是数学家为了阐述和运用方

便简洁而创造使用的，是人类最伟大的科学成就。现在数学中常用的符号有 200 多个，在中学数学中有 100 多个，如数字符号、元素符号、运算符号、关系符号、逻辑符号、约定符号等。以上这些基本符号组成了数学的符号语言，即中学教科书中的数学式子或公式。

3. 文字型和符号型相结合的数学语言

文字型和符号型相结合的数学语言是数学教材中使用更为广泛的数学语言。

例如，"式子 $\sqrt{a}\,(a \geqslant 0)$，叫作二次根式"。

4. 教学型数学语言

教学型数学语言是指数学教学中，教师要讲解数学概念、定理、方法，为了便于学生理解，教师需要对教材中的数学语言——文字型和符号型的数学语言进行加工处理，结合教师个人的构思和见解，而形成的数学课堂教学语言。在中学数学教科书中，也常用教学型数学语言对问题进行分析，对方法进行讲解。

（二）自然语言

自然语言即人们平时使用的口头语言。自然语言生动形象，易于学生理解和接受。利用比喻、比拟等修辞方法，可将数学语言改造成自然语言，其特点是生动形象、趣味性强，适合中学生形象思维比逻辑思维强的特点。例如："射线就像从极小的孔中射出的一束光线。""子弹在夜空中留下的弹道痕迹给我们一个轨迹的印象。""笔直的铁道，它的两根铁轨可看成两条平行线。""点 P 跑遍整个数轴"——比拟点 P 对应的任意实数。

利用数学问题的特征采取借代的手法给出自然语言。例如，由图形的大小、长短，位置的上下、左右，使用粉笔的颜色的不同给出的通俗语言："比较一下红色与黄色线段……""由等式的左边得到等式的右边。"

配合手势，手指黑板上的图形说："这一段等于那一段。"

使用夸张的自然语言："如果把这个三角形三个内角撕下来，拼在一起，这三个角之和等于多少度？"

顺口溜、打油诗、对偶句、排比句等也是数学教学常用的自然语言。例如，合并同类项方法歌：判断同类要仔细，两个"相同"别忘记，定号（正、负）须在合并前，同号相加异号减。

配合二次不等式求解集可记："小于取中间，大于取两边。"但要注意使用这些通俗语言给出结果时，要十分注意使用条件、范围及每个语言的含义和隐含的意义。例如，用解二次不等式的口诀时，必须在二次项系数大于 0 时方可使用。

又如，为说明不等式组

$$\begin{cases} x > a \\ x > b \end{cases} (a > b)$$

的解是 $x > a$，可记"同大取大"。为了使学生深刻理解，教师可引导："教室门框要能让全班同学不低头而过，那么门框的高度必须——"学生会接着说："比个头最高的同学还要高。"

三、讲解说明技能的分类

教学是语言的艺术，教师用教学语言进行教学，讲解说明教学信息的行为方式即讲解说明技能。它是数学课堂教学最基本的技能，能充分发挥教师在课堂上的主导作用，有利于在短时间内传输大量信息，易于厘清思路，控制和利用时间。

（一）引导性说明

在一堂课的开始阶段，教师要考虑如何将学生的注意力引导到所要学习的数学知识中，当教学告一段落时，也要引导学生把精力集中到新的学习内容上，这都要使用引导性说明。其基本方法与导入新课技能相似，在此不再赘述。

（二）分析性说明

1）对定义的分析性说明。定义是刻画概念的文字。对定义的分析性说明应包括概念的外延，概念的内涵，概念的名称，进行概念表达时的特点，概念与日常生活用语的区别，与其他概念、术语的区别，有没有容易混淆的地方。

2）对公式的分析性说明。首先，应指出公式中符号、字母所表示的数学意义，公式成立的条件；其次，要对公式的内涵进行分析，并指出公式的适用范围。数学中还有大量的定理不是以公式的形式给出的，这些定理在证明之前或证明之后，教师都应对其进行类似的分析性说明与讲解，特别是说明定理的条件与结论。

3）对证明或计算方法的分析性说明。课堂上，当定理和例题给出之后，在证明和计算之前，教师必须带领学生对条件和结论进行分析，探索证明方法和计算方法，教师讲解要展示探索的思维过程，切忌对定理、例题的证明或计算不加分析，直接交代给学生。当一个问题的解法或证法不唯一时，教师应选择最优的方法，备课时就考虑好如何进行分析性讲解；讲解的方式及相应的语言要准备好。

（三）逻辑性说明

数学是具有严密的逻辑性的科学，因此数学课堂教学处处都要使用逻辑性说明的技能。逻辑性说明包括数学推理论证、理由与原因的阐述讲解，逻辑性说明也常与分析性说明同时使用。

（四）解释性说明

解释性说明是指对某一问题的含义，对某个定义、定理、公式的内涵进行的说明，以及说明使用它们时应注意的问题。

例如，讲解对数概念，为了加深学生对概念的理解，教师应指出指数式 $a^b = N$ 中 a、b、N 三个数与对数式 $\log_a N = b$ 中的三个数 a、b、N 之间的关系。

（五）描述性、形象性的讲解说明

为了使学生理解数学问题，有时需要对问题进行描述性、形象性的讲解说明。

例如，教师描述二次函数 $y = ax^2 + bx + c\,(a \neq 0)$ 的图像特征时指出：二次函数的平方项系数 $a < 0$ 时开口向下，$a > 0$ 时开口向上，至于其开口的大小，可以根据 $|a|$ 的大小加以判定，当 $|a|$ 较大时，它的开口反而小；当 $|a|$ 较小时，它的开口反而大。

（六）总结性讲解说明

课堂上的总结性讲解说明是指阶段性的总结和一堂课结束时的总结。总结时要指出问题的关键，指出容易出错、容易忽视的地方。特别是在每堂课讲完之后，必须进行总结说明，有利于使知识系统化，使学生巩固所学知识。

（七）提示性的讲解说明

这是为了启发学生思维而进行的讲解说明，包括以下两个方面的内容。

1）明确问题的提示性说明，如提醒学生理解问题的条件与结论、举某些例子以提示问题思维方向、提示解决问题关键之处等。

2）强调性的提示说明，如强调学生注意某个数学方法、数学技巧的特征与应用范围，强调某种类型题目的解决关键。为了强调某个问题，引起学生的注意，教师在讲解时应配合教态的变化，如通过声音的大小、语速的快慢变化等，来提醒学生注意。

教师讲解说明时要注意：讲解不能过长过快，教师在讲解说明时，要给学生思考的时间和参与数学教学的机会，要给学生反馈的机会和时间，及时调节讲解的速度与节奏，教师讲解的语言要准确、鲜明、生动，易于学生接受。

互动交流

【交流研讨】
请你谈一谈数学课堂教学中语言和讲解说明的意义。

【实践训练】
选择适当的中学数学内容（一个概念、定理、公式、习题等），运用在本节课所学的内容，练习讲解说明技能。

评价反思

1. 通过本节课的学习及交流研讨内容，谈谈你在练习讲解说明技能中的体会或感悟。

2. 通过本节课的学习，谈谈你对中学数学教学中数学教学语言和讲解说明技能的认识。

拓展提高

数学教学语言与逻辑思维能力的培养

教师在教学过程中，不仅要让学生掌握书本上的知识，掌握学习方法和应用技巧，还要在教学中不断培育学生的学科核心素养。数学是每一名学生从小学入学就开始学习的主要学科，学生学习数学不应该只学到冰冷的数学符号、数学公式和数学定理，更重要的是学会运用数学思维在生活和工作中发现问题、理解问题并解决问题。所以，数学教师除了要教授学生数学知识和数学技巧外，还要引导学生多多思考数学的严谨性，体验数学的魅力，让学生通过逐步的积累、领悟，从心理上真正认同数学核心素养，才能让数学的核心素养得到具体体现和有效落地。

要想更深刻理解数学，让数学成为人基本能力的一部分，一个切入点就是理解数学语言的区别和联系。

（资料来源：卢宏亮．加强数学语言与逻辑思维能力的培养[J]．人民教育，2023（23）：81．)

第八节　接收反馈信息技能

学习目标

1．了解数学课堂教学中接收反馈信息技能的类型。
2．掌握接收反馈信息的调控技能。

学习任务

结合教学资料库中的数学课堂活动实录，捕捉接收到的反馈信息，并阐述如何进行调控。

知识探究

接收反馈信息是教师传出教学信息后，从学生那里取得有关信息反馈的行为方式。

反馈是教学过程中一个极其重要的环节。对学生而言，反馈信息可使学生强化知识，纠正错误，找出差距，以便调节思维方式，改进学习方法；对教师而言，反馈信息可使教师及时掌握教学的效果与反应。因此，教师必须努力学习，掌握接收反馈信息技能。

一、接收反馈信息技能的类型

（一）课堂观察

教师在教学过程中用眼睛统观整个课堂，从学生的表情、动作和情绪中获得反馈信息。"眼睛是心灵的窗户"，教师经常观察学生的目光，就能把握学生的情绪。学生的目光明亮有神，表示他们专心致志，心领神会，学有所得。学生的目光呆板凝滞，表示他们遇到了不理解的问题，心有所思。学生的眼睛游移不定，表示他们思想开小差，精力不集中。另外，学生不自觉地点头称道，跃跃欲试地低声细语，紧锁眉头地潜心思索，愁眉苦脸地轻声叹息，都是向教师发出的宝贵的反馈信息。教师要对这些反馈信息及时判断，调整自己的教学行为。

（二）口头反馈

口头反馈是教学双方通过口头语言交流的信息反馈，如课堂提问、课堂讨论等。课堂提问不能只是简单地问几个为什么，而是要按教学目标对各知识点的学习水平要求有计划、有目地地进行。在检查知识的提问中，提问对象的选择要有助于全面了解学生对知识的掌握情况。例如，为了复习巩固已学知识，应提问中等程度的学生；为了巩固当堂所学知识，则可提问较高程度的学生；为了检查教学效果，应提问较低程度的学生。

（三）文字反馈

上述两种反馈，了解的信息多属于定性化的，量化程度较低。教师所传授的知识信息，学生究竟掌握到什么程度，有必要做定量的了解，以便及时发现问题和进行补救。课堂练习（包括书面练习和板演练习）就是通过文字进行定量信息反馈的。这种反馈不仅信息量大，而且稳定可靠，教师可以大面积了解学生，学生也可以了解自己，同时也是将知识转化为能力的一次很好的训练。

例如，给初三学生讲"函数"这一课，教师引出概念后还要不失时机地引导学生深入探究，使他们逐步理解并掌握"函数"概念的实质。

教师：可不可以说："当一个量变化时，另一个量也跟着变化，这样的两个量就是函数关系呢？"

学生甲：可以。

教师：赞成这位同学看法的同学举手（举手的学生数量占全班学生数量的 1/3，说明这部分学生还没有理解函数的概念）。

教师：请同学们再考虑一个问题：复习时间与考试成绩是否构成函数关系？

学生乙：不构成函数关系。

教师：对！不构成函数关系，为什么？谁来补充？

学生丙：虽然复习时间对考试成绩有影响，但给定前者一个确定的值，后者没有一个唯一确定的值与之对应，这不符合函数定义中所规定的对应关系，所以它们不构成函数关系。

教师：回答得很好，这个事实说明："当一个量变化时，另一个量也随着变化，这两个量不一定构成函数关系。"

通过上述口语反馈，学生对于函数概念的理解无疑前进了一步。

二、数学课堂接收反馈信息的调控技能

所谓调控，就是根据确定的目标，使事物沿可能性空间的某一确定方向（状态）发展。在数学课堂中针对反馈信息进行调控的技能如下。

（一）积极启迪激发

在数学课堂教学中，当学生的思维比较活跃时，常常会提出一些意料之外的问题。若学生提出的问题发人深省，对于深入理解概念、规律有一定价值时，教师要不失时机地适当启迪，激发他们的学习兴趣和求知欲望，引导他们深入探究，以便把全体学生的思维引向更高的水平。

例如，对 $x(x+1)-(x+1)=0$ 分别用求根公式及方程的两边同除以 $(x+1)$ 的方法解之，进一步阐明失根的原因，指出方程的两边同除以 $(x+1)$ 的方法是不可取的，加深学生对同解原理的理解，解决了增根与失根的问题，成功地介绍了求根公式应用的本质，使学生对知识的深度和广度有了进一步的认识。

善于启迪激发，不仅可以使学生加深对数学知识的理解，而且还可以培养学生独立思考、解决问题的能力，提高课堂教学的研究气氛，增强学生学好数学的信心。

（二）及时调节难度

当教师的教学计划与学生实际能力有一定的距离，或教师设计的问题过于生僻高深，超过了学生思维的最近发展区，或是过于简单，失去了问题的思维训练功能时，教师应及时调节问题的难易程度。因此，为解决某一具有一定难度的问题，教师应课前设计一连串适应不同思维的阶梯式问题，以备教学中适情选用。

例如，k 取什么值时，方程 $\frac{1}{2}x-3k=5(x-k)+1$ 的解是正数？

当教师讨论解题思路时，看到两位同学主张"先解出 k"，这时教师敏感地意识到此问题高于初一学生的思维水平，于是巧妙地将问题的头尾暂时遮住，改成了求方程 $\frac{1}{2}x-3k=5(x-k)+1$ 的解，并附加口头说明：其中 k 可以暂时看作已知数。

当多数同学感到理解有问题时，教师再继续追问：如果规定方程的解是正数，怎样用含有 k 的不等式表示出来？此时应当取什么值？

将原问题进行如上调节，犹如架了一座"引桥"，它变知识的"陡峭"为"平缓"，化艰难为简易，实现了从具体（形象）思维向抽象思维的自然过渡。

（三）有的放矢，及时纠正学生的错误

在教学的重点、关键之处，当学生所答非所问时，教师应察其言、观其行，掌握学生的思维脉搏，洞悉问题症结所在，有的放矢地采取措施。

例如，在引进"无理方程"的概念时，教师举出例子 $2x^3+7x-2=\sqrt{x}$ 以后，启发学生道："这个方程和我们以前学过的方程有什么不同？"教师的本意是希望学生回答根号下面含有未知数，然而事与愿违，学生却答道："这个方程中含有根号。"教师立刻意识到这是由于"以前学过的方程"，这个对比的对象模糊，"反差"不明显所造成的，于是采取措施，补充问道："这个方程以前我们也学过，其中也有根号，今天的方程和它有什么不同呢？"学生很快便得出了正确的结论："今天的方程中根号下面含有未知数。"有的放矢，可及时纠正学生的思维错误，使学生的认识得到深化。

（四）巧妙运用反例

当学生的认识模糊，从正面又不易说清楚问题时，若能举出一个击中要害的反例，则是十分有效的。

例如，针对学生在应用全等三角形判定定理"SAS"时，常常把它误记为"SSA"

的问题，教师可作图，举出反例来说明即可。

在关键时刻，善于应用反例，可以有力地澄清事实，辨明是非，收到立竿见影之效。

（五）敢于当机立断

当学生的问答、质疑出人意料，而根据教学需要又必须做出明确答复时，教师应当机立断，给予果断的肯定或否定。

例如，在讲授根与系数的关系这堂课中，当推出韦达定理之后，一学生突然举手发问："判别式和求根公式是不是根与系数的关系？"这个问题提得好，既是对教师的考验，也是对教材的质疑。若否定，学生不服；若肯定，与课本相悖。此时，教师沉着冷静，当机立断肯定学生提的问题深刻，然后引导学生分析根与系数的字面含义，以及判别式及求根公式的构成与作用，一致做出如下结论：

$$根与系数的关系 \xrightarrow{\ 主体\ } 求根公式\, x = \frac{-b \pm \sqrt{b^2 - 4ac}}{2a} \xrightarrow{\ 派生\ }$$

$$\begin{cases} 判别式 \begin{cases} \Delta \geqslant 0 \\ \Delta < 0 \end{cases} (确定根的情况) \\ 韦达定理 \end{cases}$$

当机立断，可使学生对讨论的问题有清晰的认识。

（六）善于反诘、回避

当学生所提的问题语义模糊，或解题依据不足时，应善于反诘，如追问："你说清楚一些？""你是怎样想的，依据是什么？"等，让学生进一步说出自己的思考过程，这样既能了解学生的思维过程及错误的产生原因，又能让学生在反省中自我纠正错误。

当学生所提的问题不属于本堂课的重点内容，或钻了"牛角尖"，或超过了多数同学的接受能力，或在后继学习中还要进一步研究时，应婉转地加以说明，做到当止则止。

善于反诘，可以弄清学生思维的症结所在，赢得一定的思考对策时间，改变教师处于被动地位的局面。善于回避，可以避免枝节问题上的纠缠，争取有充裕的时间完成教学任务，以充分发挥教师的主导作用。

三、反馈信息调控中应注意的问题

数学课堂教学的信息反馈与调控是一门教学艺术。它是以教师渊博的知识、良好的修养、深厚的功底、熟练的技巧为基础的，要有效地应用它，还须注意以下几点。

（一）反馈次数要多

教学过程实际上是师生信息交流的过程。在这个过程中必须通过多次反馈，才能有效地调控教学。教师在教学中应当多抓反馈，搞分级控制、多段决策。一般教师主要应抓好四次大的反馈：①以旧引新阶段学生的反馈；②理解新知识阶段学生的反馈，着重看学生对基础概念本质的理解和获取新知识的思维过程；③应用新知识阶段的反馈，着重看学生运用新知识的方法和步骤；④巩固新知识阶段的反馈，着重看学生对新旧知识联系和区别的掌握，以及理解的深度和应用的广度。

（二）反馈面要广

教师获得反馈信息的面越广，对学生学习效果的了解就越全面、准确。有些教师在教学过程中习惯于传统的师生"一对一"的信息交换方式，过多地采用指名回答或指名板演，把反馈的面局限在少数几个学生，甚至个别尖子生身上。这样做往往容易使尖子生的"明白"掩饰了中下等生的"不明白"或"不太明白"，应当尽量扩大反馈面，以得到真实的反馈信息。

（三）反馈渠道要多

学生在整个学习过程中随时都在输出反馈信息，教师应当高度关注，不仅要注意学生的口答，看学生的板演及课堂练习，而且在教学的各个环节中都应当察言观色，从学生的眼神、表情等观察学生是否在听及是否听懂。

（四）反馈要快

教师要尽量缩短信息反馈的过程，信息要及时反馈，及时调控。要做到这一点，关键是提高教师自身的素质，教师要充分了解学生，对学生在学习中可能产生什么问题有足够的思想准备，做到未雨绸缪，估计在先。另外，教师要对教材的知识结构、逻辑体系及相关知识博学精通、心中有数，这样才能在处理突发问题时胸有成竹、游刃有余。

互动交流

【交流研讨】
请你谈一谈中学数学课堂教学中接收调控反馈信息的意义。

【实践训练】
选择一个中学数学课堂活动实录，捕捉接收到的反馈信息，并阐述如何进行调控。

评价反思

通过本节课的学习及交流研讨内容，谈谈你认为课堂教学在接收反馈信息和进行调控时的重要因素有哪些？

拓展提高

新课程背景下初中数学教学中课堂反馈信息的收集与利用

心理学家赫洛克曾做过一个著名的"反馈效应"的心理实验，实验结果表明：及时对学习和活动结果进行评价，能强化学习和活动动机，对工作起促进作用，且即时反馈比远时反馈所产生的效应更大。教学反馈是教学系统有效发展的关键环节，如果教师能有目的地进行教学反馈，就可有效改进和优化教学。在新课程背景下，情境创设、探究教学、小组合作等教学模式如雨后春笋般破土而出，丰富了我们的课堂教学。教师应善于在第一时间内捕捉到学生准确、恰当的学习信息。然而，就目前的初中数学课堂教学来看，很多教师都把目光集中在教学内容、教学方法的改革上，疏于对课堂反馈信息的重视，不能对学生在动手实践、自主探索、合作交流过程中的反馈信息及时进行系统分析、经验总结。课堂时间毕竟有限，教师要善于用各种手段和途径及时了解教学信息，让知识在课堂信息反馈与回授中得以生成，保持教学目标和教学效果的一致性，从而更高质、高效地完成教学任务。

一、利用课堂巡视，及时捕捉学情

在新课标精神的指引下，"探究学习、合作交流"的教学模式被频频搬上教学舞台，然而，有效课堂教学还需要有效巡视，在自主开放的课堂中，教师的引领者身份使得课堂巡视的重要性更突出。通过课堂巡视，教师可以发现学生掌握知识的情况，不仅可以更好地辅导知识掌握不好的学生，增强他们分析与解决问题的能力，还可以让知识掌握较好的学生进一步思考，拓展他们的思维广度与深度，让不同层次的学生都有所收获。

案例1：m 取何值时，方程 $(m^2-2)x^2-2(m+1)x+1=0$ 有两个不同的实数根。

在巡视过程中发现，大部分同学经过思考后都可以按照一元二次函数的根判定方法得出结论，但是也有部分同学没有完全掌握题意，导致解题的片面性。根据巡视的情况，我选择了两名有代表性的学生回答如何解题，指定的第一位学生的解题方法存在一些问题，让其他学生展开讨论，把思维过程展示出来。学生是这样求解的：

$$\Delta=4(m+1)^2-4(m^2-2)=4(2m+3)$$

令 $4(2m+3)>0$，解之得 $m>-\dfrac{3}{2}$。

第二位学生的解题方法是正确的。补充了二次项的系数 $m^2-2\neq0$ 这个前提条件。这是因为当 $m^2-2=0$ 时，即 $m=\pm\sqrt{2}$，原方程变为一次方程，不可能有两个不同的实数根，所以应当舍去 $m=\pm\sqrt{2}$。

结合以上考虑，本题正确的答案应该是 $m>-\dfrac{3}{2}$ 且 $m\neq\pm\sqrt{2}$。运用不同解法的学生分别阐述自己的解法，然后师生共同剖析解法的正确与否、产生错误的原因，找出纠正的办法，并写出每道题的正确解答，让学生的困惑、错误得到及时消除和纠正，思维的火花被及时点燃。学生就会有探索者的收获、发现者的欢乐、胜利者的喜悦。

二、借助课堂提问，准确把握学情

"学起于思，思源于疑"。课堂提问是激发学生积极思维的动力，也是信息输出与反馈的桥梁，每一位数学教师都必须高度重视课堂提问的意义，不仅要善问，而且要会问，多层次、多角度、全方位地进行巧妙提问。因此，教师要在课前精心准备一些问题，通过提问抓住学生在回答过程中暴露的反馈信息，做出引导或有针对性的补救，能收到事半功倍的教学效果。

案例2：在讲解"相似三角形"时，有如下练习：

如图，直角梯形 $ABCD$，$AD\parallel BC$，$\angle A=90°$，$\angle B=90°$，$\angle DEC=90°$，试找出 AD、AE、BE、BC 之间的关系。

通过分析图形，学生很快找到四条线段的关系——成比例。此时教师提问："如果把这个图中的三个 90° 的角改成 60° 的角，这四条线段有什么关系？"学生试着用第一步中找相等角的方法，证得△ADE 与△BEC 相似，进而得到四条线段成比例的关系。教师提问："如果把 60°的角改成 130°，是否也有相同的结论呢？"学生思考片刻后，得出肯定的回答。教师提问："现在你们有什么发现？"学生就提出，当∠DAE=∠DEC=∠EBC 时，AD、AE、BE、BC 都是成比例的。通过变式提问的方式让学生熟悉了图形的特征，掌握了解题方法，拓宽了解题思路。

　　三、优化课堂练习，做好实时反馈

　　数学课堂练习是学生掌握知识、形成技能、发展智力，由"知"转化为"能"的重要环节，也是获取教学反馈最及时、最准确的方式。课堂练习不是对所学新知识的简单重复，不是简单地把教材上的"做一做"当成唯一的课堂练习，而是需要教师根据教学重难点精心设计针对性比较强的课堂练习，做到重点突出，层层递进，让学生的学情得到充分暴露，帮助教师及时有效地调控教学过程，更科学、合理地组织后续教学。

　　案例 3：已知二次函数 $y=-x^2+x+4$，求：①抛物线的开口方向。②抛物线的顶点坐标。③对称轴。④抛物线与两坐标轴的交点坐标。⑤x 为何值时，y 有最大（小）值？⑥画出函数图像，说出函数图像是怎样由 $y=-x^2$ 平移得到的？⑦根据图像回答 x 为何值时，a. $y>0$；b. $y=0$；c. $y<0$。⑧根据图像回答 x 为何值时，a. y 随 x 的增大而增大；b. y 随 x 的增大而减小。

　　学生通过这道例题的学习，可达到以下效果。

　　1）加深了对二次函数性质的理解和掌握。

　　2）掌握了求抛物线顶点坐标的两种方法，即公式法和配方法。

　　3）会用五点法画二次函数的图像。

　　4）掌握了二次函数的图像平移规律。

　　5）了解利用函数图像研究函数性质的方法，渗透数形结合思想。

　　上述典型例题，带动了基础知识和基本方法的掌握，达到了以点带面的目的，有利于提高学生的学习兴趣，培养学生思维的灵活性、广阔性和创造性。

　　总之，课堂教学是教与学之间的信息传递和反馈的控制过程，没有反馈信息的教学系统，要实现教学的有效控制是不可能的。教师要重视发挥反馈在初中数学课堂教学中的作用，针对学生反馈的信息进行分析、判断，及时调整教学方法，实现对信息的再输出，促进课堂教学过程不断优化。

　　（资料来源：顾亚红. 新课程背景下初中数学教学中课堂反馈信息的收集与利用[J]. 考试周刊，2014（26）：77.）

第九节　板书板画技能

学习目标

　　1. 了解数学课堂教学板书板画技能的分类和要求。

　　2. 掌握不同类型的板书基本模式。

学习任务

　　结合中学数学教学内容（一课时），粉笔书写完成板书设计。

知识探究

　　板书是数学课堂教学的重要组成部分，是传递教学信息的有效手段，是教师口头语言的书面表达形式。板书板画技能是教师利用黑板以凝练的文字语言和图表等形式，传递教学信息的行为方式。

　　板书技能是教师必须掌握的基本功，是数学教师的一种教学艺术。精心设计的板书能突出知识的重点与联系，充分调动学生的视觉感官，使学生产生联想、类比，得到启发。上完一堂数学课，主要内容仍然完整地保留在黑板上，会使学生产生一种完整、圆满的感觉，而得到一种精神上的满足。板书对学生具有示范作用。整齐规范的板书是一种"无声"的教学语言，是学生学习的模范，对学生数学书写能力的提高是有力的、无声的教学。所以，在备课时，教师不仅要备教学内容的讲解，而且要思考板书的设计，要充分认识板书在课堂教学中的重要作用，掌握良好的板书技能。

一、数学课的板书分类

　　1）主板书：一堂课讲的主要教学内容，也是一堂课一直要保留在黑板上的内容。主板书由一堂课的主要概念、定理、公式、法则、主要图形、重点例题及论证、计算的重要步骤等组成。有些内容甚至可用彩笔、框图突出显示，表明是本堂课的重点与关键内容，以引起学生注意。主板书的内容也是学生在这堂课首要掌握的内容。主板书一般应从黑板左侧开始，占黑板板面的大部分。

　　2）副板书：可以在黑板上随写随擦的板书。那些学生熟悉而又必须推导、计算的过程，提醒学生注意的公式、定理，诱导学生思维的草图，学生板演，等等，这些都是副板书的内容。副板书通常写在黑板的最右侧。

　　3）其他板书：教师课前准备好的小黑板、幻灯片、投影胶片等。随着电化教学手段的推广，一些教师还将计算机和录像机用于数学课堂教学。

　　下面对板书技能进行论述，主要是黑板板书，因为它是当前数学课的主要板书形式。

二、对板书板画技能的要求

　　（一）板书要有计划性

　　板书要在备课时进行设计，根据讲授内容，合理设计板书。板书要有明确的课题、简明扼要的讲解提纲，并且要布局合理、详略得当、主次分明，使板书真正起到促进学生的思维与记忆的功能。板书设计包括：板书有哪些内容？何时板书？这些内容应放在黑板的哪个部位？保留多长时间？作图时，先画什么，后画什么？使用何种画图工具？哪些内容需要用彩色粉笔标记？……切不可忽视板书设计，上课时东写一笔，西画一笔，随写随擦，支离破碎，会影响教学效果。

　　（二）板书要富于启发性、直观性

　　板书要以能启发学生思考、激励学生去探索与研究为目标。

　　例如，学生初学"幂"这个概念时，常与"乘方"混淆，教师可设计下列板书。

1）幂：乘方运算的结果。

2）积：乘法运算的结果。

3）和：加法运算的结果。

通过对比，学生能利用原来对"加法——和""乘法——积"的概念的理解来理解"乘方——幂"的关系，从而领会"乘方"与"幂"的联系与区别。

（三）板书要字迹工整、表达规范

板书要字迹工整，不能潦草，一般应用楷书或行书，书写规范；教师板书中的数学符号一定要书写正确；常用的拉丁字母、希腊字母的大写、小写、手写体一定要规范；对于一些要使学生掌握的解题、证题格式要体现示范性；作图正确，线条清晰，大小适中，更要注意一题可能多图；教师板书的语言必须为科学数学语言，一般不能使用通俗语言。

（四）板书要便于记忆

在每讲完一段内容后，教师应抓住要点，指明板书关键之所在，揭示知识间的内在联系，使学生们理解深刻，便于记忆。

（五）板书要有利于学生记笔记

要培养中学生记笔记的能力，教师板书之后要稍停笔片刻，便于学生记笔记，有时还要向学生说明什么要记，什么不要记，给予指导，这个"片刻"随学生年级的升高而缩短。

三、板书的基本模式

板书要有基本要求，但无固定格式。根据教学内容和教学目标的不同，以及教师教学风格的差异，板书可以各有特色。不同类型的课，板书应有不同的基本模式。下面仅就概念的引入、定理的发现与论证和各类例题教学中板书的基本模式和变式举例说明。

（一）概念的引入

以讲"角平分线"定义为例，可分为以下三步。

1）原文讲述概念——分清前提与结论。

板书：从一个角的顶点引出一条射线，如果把这个角分成两个相等的角，则这条射线叫作这个角的平分线。

教师指出第一句话是前提，后一句话是结论。

2）以文作图——准确替代，认真作图。

教师边画图边讲解：从 $\angle COH$ 的顶点 O 引出一条射线 OK，如果把 $\angle COH$ 分为两个相等的角，使 $\angle COK = \angle KOH$，则这条射线 OK 叫作 $\angle COH$ 的平分线。

3）推理论证——以图释文，准确表述、板书。

正向表述：

因为∠COK=∠KOH，所以OK为∠COH的平分线。

逆向表述（因为此定义的逆命题也成立）：

因为OK是∠COH的平分线，所以∠COK=∠KOH。

这样讲解与板书，不仅能使学生加深对概念的理解，还能让学生在学习概念的同时，接触论证的"二段式"和"三段式"，为今后学习"定理的证明"埋下伏笔。

（二）定理的发现与论证

例如，教"一元二次方程根与系数的关系"时，采用了"从特殊到一般"的思维方法让学生对单个的特殊事物进行观察、分析、比较、归纳，以发现规律性的东西。

板书：

1）解下列一元二次方程：

① $x^2 - 5x + 6 = 0$；　② $x^2 - 3x - 10 = 0$；

③ $2x^2 - 7x + 5 = 0$；　④ $3x^2 - 5x - 2 = 0$。

2）请观察方程①、②的两根之和与一次项系数有何关系，两根的积与常数项有何关系。

3）将方程③、④转化为方程①、②的形式后，上面的研究结论对方程③、④是否适用？

主板书如表5.5所示。

表5.5　主板书

序号	方程	两根	两根之和	两根之积
①	$x^2 - 5x + 6 = 0$	$x_1 = 2$，$x_2 = 3$	$x_1 + x_2 = 5$	$x_1 x_2 = 6$
②	$x^2 - 3x - 10 = 0$	$x_1 = 5$，$x_2 = -2$	$x_1 + x_2 = 3$	$x_1 x_2 = -10$
③	$2x^2 - 7x + 5 = 0$	$x_1 = \dfrac{5}{2}$，$x_2 = 1$	$x_1 + x_2 = \dfrac{7}{2}$	$x_1 x_2 = \dfrac{5}{2}$
④	$3x^2 - 5x - 2 = 0$	$x_2 = -\dfrac{1}{3}$，$x_2 = 2$	$x_1 + x_2 = \dfrac{5}{3}$	$x_1 x_2 = -\dfrac{2}{3}$
结论	若x_1, x_2是方程$ax^2 + bx + c = 0$（$a \neq 0$）的根，则$x_1 + x_2 = -\dfrac{b}{a}$，$x_1 x_2 = \dfrac{c}{a}$			

在此基础上，可以用求根公式证明一元二次方程根与系数之间的关系。

（三）例题教学的板书

例题是教师向学生传授知识、巩固知识、培养能力、发展智力的桥梁，教学中的例题包括证明题、计算题与作图题。在解答中它们各有各的格式，但是基本要求都是规范、推理简明、正确、作图标准。教师在黑板上对于例题的板书，对学生具有示范作用，切不可粗心大意，随意书写。

1. 证明题的板书

板书时，先写"证明"二字，再根据题意画出图形，图形要具有一般性，要正确使用作图工具，图形大小要适中，示意图、草图通常在副板书上画出，并要求教师画得"像"，在初中低年级，教师在主板书上尽量少徒手画图。教师引导学生对题目进行分析，难度较大时，可将分析的过程做简要的板书，最后一步要有理有据地写出证明的过程。

2. 计算题的板书

计算题板书时，先写"解"字，然后由已知出发，逐步演算，口手协调地写出每步的结果，做到有理有据，准确无误。对于思路较难、计算复杂和技巧性强的计算题，可边分析、边板书，暴露算理的分析过程，讨论计算程序，然后让学生去进行计算。

3. 作图题的板书

作图一般有四个步骤：分析、作法、证明、讨论。分析是寻求作图的途径；作法是证明的依据；证明是证实作图合理；讨论是研讨可能出现的各种情况。

通常，对于较难的作图题应写出上述四个步骤，而对于简单的作图题则可以略去分析、证明、讨论，只写出作法就可以了。

四、板书的注意事项

（一）板书不宜跳步过大

无论是证明过程还是计算过程，都必须循序渐进，不可不顾学生能否接受，随意跳大步，在学生不易明白的地方，不要轻易板书"易知""显然"等字样，以免挫伤学生的学习热情。当然板书也不可过细，应掌握分寸，恰到好处。

（二）板书要注意姿势

有些教师只顾板书，面朝黑板、背对学生，既挡住了学生的视线，影响了传授知识，又与学生没有（目光）思想的交流。教师板书时应左侧面朝学生，右侧面朝黑板书写。教师的目光既能看到黑板，又能观察学生的表情，当然也就不会遮挡学生的视线。

互动交流

【交流研讨】
针对以往你熟悉的数学内容，谈谈板书设计的意义。
【实践训练】
选择一课时的中学数学内容，尝试进行主板书设计。

评价反思

1. 通过本节课的学习及交流研讨内容，谈谈你在板书板画操作过程中的体会。
2. 通过本节课的学习，谈谈你对中学数学教学板书板画技能的认识。

拓展提高

传统板书的未来实践路径

（一）重建师范文化

板书实践固然需要教师术业精进，但比之于技能锤炼更重要的，是教师对于传统板书的文化认同。师范文化曾如空气般氤氲于传统师范教育，使学习者得以在身心习染中实现其价值体认。所以，我们既要顺应教师专业化的发展导向，也要突出传统师范教育所强调的培养"合格师资"，在潜移默化中使学习者对于其中浓郁鲜明的部分——传统板书，逐渐产生思想认识、价值认可与情感认同，从而自觉自愿勤学苦练，直至熟能生巧，彰显师范本色。

（二）遵循学科特点

课堂教学是否需要板书和板书什么，属教学手段选择与教学内容呈现，这应以学科特点为考量标准。以数学学科为例，其思维科学的本质属性与高度抽象性的特点，要求学科教师应基于如何引导学生学会数学地思考这一视角去实施板书教学。例如，板书的呈现结构应贴合知识间关系；书写顺序要顺应逻辑关系和思考路径；概念教学中善用数学对象的多元表征来调控教学内容的抽象程度；解题教学中巧用线索式板书去引导学生探索解题思路；变式教学中活用板书以实现一题多用、一图多用，在提高板书效率的同时助益数学知识的架构与黏合；等等。

（三）重视理论建设

理论具有解释的能力，能提供一种深层次交流的语言，更利于为后续研究提供分析框架。这正如李秉彝先生在肯定"一板功"的同时所谆谆告诫的："你单单会讲会做之后，不够，就是说你还是要理论化。为什么要理论化呢？这跟数学一样，数学假如你一直停留在具体的例子里面，你不抽象化的话，你就走得不快，走得不远。"

（资料来源：陆珺. 技术热背景下传统板书的功能审思：以数学教学为例[J]. 中国教育学刊, 2019（6）：82-86.）

第十节　练习、作业、考试的讲评技能

学习目标

1. 掌握数学教学中练习、作业、考试的讲评技能的讲评内容。
2. 了解运用练习、作业、考试的讲评技能的注意事项。

学习任务

结合中学数学某一章节的习题，选择典型习题进行课堂讲评。

知识探究

学生练习、作业或考试后都要讲评，可见讲评是数学教学中不可忽视的重要环节。讲评技能是教师在充分了解学生练习、作业、考试情况的基础上，引导学生辨析错误，分析解题思路，归纳解题方法，以达到矫正错误，强化已获得的知识、方法、技能、技巧的目的的行为方式。一般地说，讲评具有用时短，内容具体，重点突出，方式灵活，针对性、导向性强，以及语言准确、精练、规范等特点。

一、讲评的内容

（一）矫正学生在解题中出现的错误

矫正学生在解题中出现的错误是讲评的主要任务之一。讲评应展示学生的典型性错误，在讨论、分析、比较、鉴别中搞清错的原因，矫正错误，以求得对知识的进一步理解及对技能的进一步巩固。

例 5.11　已知 α、β 是关于 x 的方程 $x^2 - 2ax + a + 6 = 0$ 的两个实根（$\alpha \in \mathbf{R}$），试求 $(\alpha - 1)^2 + (\beta - 1)^2$ 的最小值。

错解：根据韦达定理，有

$$\begin{cases} \alpha + \beta = 2a \\ \alpha\beta = a + 6 \end{cases} \qquad ①$$

于是

$$(\alpha - 1)^2 + (\beta - 1)^2 = (\alpha + \beta)^2 - 2(\alpha + \beta) - 2\alpha\beta + 2$$
$$= 4\left(a - \frac{3}{4}\right)^2 - \frac{49}{4} \qquad ②$$

因此，当 $a = \frac{3}{4} \pm \frac{7}{4}$ 时，原式取最小值。

分析：忽视了方程式 $x^2 - 2ax + a + 6 = 0$ 有两个实根，因而 $\Delta \geq 0$ 这一隐含条件。

正确解法：由 $\Delta \geq 0$，得 $a \leq -2$ 或 $a \geq 3$。利用式②得：当 $a = 3$ 时，原式取最小值 8。

（二）展示数学思想、方法、技巧，交给学生解题的钥匙

讲评的过程，也是展示解题思想、总结解题方法、归纳解题技巧的过程。有些典型题目虽然不太复杂，但却体现了一定的解题思想和方法。学生对这些题目虽然会做，但对其体现的思想方法未必明确。教师在讲评时，要把题目所体现的思想方法、技巧展示出来，以使学生由会解一个问题过渡到会解一类问题。

例 5.12　一个直角三角形，斜边上的中线长为 1，两条直角边和为 $1 + \sqrt{3}$，求这个直角三角形的面积。

$$\begin{cases} a + b = 1 + \sqrt{3} \\ a^2 + b^2 = 4 \end{cases}$$

$$S = ab \times \frac{1}{2} = \frac{\sqrt{3}}{2}$$

解：设此直角三角形的两条直角边分别为 a、b，由题意知斜边长为 2，则有

$$(a + b)^2 - (a^2 + b^2) = 2ab = 2\sqrt{3}$$

此题中感兴趣的不是 a、b 的具体值，而是乘积 ab 的值，因而把 ab 看成整体。对于求几个数的和、差、积、商的问题来说，整体思想常常有广泛的应用。

（三）充分暴露思维过程，使学生突破思维的障碍点

当一部分学生对一道综合题一筹莫展，不知从何下手时，就说明这道题有某个难点使学生思维受阻。教师应充分暴露自身（或优生）解答问题的思维过程，展示教师在寻找解题思路时碰了哪些壁，如何转弯，让学生从中领略思维的经验，不但知其然，而且

知其所以然，从而突破思维的障碍点，提高思维能力。

例 5.13　已知△ABC 的两边 a、b 是方程 $x^2 - 4x + m = 0$ 的两个根，这两边夹角的余弦是方程 $5x^2 - 6x - 8 = 0$ 的两个根，求这个三角形面积的最大值。

分析：这是一道代数、三角、几何综合题，它可以分解成几个基本题。

① 若△ABC 的两边是 $x^2 - 4x + m = 0$ 的两根，求 $a + b$。

② $\cos C$ 是方程 $5x^2 - 6x - 8 = 0$ 的根，求 $\sin C$。

③ 由式①、式②写出△ABC 的面积 S 和 a（或 b）之间的函数关系式。

④ 求 S 的最大值。

这样做即铺设了由"已知"通向"未知"的台阶，而攀登每一级台阶并不困难，使问题化繁为简，得以解决，此题的答案是 $a = 2$ 时，三角形的面积最大为 $\dfrac{6}{5}$。

（四）挖掘多种解法，优化解题过程，培养思维能力

如果一道题有多种解法，讲评时应挖掘多种解法，并且比较鉴别各种解法的优劣，这样既能开阔学生的解题思路，培养学生的思维能力，又能培养学生的评价鉴赏能力。

例 5.14　已知：在平面内的四边形 ABCD 中，$AB = AC$，$BD = DC$，$DE \perp BC$。求证：$BE = CE$。

分析：该题属于线段相等问题的证明，可考虑以下四种思路证明。

证法 1：先证△ABD≌△ACD，再证△ABE≌△ACE，从而 $BE = CE$。

证法 2：先证△ABD≌△ACD，再证△BDE≌△CDE，从而 $BE = CE$。

证法 3：连接 BD，先证△ABD≌△ACD，从而 $\angle ABD = \angle ACD$，由等腰三角形性质知 AD 为 BC 的垂直平分线，故 $BE = CE$。

证法 4：连接 BD，先用垂直平分线定理的逆定理证 AD 是 BC 的垂直平分线，再用垂直平分线定理证 $BE = CE$。

此题虽然难度不大，但通过对各种证法的讲评概括出了三角形图形中证明线段相等的一般方法，展示了相关知识的联系，开阔了学生的眼界。

（五）加强变式训练，培养学生的变通能力

讲评时，把题目的条件、结论加以改变，然后让学生思考解答，这样既能巩固强化解题思想方法，又能培养学生思维的灵活性与深刻性。

例 5.15　已知：在△ABC 中 $AH \perp BC$，D、E、F 分别为 AB、BC、CA 三边的中点，求证：$FD = EH$。

在不改变题设的情况下，引申结论可得下列变题。

变题 1　求证：四边形 DFEH 是等腰梯形。

变题 2　求证：△DEF 的周长等于△HFE 的周长。

变题 3　求证：$\angle HFE = \angle DEF$。

三道变题把结论逐渐深化，可使学生思路更加灵活，并在潜移默化中提高解题能力。

二、讲评的注意事项

（一）讲评要有明确的目的、针对性及重点

讲评要有明确的目的、针对性及重点，不可面面俱到，对列方程解应用题的讲评，重点应放在列方程上。要讲评学生未知数设得是否恰当、方程列得是否合理、是否还有更好的方法等，而对学生在解方程中出现的错误，只需略加指点。

（二）讲评应具有启发性

讲评时，教师应针对学生的错误，精心设题、巧妙提问、恰当引导、耐心启发，以"顺应"学生的思维，让学生认真思考，自省问题，使学生参与到寻求"错因"的过程中。这样可以消除学生的被动受审心理，使其养成认真思考的习惯，从而提高自信心，激发学习兴趣。

（三）讲评应具有激励性

教师在讲评时应在指出错误的同时，细心寻找学生的成绩，对于有独创见解的解法应加以宣传推广，应充分肯定学生的进步、激发学生的学习动机。恰当地、有的放矢地表扬一些学习有进步的学生，可使学生获得激励和鼓舞。

互动交流

【交流研讨】
针对以往你熟悉的数学内容，谈谈练习、作业、考试讲评的意义。

【实践训练】
选择适当的中学数学练习、作业、考试内容，尝试进行一次讲评活动。

评价反思

1. 通过本节课的学习，谈谈你在中学数学教学中如何对练习、作业、考试讲评进行教学设计。

2. 通过本节课的学习，谈谈你对中学数学教学中练习、作业、考试讲评技能的认识。

拓展提高

中学数学教学中常见的考试试卷讲评设计思路

一、课前准备

1. 数据统计

讲评之前应做好有关数据统计，包括测验成绩的各项统计及各题得分率。统计最高分、最低分及平均分，以便让学生了解自己本次考试中在班级里的大致位置；统计哪些是"多发病"，哪些优生在哪类高档题中失分较多，哪些同学进步显著；哪些基础题不

能出错，哪几道题属于"群体困难题"等。只有充分掌握数据，才能对学生整体情况充分掌握并有针对性地点评。

2. 习题选取

讲评题目的选取也要充分细致。掌握各题得分率后，挑选得分率较低的题目，首先分析学生错误的根本原因、做题的心理过程。例如，一些教师已经预见学生会错，平时也已经反复强调，但学生还是错的题目。

这有两种可能：一是粗心大意，这往往是因为基础知识不扎实造成的，这种问题通常学生拿到试卷后自己思考一下就已经有所领悟，不需要教师再解释；二是"假理解"，一些灵活性较强的问题经教师讲解后，学生好像懂了，但今后遇到同样的问题，可能还不会做或出现错误。要克服"一听就会，一做就错"的局面，使学生真正理解和掌握，让学生多自悟和讨论，不仅要讲推理，更要告诉学生是怎样想到这个推理的。

数学讲评课上就有关问题研讨处理后，教师要针对该题所涉及的有关知识内容、技巧、技能、方法、思想，多角度、全方位地精心选编一组或几组强化变式练习，使学生从各个角度加深对该问题的理解和掌握，要给学生进一步实践、总结和反思的机会。

变式练习的选取也非常重要，类型、难度都要把握好。选得好，学生学习效果、巩固程度事半功倍；选得不好，学生会越来越糊涂，无所适从。不要就题论题、孤立地逐题讲解，要透过题中的表面现象，善于抓住问题的本质特征进行开放、发散式讲解。一般可从三个方面进行发散引导："一题多解""一题多联""一题多变"。因此，前期准备工作要非常充分。

二、课堂讲评

1. 成败得失

每次讲评对于最高成绩获得的学生、成绩提高幅度较大的学生要点名宣读，特别是原来基础较差的学生，教师应从他们的试卷中细心捕捉其闪光点。改卷过程中对发现的新颖的思路和独到的见解应向全班同学推荐；总之，一切为了提高学生的学习兴趣。当然，切忌帽子戴得太高，使学生产生骄傲自大的心理，因此表扬尺度也要因人而异；而对于成绩落后、退步者要做到警醒和激励，使他们在产生危机感的同时，也要使他们对于未来的学习充满希望。切忌使学生产生自卑心理，从而对数学不感兴趣，以致自暴自弃。

2. 典型错误

无论是从时间考虑，还是从教学效果分析，试卷讲评都不可能面面俱到。要按照学生答题情况确定讲评内容，对个别学生出错的试题，在他们的试卷上面以批语形式给予提示，这样的题不能再占课堂上的时间。对于典型错误，因为它们具有代表性，又是提高班级成绩的关键，所以应重点讲评。查找错误原因时，不能仅停留在知识点上，还要在数学思想和方法上追根究源，并且可以进行拓展，做到就题论理，讲解一题，带动一片。

3. 一题多变

波利亚认为："我们如果不用'题目的变更'，几乎是不能有什么进展的。"这就是说，在试题讲评时，不能就题论题，对涉及知识、技能面广的题，要力争"一题多变""一题多练"，如强化或弱化问题的结论、增加或减少问题的条件、变换问题的情境等，引导学生扩展思路，纵横联系。

4. 一题多解

事实证明，解法单一、重讲轻评的讲评难以吸引学生，我们应当针对试卷中的典型题目，有选择地介绍学生的几种典型做法，并尽可能补充新颖的正确解法，即把学生的解题途径作为素材提炼、扩充、变通，使学生多方位、多角度地考虑问题，抓住问题的关键，优化解题过程，使学生思维的发散性、灵活性得到培养，创新能力得到彰显。

5. 奇思妙解

奇思妙解不可多得，所以公布某位学生的具有独创性的解法很有必要，这既是对独创性思维的呵护与鼓励，也能使学生的新思想得到广泛的交流，同时也能激发学生思维的创造性和灵活性。

6. 思想方法

数学思想方法是对数学内容及其所使用的方法的本质认识，是具有普遍适用性的"通法"，灵活运用各种数学思想方法是提高解题能力根本之所在，因此讲评试卷时要注意引导学生总结体会各类数学试题中的思想方法，培养学生用数学思想方法去解决问题的能力。数学思想包括方程思想、函数思想、转化思想、数形结合思想、分类讨论思想等。

7. 讲一类问题

在单元测试中，同一知识、技能和方法的考查会以不同方式重复出现，而这些往往是本单元的重点。在试卷讲评时，可以把这些题目作为一类问题进行讲评，并且作适当补充和延伸，对这类问题进行归纳、概括，形成规律和方法。

8. 反思收获

在平时教学中教师切忌"满堂灌"，试卷讲评也如此。试卷讲评完毕后，留点时间让学生自己纠错和消化，整理教师讲过的内容，纠正自己解错的题目，巩固相关的基础知识等；也可以让全体学生分组，相互交流各自的收获，反思失分原因；还可以让学生在试卷顶端写下一段反思，讲考试的感受与体会、自己存在的不足与优势、有什么启发。

通过学生的自我评价，让学生了解自己是否做出了最大努力，在学习中有什么优点和缺陷，有什么成功的经验和失误的教训，这样才能不断积累经验，也能很好地杜绝错误的再发生，而且使学生始终处于学习过程的中心，从而使以后的复习变得更加主动、有效、持久。

（资料来源：https://www.unjs.com/z/905658.html，有删改）

第六章　中学数学思想方法

知识目标

1. 理解加强中学数学思想方法教学的意义。
2. 掌握中学数学思想方法的内容。
3. 学会运用中学数学思想方法进行教学设计。

文化素养

"行之力则知愈进，知之深则行愈达。"

——选自〔南宋〕张栻《论语解·序》

【释义】

考察孔孟等圣贤对于知行关系的看法，都是既强调知，也强调行，希望学习的人能够二者兼顾。一般来说，在行动之前，人们肯定是要以一定的认知作为先导的，但这种认知一定不会是那么深入、细致的；只有在实践之中，人们才能真正获得更高层次的认知。相应地，人们比较初级认知指导下的实践，肯定不会那么完美，存在着这样或那样的问题，但随着认知水平的提高，实践的能力也会逐渐提高。

【联想】

在学习数学思想方法上，是要把认识到的理论运用到实践中去，指导实践的发展，才能体现其价值。反之，实践又会使人们产生新的认识，促进认识的发展。人类社会就是在"实践—认识—再实践—再认识"的循环往复中不断前进的。在学习中学数学思想方法的过程中除了需要理论学习，更多的是需要落实到实践，通过实践后再认识，才会取得事半功倍的效果。

数学思想是人们对数学内容的本质认识，是对数学知识和数学方法的进一步抽象和概括，属于对数学规律理性认识的范畴，而数学思想方法是数学知识的精髓。在中学阶段，加强中学数学思想方法教学，不仅可以提高学生的数学素质，适应人才培养的需要，还有助于学生形成良好的数学认知结构，更有助于提高数学教师的自身素质。

第一节　中学数学思想方法概述

学习目标

1. 了解数学思想方法的概念、类型、发展及作用。

2. 懂得加强数学思想方法教学的意义。

学习任务

通过查阅文献，撰写一篇小论文，介绍数学思想方法的起源与发展。

知识探究

数学思想方法是数学知识的精髓。中学阶段进行数学思想方法的教学是 21 世纪学校培养具有创新精神与实践能力人才的重要手段。进行中学数学思想方法的教学研究更能使中学数学教师充分吸收国内外数学思想方法论知识，提高对数学思想方法教学重要性的认识，从而能够有意识、自觉地实践数学思想方法教学。

一、中学数学思想方法

数学思想是人们对数学内容的本质认识，是对数学知识和数学方法的进一步抽象和概括，属于对数学规律理性认识的范畴。数学方法则是解决数学问题的手段，具有行为规则的意义和一定的可操作性。同一数学成果，当用它去解决个别问题时，就称之为方法；当论及它在数学体系中的价值和意义时，就称之为思想。例如，用极限去求导数、积分时，就称之为极限方法；当我们讨论极限的价值，即将变化过程趋势用数值加以表示，使无限向有限转化时，就称之为极限思想。当将这两重意思合在一起说时，就有了极限思想方法、数学思想方法之类的提法。M.克莱因的巨著《古今数学思想》，其实说的都是古今数学方法，只不过从数学史角度看，人们更加注重那些数学大师们的思想贡献、文化价值，因而才称之为数学思想。相对数学方法而言，数学思想更具有普遍性与可创造性，其抽象程度更高一些，理论的味道更浓一些。数学方法经常表现为实现某种数学思想的手段，而对于方法的有意识选择，往往体现出对于数学思想的理解深度。尽管存在着这样或那样的区别，但是数学思想与数学方法之间的总体关系仍是密不可分、相互交融的。我们不可能也没必要把数学思想和数学方法严格区分开来。因此，人们常常对这两者不加区分，而统称为数学思想方法，这样会显得更为方便。

二、加强中学数学思想方法教学的意义

（一）提高学生的数学素质，适应人才培养的需要

在中学阶段，学生好的数学思想方法可使其提高思维水平，优化思维品质，提高用数学知识解决实际问题的能力，真正懂得数学的价值，建立科学的数学观念，并形成良好的个性品质及科学的世界观和方法论，为自身的可持续发展奠定良好的基础。例如，数学建模的思想方法是狭义上的数学模型思想方法，从问题解决入手，将生产、生活实际问题抽象为纯数学问题，通过对数学问题的解答得出实际问题的解答，这种数学思想方法为培养学生的创新精神和实践能力找到了一个有效的操作平台。在数学建模的教与学的过程中，可以培养学生的数学观念、科学态度和合作精神，激发学生的学习兴趣，培养学生认真求实、崇尚真理、追求完美、讲求效率、联系实际的学习态度和学习习惯。

（二）有助于学生形成良好的数学认知结构

在现代教育观念的意义下，数学教育的最终目标从属于促进学生全身心发展的总目标。从现代认知学习理论的角度来看，数学教学的根本任务在于优化学生的数学认知结构，发展学生的数学能力，提高学生的数学素质，最终促进学生全身心发展。

数学认知结构是人们头脑里的数学知识按照自己理解的深度、广度，结合自己的感觉、知觉、记忆、思维、联想等认知特点组合成的一个具有内部规律的整体结构。学生的数学认知结构，是学生经过数学认知活动后，数学知识结构在大脑中的内化。通过这种内化过程，在学生头脑里形成了一个动态的数学知识系统。

（三）有助于提高数学教师的自身素质

在中学数学教育中实施素质教育，提高学生的数学素养，最根本的一条是建设一支高素质的中学数学教师队伍。

教师素质是教师稳固的职业品质，它是以人的天赋为基础，通过科学教育和自我提高而形成的具有一定时代特点的思想、知识、能力等方面的身心特征和职业修养。加强数学思想方法教学有利于提高数学教师的思想、知识、能力素质。

数学教师必须在思想上提高对数学思想方法重要性的认识，吸取基础数学教育现代化理念。中小学数学教育的现代化，主要不是内容的现代化，而是数学思想、方法及教学手段的现代化，加强数学思想方法教学是基础数学教育现代化的关键。另外，数学教师必须学习、掌握数学思想方法论知识，注意数学思想方法论方面的训练和培养，进而丰富其数学专业知识，提高自身的知识素质。教师可以发挥数学思想方法的优势，提高自身的授课水平，提升自身的数学素养，加强学生对数学知识的认识。例如，在教学中，教师可以用类比的思想培养学生发现问题、提出问题、分析问题和解决问题的能力。

互动交流

【交流研讨】

简述加强中学数学思想方法教学的意义。

【实践训练】

请查阅资料，小组讨论如何提升教师自身的数学素养。

评价反思

通过本节课的学习，你知道中学数学思想方法有哪些吗？

拓展提高

田　忌　赛　马

齐国的大将田忌常同齐威王进行跑马比赛。他们在比赛前，双方各下赌注，每次比赛共设三局，胜两次以上的为赢家。然而，每次比赛，田忌总是输给齐威王。这天，田忌赛马时又输给了齐威王。回家后，田忌十分郁闷，他把赛马失败引起的不快告诉了孙膑。孙膑是大军事家孙武的后代，足智多谋，熟读兵书战策，深谙兵法，只是曾被魏国将军庞涓谋害造成双腿残疾，不能率兵打仗。他被田忌救到齐国后，很受器重。田忌待他为上宾，请他当了军师。

赛马开始了，第一局，田忌派出了自己的下等马，对阵齐威王的上等马。结果可想而知，田忌输掉了第一局。齐威王十分得意。第二局，田忌派出了自己的上等马对阵齐威王的中等马。结果，田忌赢了第二局。第三局，田忌派出自己的中等马对阵齐威王的下等马，田忌又赢了第三局。三局两胜，田忌第一次在赛马比赛中战胜了齐威王。由于事先田忌下了很大的赌注，他把前几次输掉的钱都赚了回来，还略有盈余。

（资料来源：中国古代寓言故事[M]．北京：金盾出版社，2016：132-133，有删改）

请思考这个故事中，田忌使用了哪种数学思想方法。

第二节　中学数学思想方法在教学中的渗透

学习目标

1．了解常用数学思想方法的内涵、性质和应用。
2．能举例说明数学思想方法与教学的关系。

学习任务

撰写一篇关于"数学思想方法如何在教学中灵活应用"的 500 字小论文。

知识探究

教学思想的建立既有利于学生探究数学知识，也有利于其掌握一些基本的数学学习方法，初步培养其良好的数学思想，还有利于培养其创新意识，因此，应深入研究数学思想方法与教学的关系。

一、中学代数中的数学思想方法与教学

（一）集合的思想方法

集合思想是指应用集合论（主要是朴素集合论的基本知识）的观点来分析问题、认识问题和解决问题。在中学教学中渗透集合思想主要体现在以下几个方面。

1）学习朴素（初等）集合论最基本的知识，包括集合的概念和运算、映射的概念等。

① 集合论的诞生。格奥尔格·康托尔（Georg Cantor）是德国数学家，出生于俄国圣彼得堡（今俄罗斯列宁格勒），父亲是犹太血统的丹麦商人，母亲出身艺术世家。1856年，全家迁居德国的法兰克福。他先在一所中学学习，后在威斯巴登的一所大学预科学校学习。康托尔先后就学于苏黎世大学、哥廷根大学、法兰克福大学和柏林大学，主要学习数学和物理学，是集合论的创始人。集合论是 19 世纪数学伟大成就之一。

② 介绍集合论的发展历史，展现集合思想的魅力。数学的严格基础，在 20 世纪以前曾经历过两次巨大的考验，即古希腊不可公度理论的发现和 17 世纪、18 世纪关于微

积分基础的争论。19世纪末分析严格化的最高成就——集合论，似乎给数学家们带来了一劳永逸摆脱基础危机的希望。尽管集合论的相容性尚未证明，但许多人认为这只是时间问题，庞加莱甚至在1900年巴黎国际数学家大会上宣称："现在我们可以说，完全的严格性已经达到了！"但就在第二年，英国数学家罗素（Russell）却以一个简单明了的集合论"悖论"，即罗素悖论，打破了人们的上述希望，引起了关于数学基础的新的争论。对数学基础的更深入的探讨及由此引起的数理逻辑的发展，是20世纪纯粹数学的又一重要趋势。

③ 介绍集合的知识。介绍集合的知识涵盖了许多方面，从基本的定义到集合的计算和在解决实际问题中的应用。首先，我们可以从集合的定义开始，集合是由一组独特元素组成的无序集合。这些元素可以是任何事物，而且在集合中每个元素都是唯一的，没有重复。

在集合的计算中，我们可以执行各种操作，如并集、交集、差集和补集等。并集是指将两个或多个集合中的所有元素合并成一个新的集合，而交集则包含两个集合共有的元素。差集描述的是一个集合中存在而另一个集合中不存在的元素，而补集则表示在特定全集中不属于某个集合的所有元素。

集合的知识不仅停留在抽象的数学概念上，它在解决实际问题中也发挥着关键的作用。例如，在数据库中，我们常常使用集合的概念来表示数据的关系和操作。此外，在统计学和概率论中，集合的概念也被广泛应用，用于描述事件和样本空间。

总体而言，掌握集合的知识有助于我们更好地理解和处理各种抽象和实际问题。通过集合的定义和计算，我们能够建立清晰的逻辑思维，有效地处理和分析数据，并应用这些知识解决日常生活和专业领域中的各种挑战。

2）使用集合的语言。例如，方程（组）解的集合，轨迹是满足某些条件的点的集合，等等。

当使用集合论的语言时，许多数学概念的形式就变得简单多了，当然也抽象多了。在中学教学中使用集合思想，可以使我们有可能看出许多表面上不同的一些内容，如变量、变量的数值函数，几何变换，长度、面积和体积的测度，等等，用集合与映射的思想可以把它们统一起来。在解方程、解不等式、做关于方程的解及关于方程和不等式的等价命题时，使用集合思想来分析、认识也是很必要的。在中学代数中，函数的图像是函数关系的一种几何表示。若给定函数 $y = f(x)(x \in \mathbf{R})$，则在直角坐标平面 xOy 上，对于任何一个 $x \in \mathbf{R}$，都有一个点 $(x, f(x))$ 与它对应，即 x 通过对应关系 $f(x)$ 确定直角坐标平面上的一个点。我们把定义域 A 上的所有 x 在直角坐标平面上确定的点的集合 C 叫作函数 $y = f(x)$ 的图像。由此可知，在研究函数图像和借助数形思想解决实际问题的过程中，引入集合的定义能够取得显著的效果，可以更为直观。

例6.1 已知集合 $A = \{(x, y) \mid y \leqslant \sqrt{3}\,x\}$，集合 $B = \{(x, y) \mid x^2 + (y - a)^2 = 1\}$，若 $A \bigcap B = B$，则 a 的取值范围是（　　）。

A．$[2, +\infty)$　　　　B．$(-\infty, -2)$

C．$[-2, 2]$　　　　　D．$(-\infty, -2) \bigcup [2, +\infty)$

　　分析：集合 A 表示直线 $y=\sqrt{3}x$ 及其右下方区域；集合 B 表示以$(0, a)$为圆心、1 为半径的动圆面。由于 $A\cap B=B$，因此动圆必须在不等式区域 $y-\sqrt{3}x\leqslant 0$ 的内部，如图 6.1 所示，故应选 B。

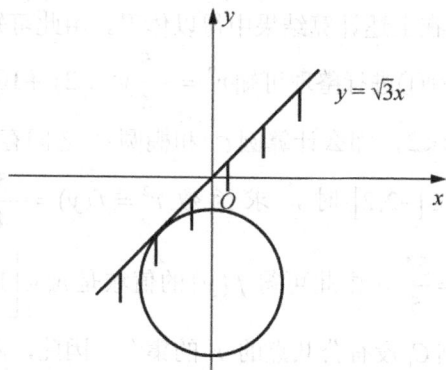

图 6.1　直线与动圆的关系示意图

　　集合思想方法的重点在于它的基本概念及其运算。作为数学中最基本、最普遍的概念，集合不仅具有高度的概括性，而且具有广泛的应用性。因此，如果把集合思想方法应用于中学数学教学实践中，必将起到举足轻重的作用。

（二）函数、映射、对应的思想方法

　　如前所述，函数概念在中学代数的方程、不等式、数列、排列组合等主要内容中起着重要作用。

　　函数概念具有客观性与普遍性，在数学中显示了万物运动变化的普遍规律，这个普遍规律相互联系、相互制约。变量相互对应是函数思想的本质。对于函数思想的运用，基本上是从万物运动变化的普遍规律中了解问题特点及其规律，建立联系，求解答案。我们学习的初中代数和高中代数内容全部是根据定义进行画图和分析，然后运用到学习之中，最后得出一套健全的系统知识。我们所学的初、高中代数包括很多内容，如正反比例函数、一次函数、指数函数、幂函数等。在学习这些内容的过程中，基本都运用了函数思想这一概念。

　　例 6.2　已知两条曲线：椭圆 $C_1:\dfrac{x^2}{9}+\dfrac{y^2}{4}=1$ 和圆 $C_2:x^2+(y+1)^2=r^2(r>0)$，假定曲线之间不存在公共点，计算 r。

　　最为常用的解法为：联合 C_1 与 C_2 的方程，从中消除特定的未知数。以 x 为例，经过化简，消去 x 后，最终得到

$$-\frac{5}{4}y^2+2y+10-r^2=0 \qquad ①$$

　　考虑到曲线之间无公共点，由此方程①不具有实数根，即

$$\Delta=4-4\times\left(-\frac{5}{4}\right)(10-r^2)<0，解得 r>\sqrt{\frac{54}{5}} 或 r<-\sqrt{\frac{54}{5}}\left(由于 r>0，舍去 r<-\sqrt{\frac{54}{5}}\right)。$$

总体来说，如果这两条曲线在没有公共点的情况下，r 可以表示为 $r > \sqrt{\dfrac{54}{5}}$。

至于上述计算结果的正确性如何，可以借助于具体的图形关系进行验证。如图 6.2 所示，假定圆心坐标为 $(0,-1)$，半径满足 $0 < r < 1$ 的圆 C_2 和椭圆 C_1 之间不存在公共点，然而 $0 < r < 1$ 的结果并未在上述计算结果中得以体现。由此可知，此解法是不正确的。从另一个角度考虑：对方程①进行整理可知 $r^2 = -\dfrac{5}{4}y^2 + 2y + 10$。将 $\dfrac{x^2}{9} + \dfrac{y^2}{4} = 1$ 看作 y 的函数，根据 C_1 易得 $-2 < x < 2$，那么计算圆 C_2 和椭圆 C_1 之间存在公共点 r 的集合，可转化为定义域满足 $y \in [-2,2]$ 时，求函数 $r^2 = f(y) = -\dfrac{5}{4}y^2 + 2y + 10$ 的值域，$f(-2) = 1, f(2) = 9, f\left(\dfrac{4}{5}\right) = \dfrac{54}{5}$，由此可得 $f(y)$ 的值域是 $r^2 \in \left[1, \dfrac{54}{5}\right]$，即 $r \in \left[1, \sqrt{\dfrac{54}{5}}\right]$，它的补集就是圆 C_2 和椭圆 C_1 没有公共点的 r 的集合，因此，两条曲线没有公共点的 r 的取值范围是 $0 < r < 1$ 或 $r > \sqrt{\dfrac{54}{5}}$。

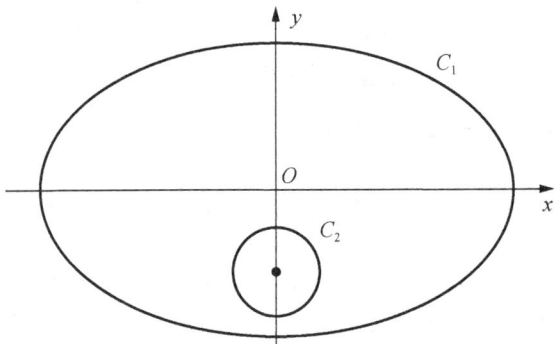

图 6.2　圆与椭圆位置关系图

这道例题充分展现了函数、映射、对应的思想方法在解题中的应用。

（三）数形结合的思想方法

代数是研究数量关系的。虽然数字化是很精确的，但若能用图像表示出来，往往比较直观，变化的趋势更加明确。所以数形结合思考问题，能给抽象的数量关系以形象的几何直观，也能把几何图形问题转化成数量关系问题去解决。

中学代数中能够体现这一思想方法的内容非常广泛。例如，集合中有韦恩图；函数借助于直角坐标系可以得到对应的图像；不等式中一元二次不等式对应一个区间，二元一次不等式组对应一个区域；复数中通过向量与几何结合，得到 $|OZ|$ 表示点到原点的距离，$|Z_1 Z_2|$ 表示两点间的距离等；在排列组合、概率统计中也有许多直方图、数图等几何方法。

例 6.3　$y = \log_{10}(x-1)$ 函数的大致图像是（　　　　）。

A.

B.

C.

D.

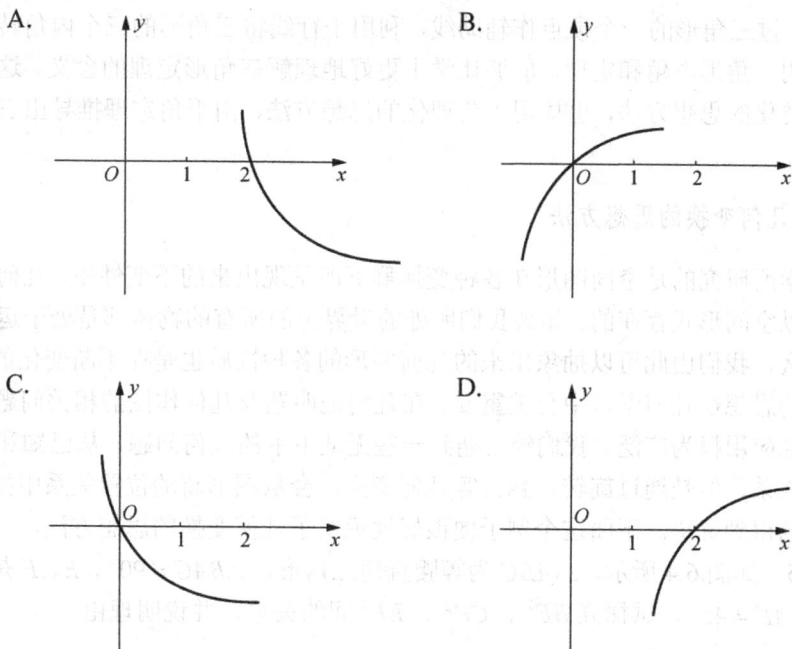

从函数解析式可以得到 $x>1$，因此，可以排除答案 B 和 C，此函数是一个增函数，因此，判定答案 A 也是错误的，最终选择正确答案是 D。

从上可知，函数的性质直接体现在图像上，而图像又可以说明函数的性质，掌握两者之间的关系是学好函数的一个重要环节和途径。

二、中学几何中的数学思想方法与教学

（一）公理化的思想方法

从知识结构的编排角度来审视当前的平面几何教学所运用的教材，不难发现，在几何教材中，整体运用的就是欧氏几何的不完善公理体系。几何教材中的内容，往往是通过几个大家所公认的事实来进入知识的讲解，借助于逻辑推理的形式，从而推演出一套完整的几何体系。在中学的几何基本体系中，全是这一类的公理化体系，公理化体系中包含着公理化的思想方法，公理化的思想方法对数学的学习及整个科学体系的发展都有着非常重要的基础作用。

例 6.4 如图 6.3 所示，探索在 $\triangle ABC$ 中，求 $\angle A + \angle B + \angle C$ 等于多少度，即三角形内角和的度数。

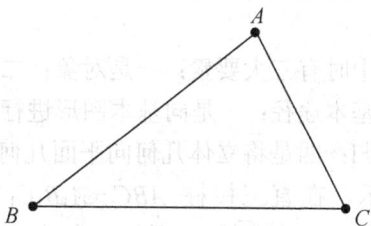

图 6.3 三角形内角和示意图

提示：过三角形的一个顶点作辅助线，利用平行线将三角形的三个内角转化为一个平角来证明三角形内角和定理，能够让学生更好地理解三角形定理的含义。这道题不仅仅使用了转化的思想方法，也体现了公理化的思想方法，由平角定理推导出三角形内角和定理。

（二）几何变换的思想方法

几何学所研究的是空间图形在各种变换群下所呈现出来的不变性质，几何所研究的对象都是以空间形式存在的。如果我们所处的世界上的所有的物体都是处于运动变化的状态，那么，我们由此可以抽象出来的几何图形的各种性质也是在不断变化的。所以，几何变换的思想在几何学习中至关重要。在几何证明题及几何作图的相关问题中，几何变换思想的应用极为广泛。我们经常遇到一些无从下手的几何问题，从已知和结论中看不到任何联系，但是通过旋转、翻折等几何变换，会从图形新的位置关系中找到关系，从而使问题得到解决。下面这个例子便很好地说明了几何变换的思想方法。

例 6.5 如图 6.4 所示，$\triangle ABC$ 为等腰直角三角形，$\angle BAC = 90°$，E、F 是 BC 上的点，且 $\angle EAF = 45°$，试探究 BE^2、CF^2、EF^2 间的关系，并说明理由。

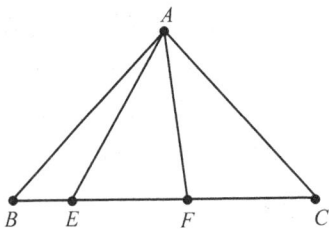

图 6.4 等腰直角三角形

答案：$BE^2 + CF^2 = EF^2$。

分析：由 BE^2、CF^2、EF^2 可直接联想到它们之间的关系符合勾股定理，本题型可通过旋转或翻折将 BE、CF、EF 三条边运动到同一个直角三角形内，从而运用勾股定理进行证明，此种类型题目的教学中要向学生渗透几何变换的数学思想方法。

（三）化归的思想方法

中学的几何中研究复杂图形的相关问题，都是借助于化归的思想，通过转化变成研究一些简单的图形，来实现问题的最终解答。例如，我们研究多边形的相关性质时，可以将其转化为三角形来研究，因为三角形是平面几何中的基本图形，转化之后的研究更加简单。

化归思想在运用到几何中时有三大要素：一是对象；二是目标；三是途径。化归思想在运用到几何中时有四个基本途径：一是向基本图形进行化归；二是向特殊图形进行化归；三是向低层次进行化归；四是将立体几何向平面几何进行化归。

例 6.6 如图 6.5 所示，在直三棱柱 $ABC - A_1B_1C_1$ 中，底面为直角三角形，$\angle ACB = 90°$，$AC = 6$，$BC = CC_1 = \sqrt{2}$，P 是 BC_1 上的一动点，则 $CP + PA_1$ 的最小值

是_____。

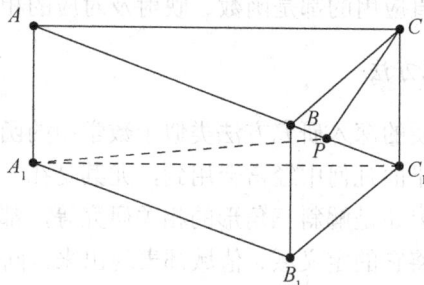

图 6.5　直三棱柱几何构造图

分析及解： 连接 A_1B，沿 BC_1 将 $\triangle CBC_1$ 展开与 $\triangle A_1BC_1$ 处在同一个平面内，如图 6.6 所示，连接 A_1C，则 A_1C 的长度就是所求的最小值。通过计算可得 $AB = A_1B_1 = \sqrt{38}$，$A_1B = \sqrt{40}$，$A_1C_1 = 6$，$BC_1 = 2$，所以 $\angle A_1C_1B = 90°$，又 $\angle BC_1C = 45°$，于是，$\angle A_1C_1C = 135°$。由余弦定理可求得 $A_1C = 5\sqrt{2}$。

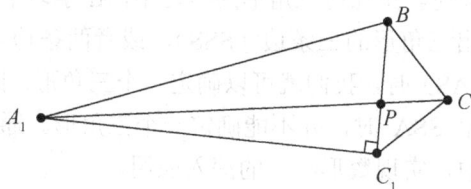

图 6.6　展开平面与最短路径图

本题把立体几何问题转化为平面几何问题，把沿表面两点的距离问题转化为平面上两点间的距离问题。

三、中学平面三角中的数学思想方法与教学

（一）函数、映射、对应的思想方法

如上所述，函数、映射及对应的思想方法是针对对应、运动变化及相互关系进行的，借助于一种状态来对另一种状态进行诠释，从研究的状态全面过渡到研究整个变化过程，从而使其贯穿于整个三角函数的解题步骤中。

在直角坐标系中，从角的终边引出三个量 x、y、r 中的两个量之比，从而定义一个三角函数。在建立一个任意角的三角函数的概述中，同时在引入弧度的基本概念基础上，构建的角的集合要与它的实数集相呼应，同时构建六个函数概念，分别是 $y = \sin x$，$y = \cos x$，$y = \tan x$，$y = \cot x$，$y = \sec x$，$y = \csc x$。同时，通过利用单位圆与三角函数线，将这六个函数的图像构建出来，最终再将其性质导出，使其形成一套三角函数的完整知识体系。在整个过程中，始终都要利用函数、对应及映射的相关思想。

三角函数在它的主值区间中的反函数称为反三角函数，我们从探究反三角函数的存在性开始，一直到合理寻求各自的主值区间，到最后建立一个反三角函数的概念，最终

借助于对称变换的方法来画一个反三角函数的图像，并通过它将反三角函数的性质诠释出来。在整个过程中，一直应用的都是函数、映射及对应的相关思想。

（二）数形结合的思想方法

对三角函数定义与性质的深入研究方法类似于数学中的函数研究，最常用的方法就是数形结合。这一方面在平面几何中经常会用到，尤其是在三角形中运用得极为广泛，无论是三角函数的相关研究还是解斜三角形的相关研究等，都要用到数形结合的方法。

三角函数的图像可以将它的定义域、值域都表现出来，同时，还包括三角函数自身的多种性质，都可以形象地表现出来，因此，三角函数的图像对于三角函数的全面学习与理解都有着重要的作用。尤其是对 $y = A\sin(\omega x + \phi)$ 图像的相关研究，我们可以把这个函数中的参数的几何特征及其数量特征等多种特征都充分体现出来，并将其有效地形成一个整体，这样可以较为全面地分析函数图像的各种变换，体现出数形结合思想方法的全面应用。

通过正弦定理及余弦定理对斜三角形进行诠释，它相当于将三角形的确定问题在一个定量的层面上进行了描述。在几何三角形的学习中，在学习了全等判定定理及三角形作图后可以知道，在给出三角形的三条边（SSS），或者两条边与一个角（SAS），或者两个角一条边（ASA、AAS）时，我们就可以确定一个三角形；同时，我们也可以知道，当给出了两边和一个对角 SSA 时，并不能确定一个三角形。通过这样的运算过程，我们在定性与定量的结合中，实现数形结合的深入应用。

（三）参数的思想方法

参数具有一个双重的作用，即常量与变量，它在数学的学习活动中，属于一个相对活泼的元素，可以用来描写运动与变化。在平面几何中，尤其是在平面三角形中经常会用到参数。在函数 $y = A\sin(\omega x + \phi)$ 中，A、ω、φ 属于参数。其中，A 的作用是确定该函数的最值，也就是函数图像最高点与最低点所对应的纵坐标；$\dfrac{2\pi}{\omega}$ 代表的是函数的周期；φ 代表的则是图像的初相，它可以最终决定函数图像距离坐标轴的相对距离，进而言之，它可以决定该函数的奇偶性。

在参数估计中，运用参数思想。例如，对容量为 n 的子样，求密度函数 $f(x;\alpha) = $
$$\begin{cases} \dfrac{2}{\alpha^2}(\alpha - x), 0 < x < \alpha \\ 0, x \leqslant 0 \cup x \geqslant \alpha \end{cases}$$
中参数 α 的矩法估计量。

解：

$$a_1 = E(x) = \int_0^\alpha x \frac{2}{\alpha^2}(\alpha - x)\,\mathrm{d}x$$

$$= \int_0^\alpha \left(\frac{2}{\alpha} x - \frac{2}{\alpha^2} x^2 \right) \mathrm{d}x$$

$$= \frac{1}{\alpha}\alpha^2 - \frac{2}{3\alpha^2}\alpha^3$$

$$= \alpha - \frac{2}{3}\alpha = \frac{1}{3}\alpha$$

所以 $\hat{\alpha} = 3a_1 = 3\overline{x}$ ，其中 $\overline{x} = \frac{1}{n}(x_1 + x_2 + \cdots + x_n)$ ， $x_1, x_2, \cdots, x_n$ 为 n 个样本的观察值。

（四）化归与分类的思想方法

除以上三种思想方法以外，还有其他的思想方法也被应用到平面三角学习中。例如，化归、分类等方法就比较常用。假如某一单元拥有较多的公式，而且变换较多，使用的方法也相对更加灵活，多数题会有一题多解的情形，这样的单元学习，如果仅靠题海战术，往往达不到预期效果。因此，学习这样的单元，需要全面提升学生的观察、运算、思维等多种能力，在学生熟记公式的前提下，通过函数的多种思想方法，对其角与角进行分析，找到各个函数之间的关系，从而更好地了解这些三角函数的结构特征，并最终找到最佳解题方案。

例如，在对 $\cos(\alpha+\beta+\gamma)+\cos(\alpha+\beta-\gamma)+\cos(\beta+\gamma-\alpha)+\cos(\gamma+\alpha-\beta)$ 进行化简的过程中，我们只要了解这四个角之间的相加与相减的关系即可： $\alpha+\beta+\gamma=(\alpha+\beta)+\gamma$ ， $\alpha+\beta-\gamma=(\alpha+\beta)-\gamma$ ， $\beta+\gamma-\alpha=\gamma-(\alpha-\beta)$ ， $\gamma+\alpha-\beta=\gamma+(\alpha-\beta)$ ，通过这些方法，进而利用两角的差与余弦公式进行下一步的计算，就可以实现式子的化简。再如，在对 $\tan20°+\tan40°+3\tan20°\tan40°$ 进行计算的过程中，也要全面抓住几个角的关系 $20°+40°=60°$ ，通过两角和的正切公式进而计算 $\tan(20°+40°)$ 。相关的证明题也可以运用这种方式来完成。

通过两角和的正切公式来实现计算，将其分式与整式之间进行转换，最终得到想要的结论。在借助于两角和与差的三角公式来解决相关问题的过程中，教师要加强对常规方法的应用，要满足相关的基本要求，同时还要淡化一些特殊的技巧，这样才能使自己的知识得以整合与应用，将数学思想方法全面融入教学中。若片面地追求变换的技巧，进行题海战术，这样会加重学生的负担，效果也不一定会好。

"化归"思想，是世界数学家们都十分重视的一种数学思想方法，从字面意思上讲，"化归"理解为"转化"和"归结"两种含义，即不是直接寻找问题的答案，而是寻找一些熟悉的结果，设法将要解决的问题转化为某一规范的问题，以便运用已知的理论、方法和技术使问题得到解决。渗透化归思想的核心是以可变的观点对所要解决的问题进行变形，就是在解决数学问题时，不是对问题进行直接进攻，而是采取迂回战术，通过变形把要解决的问题化归为某个已经解决的问题，从而求得原问题的解决。化归思想不同于一般所讲的"转化"或"变换"。它的基本形式有化未知为已知、化难为易、化繁为简、化曲为直。

四、中学平面解析几何中的数学思想方法与教学

（一）运动与变化的思想方法

早在 17 世纪时，运动与变化的思想方法便形成了，这在数学的思想史上意义重大。笛卡儿的解析几何及牛顿的微积分标志着变量数学的正式创立。笛卡儿将运动与变化的思想融入数学中，他将一些复杂的代数问题与几何问题运用动态的方式进行解决。例如，他将曲线比作一个点的运动所产生的轨迹，甚至可以用代数的语言来表达，即曲线方程 $f(x,y)=0$，它是由变量 x 与 y 在既定的规律之下形成的。因此，这个方程 $f(x,y)=0$ 在代数中似乎没有多大的用途，但是在用一个变量的变化来确定另一个变量这样的思想中，它就变成了一个表达变量之间存在关系的函数，蕴含着深刻的数学哲学思想，即将变量当作基础，我们可以从物体的运动中分析整个几何与代数，将两者有机地统一。因此我们认为，全面深入地研究几何，运动与变化的思想方法是重中之重。

例 6.7　如图 6.7 所示，在矩形 $ABCD$ 中，$AB=4$，$AD=6$，E 是 AB 的中点，F 是线段 BC 上的动点，将 $\triangle EBF$ 沿 EF 所在的直线折叠得到 $\triangle EB'F$，连接 $B'D$，则 $B'D$ 的最小值是（　　）。

A. $2\sqrt{10}-2$ 　　　B. 6 　　　C. $2\sqrt{13}-2$ 　　　D. 4

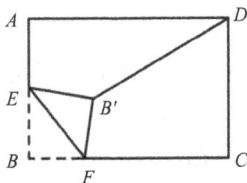

图 6.7　矩形

解：连接 DE，因为 $AB=4$，E 是 AB 边的中点，$AE=BE=2$，$\triangle EBF$ 沿 EF 所在的直线折叠得到 $\triangle EB'F$，所以，Rt$\triangle BEF$≌Rt$\triangle B'EF$，即 $B'E=BE=2$，在 Rt$\triangle ADE$ 中，因为 $AE=2$，$AD=6$，$\angle A=90°$，所以，$DE=2\sqrt{10}$。

在 $\triangle B'ED$ 中，$B'D>DE-B'E$，又当 B' 在线段 DE 上时，$B'D=DE-B'E$，所以，$B'D\geqslant DE-B'E$，即 $B'D\geqslant 2\sqrt{10}-2$，$B'D$ 的最小值为 $2\sqrt{10}-2$，故选 A。

（二）数形结合的思想方法

在平面上建立直角坐标系后，平面上的点与有序实数对之间就建立了一一对应关系。在此基础上，平面上的曲线可以用方程来表示。这样，研究曲线性质的几何问题就可通过研究方程的代数问题来进行。例如，研究椭圆的几何性质可以转化为讨论椭圆的方程 $\dfrac{x^2}{a^2}+\dfrac{y^2}{b^2}=1(a>b>0)$ 的性质。如果要求椭圆的范围，可以从方程中求得 $|x|\leqslant a$，$|y|\leqslant b$，由此得出椭圆位于直线 $x=\pm a$ 和 $y=\pm b$ 围成的矩形内。可见，数形结合可以把图形的位置关系转化为数量关系。

我们也可以把讨论直线与圆的位置关系转化为讨论圆心到直线的距离与半径的数量关系（这是一种以数助形的做法）。基于数与形的结合，我们又可以把某些代数问题转化为图形的位置关系来研究。

例如，求函数 $y = f(x) = x^2 + a^2 + (x-b)^2 + c^2$（其中 a、b、c 是正常数）的最小值。我们剖析解析式的特征可知，函数为零时的两个根式可视为平面上的两点间的距离，从而可设法借助于几何图形求解。这是一种以形助数的做法。数与形的有机结合与转化，可以使复杂问题简单化、抽象问题具体化，以便化难为易，使问题得以解决。

（三）化归思想方法

1. 化归的概念化

化意为转化；归即归结；"化归"是转化和归结的简称。所谓化归方法，是指把待解决或未解决的问题，通过某种转化过程，把它归结到某些已解决或简单的、比较容易解决的问题上，最终求得原问题的解答的一种手段和方法。化归的本质就是以运动变化发展的观点看待问题。根据事物间的特点转化矛盾，从而使问题得以解决，其具有问题的转化性、对问题求解的间接性、后瞻性、简捷性等特征。

化归的要素主要包括：①化归对象，即把什么东西进行化归；②化归目标，即化归到何处去；③化归的途径或方法，即如何进行化归。

2. 化归的模式化

化归思想方法是解决数学问题的一种重要方法。我们在解决某数学问题时，常常是将待解决的问题 A，通过某种转化手段，归结为另一问题 B，而 B 问题是相对较易解决或已经有固定解决模式的问题，通过对问题 B 的解决而达到问题 A 的解决。其中，问题 B 常常被称为化归目标或化归方向，转化的手段称为化归策略。

3. 化归的核心思想及方向

化归的核心思想，是在对新问题仔细研究的基础上展开丰富的联想，以唤起对有关旧知识的回忆，借助旧知识、旧经验来处理面临的新问题。由化归的定义我们可知，在用化归思想解决问题时，有一个重要的条件是：和原来的问题相比，化归后得出的问题必须是较为容易的、较为简单的或者已经解决了的，所以化归的方向应当是：从未知到已知，从难到易，从繁到简。着眼点在于发现新旧问题间的联系，从而使问题模式化、规范化。

在解题中常应用化归的思想方法。例如，立体几何中相关的证明题、计算题，教师将引导学生将其转化到平面几何中去解决，或者是将其转化到向量空间中去解决；多数三角函数的计算或证明题，教师在直接解决时有时会感到很吃力，若换个角度，运用数形结合的思想，将抽象问题转化到直观图形中，问题就容易解决多了。对复杂、非特殊的数列的求和问题，教师会启示学生将其转化到较为简单、特殊的数列来进行求和。总之，多数数学问题的解决都离不开化归思想方法，只是所体现的形式不同罢了。总的来说，教师在引导学生解数学题时，计算题是利用规定的法则进行化归，证明题是利用公式、定理或已经证明了的命题化归，从而使问题得以解决。一般来说，常见的化归方法主要有：①抽象问题具体化，很多数学问题是各种信息和知识的高度浓缩和抽象，对于抽象的问题，我们直接对其求解，很难找到解决问题的突破口，有时甚至会陷入困境。如果改变思考方向，将抽象的问题转化为与之等价的具体问题，问题就容易解决多了。②化繁为简，陌生问题化为熟悉问题，解答数学问题的过程，事实上是一种连续化简的过程。教师在讲授解决问题时是一步一步地寻求问题解决方法的，即是在使问题的实质不变的情况下，连续地把问题化简，把学生比较陌生的问题逐步地转化为学生熟知的问题，最后总能找到答案。

（四）参数的思想方法

在中学的诸多数学问题中，都会运用到参数思想，运用最多的就是曲线的参数方程。在数学问题中，"引参思变"是一个非常重要的解题思路，参数能够实现两个变量之间的相互联系，从而令各个不同分支的内容实现化归。在运用参数思想分析问题的过程中，最为重要的就是要正确地实现参数的引进，并且科学地运用参数。在设定定点与动点的坐标过程中要恰当地运用参数，同样，在曲线方程中也要合理地运用参数，同时还要巧妙地处理好常数与变数之间的相互联系及相互转换。在解析几何中，我们也要充分地重视参数的应用。

（五）概率统计中的数学思想方法与教学

在中学概率统计的学习过程中，运用的数学思想是借助集合论来对事件间的关系进行全面的解析与计算。事件的概率是借助概率模型构建而来的，以加法、乘法计数原理为基础的排列组合是计算概率的主要方法。

中学统计学中运用的最为广泛、最为根本的一种思想便是统计推断。它是指从一个样本的现状中推断出总体的现状。例如，教师在几次检查过程中，推断一个学生的综合能力；在对几个班的学习进行抽查的情况下，推断出整个学校的学习情况；等等。在数量统计中，统计推断是关键所在，它分为两大类内容：一类是统计理论；另一类是统计假设检验理论。在我们日常的生活与生产中，统计推断的思想往往会在无意识中得以应用。例如，我们对某一车蔬菜的推断，通常是从其中抽取一小部分来检验，从而实现对整车蔬菜品质的推断。

例 6.8 （2017 年全国卷 III）某超市计划按月订购一种酸奶，每天进货量相同，进货成本每瓶 4 元，售价每瓶 6 元，未售出的酸奶降价处理，以每瓶 2 元的价格当天全部处理完。根据往年的销售经验，每天需求量与当天最高气温（单位：℃）有关。如果最高气温不低于 25℃，需求量为 500 瓶；如果最高气温位于区间 [20, 25)，需求量为 300 瓶；如果最高气温低于 20℃，需求量为 200 瓶。为了确定 6 月的订购计划，统计了前 3 年 6 月各天的最高气温数据，得如表 6.1 所示的频数分布表。

表 6.1 频数分布表

最高气温	[10,15)	[15,20)	[20,25)	[25,30)	[30,35)	[35,40)
天数	2	16	36	25	7	4

以最高气温位于各区间的频率代替最高气温位于该区间的概率。

1）估计 6 月这种酸奶一天的需求量不超过 300 瓶的概率。

2）设 6 月一天销售这种酸奶的利润为 Y（单位：元），当 6 月这种酸奶一天的进货量为 450 瓶时，写出 Y 的所有可能值，并估计 Y 大于零的概率。

解：1）这种酸奶一天的需求量不超过 300 瓶，当且仅当最高气温低于 25℃，由表格数据知，最高气温低于 25℃ 的频率为(2+16+36)/90=0.6，所以，这种酸奶一天的需求量不超过 300 瓶的概率的估计值为 0.6。

2）当这种酸奶一天的进货量为 450 瓶时，若最高气温不低于 25℃，则 Y=6×450-4×450=900 元；

若最高气温位于区间[20,25)，则 Y=6×300+2(450-300)-4×450=300 元；

若最高气温低于 20℃，则 Y=6×200+2(450-200)-4×450=-100 元。

所以，Y 的所有可能值为 900 元、300 元、-100 元。

Y 大于 0，当且仅当最高气温不低于 20℃时，由表格数据可知，最高气温不低于 20℃的频率为(36+25+7+4)/90=0.8，因此，Y 大于零的概率的估计值为 0.8。

互动交流

【交流研讨】

简述如何在平面三角形的教学中融入数学思想方法。

【实践训练】

请查阅资料，小组讨论对比代数、几何中的数学思想方法异同。

评价反思

通过本节课的学习，你知道中学代数中的数学思想方法有哪些吗？

拓展提高

曹 冲 称 象

古时候有个叫曹操的人。别人送他一头大象，他很高兴，带着儿子和官员们一同去看。大象又高又大，身子像一堵墙，腿像四根柱子。官员们一边看一边议论："这么大的象，到底有多重呢？"曹操问："谁有办法把这头大象称一称？"有的说："得造一杆大秤，砍一棵大树做秤杆。"有的说："有了大秤也不行啊，谁那么大的力气提得起这杆大秤呢？"也有的说："办法倒有一个，就是把大象宰了，割成一块一块的再称。"曹操听了直摇头。曹操的儿子曹冲才七岁，他站出来，说："我有个办法。把大象赶到一艘大船上，看船身下沉多少，就沿着水面在船舷上画一条线。再把大象赶上岸，往船上装石头，装到船下沉到画线的地方为止。然后称一称船上的石头。石头有多重，大象就有多重。"曹操微笑着点一点头。他叫人照曹冲说的办法去做，果然称出了大象的重量。

（资料来源：温儒敏. 义务教育教科书语文二年级上册[M]. 北京：人民教育出版社，2017.）

请思考曹冲称象使用了哪种数学思想方法？

第三节　应 用 案 例

学习目标

1. 掌握常用的数学思想方法，理解常用数学思想方法在解决问题中的重要作用。
2. 能灵活运用数学思想方法解决实际问题。

学习任务

编写一篇数学思想方法的应用案例。

知识探究

数学思想方法在中学数学教学与中、高考命题等方面有非常多的应用，本节以两个案例来进行阐述。

一、案例一

纵观历年中考命题，尽管形式上是以选择题、填空题、解答题等各种题型考查学生对对数、方程、函数、三角形、四边形和圆等重要内容的理解，但是从数学思想方法的角度来看，本质上考查的其实是学生对初中数学常用思想方法的掌握及应用。因此，从这个意义上来说，能否熟练运用数学思想方法分析问题、解决问题是关系中考成败的重要因素。

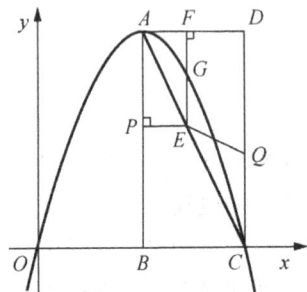

图 6.8　抛物线图

在此，我们对一道 2017 年河南省中考题进行剖析，发掘其中所蕴含的数形结合思想、化归思想、函数思想及待定系数法等常见的数学思想方法。

例 6.9 （2017 年河南中考数学题）如图 6.8 所示，在平面直角坐标系中，已知四边形 $ABCD$ 的三个顶点坐标 $B(4,0)$、$C(8,0)$、$D(8,8)$，抛物线 $y=ax^2+bx$ 过 A、C 两点。

1）直接写出点 A 的坐标，并求出抛物线的解析式。

2）动点 P 从点 A 出发，沿线段 AB 向终点 B 运动，同时点 Q 从点 C 出发，沿线段 CD 向终点 D 运动。速度均为每秒 1 个单位长度，运动时间为 t（s）。过点 P 作 $PE\perp AB$ 交 AC 于点 E。

① 过点 E 作 $EF\perp AD$ 于点 F，交抛物线于点 G。当 t 为何值时，线段 EG 最长？

② 连接 EQ，在点 P、Q 运动的过程中，判断有几个时刻 $\triangle CEQ$ 是等腰三角形，请直接写出相应的 t 值。

分析：经过统计，这道 2017 年的中考题得分率普遍偏低，解答效果不好。其主要原因还是对本题所考查的数学思想方法没有掌握好。

1）利用数形结合的思想先画出大致图形，进而把求交点坐标的问题转化为求方程解的问题。再利用待定系数法的思想，容易求得抛物线的解析表达式。

2）本小题考查的是综合运用转化、数形结合和函数的思想。

解：1）点 A 的坐标为 $(4,8)$。

将 $A(4,8)$、$C(8,0)$ 两点坐标分别代入 $y = ax^2 + bx$，得

$$\begin{cases} 8 = 16a + 4b \\ 0 = 64a + 8b \end{cases}$$

解此二元一次方程组，得

$$\begin{cases} a = -\dfrac{1}{2} \\ b = 4 \end{cases}$$

所以抛物线的解析式为 $y = -\dfrac{1}{2}x^2 + 4x$。

2）① 在 $\mathrm{Rt}\triangle APE$ 和 $\mathrm{Rt}\triangle ABC$ 中

$$\tan\angle PAE = \frac{PE}{AP} = \frac{BC}{AB}$$

即 $\dfrac{PE}{AP} = \dfrac{1}{2}$，所以

$$PE = \frac{1}{2}AP = \frac{1}{2}t, \quad PB = 8 - t$$

所以点 E 的坐标为 $\left(4 + \dfrac{1}{2}t, 8 - t\right)$，点 G 的纵坐标为

$$-\frac{1}{2}\left(4 + \frac{1}{2}t\right)^2 + 4\left(4 + \frac{1}{2}t\right) = \frac{1}{8}t^2 + 8$$

所以

$$EG = -\frac{1}{8}t^2 + 8 - (8 - t) = -\frac{1}{8}t^2 + t$$

因为 $-\dfrac{1}{8} < 0$，所以当 $t = 4$ 时，线段 EG 最长为 2。

② 共有三个时刻，分别为

$$t_1 = \frac{16}{3}, \quad t_2 = \frac{40}{13}, \quad t_3 = \frac{8\sqrt{5}}{2 + \sqrt{5}}$$

通过上题的分析可以看出，中考数学题有时候可能包含多种数学思想方法，如果不能熟练地综合运用各种数学思想，就很难在解题的过程中打开思路，发现灵活的解题方法。

二、案例二

随着课程改革的启动，高考试题在命题中体现出了更加重视通性通法，淡化特殊技巧，不在细枝末节上多纠缠的特点。坚持让学生"算得少一点，想得多一点"。有研究统计表明，近年来上海市高考试卷中对数学思想方法的考查基本稳定在 40%～50%。高中数学中常见的数学思想方法主要包括数形结合、化归、分类讨论、函数与方程、类比、特殊化与一般化等。

下面我们对近年来的具体高考试题进行分析，发掘其中所蕴含和考查的数学思想方法。

例 6.10（2015 年江苏高考数学第 23 题）设数列 $\{a_n\}$ 的前 n 项和为 S_n，已知 $a_1 = 1$，$a_2 = 6$，$a_3 = 11$，且 $(5n-8)S_{n+1} - (5n+2)S_n = An + B$，$n = 1,2,3,\cdots$，其中 A、B 为常数。

1）求 A 与 B 的值。

2）证明：数列 $\{a_n\}$ 为等差数列。

3）证明：不等式 $\sqrt{5a_{mn}} - \sqrt{a_m a_n} > 1$ 对任何正整数 m、n 都成立。

解：1）由已知，得

$$S_1 = a_1 = 1，\quad S_2 = a_1 + a_2 = 7，\quad S_3 = a_1 + a_2 + a_3 = 18$$

由 $(5n-8)S_{n+1} - (5n+2)S_n = An + B$，$n = 1,2,3,\cdots$，得

$$\begin{cases} -3S_2 - 7S_1 = A + B \\ 2S_3 - 12S_2 = 2A + B \end{cases}$$

将 S_1、S_2、S_3 代入，即

$$\begin{cases} A + B = -28 \\ 2A + B = -48 \end{cases}$$

解得 $A=-20$，$B=-8$。

2）由 1）知

$$(5n-8)S_{n+1} - (5n+2)S_n = -20n - 8 \qquad\qquad ①$$

从而

$$(5n-13)S_n - (5n-3)S_{n-1} = -20n + 12 \qquad\qquad ②$$

以上两式相减得

$$(5n-18)S_{n+1} - (10n-11)S_n + (5n-3)S_{n-1} = -20 \qquad\qquad ③$$

从而

$$(5n-3)S_{n+2} - (10n-1)S_{n+1} + (5n+2)S_n = -20 \qquad\qquad ④$$

同样，由式④-式③得

$$(5n-3)S_{n+2}-(15n-9)S_{n+1}+(15n-9)S_n-(5n-3)S_{n-1}=0 \qquad ⑤$$

由 $a_n=S_n-S_{n-1}$，代入式⑤，得

$$(5n-3)a_{n+2}-(10n-6)a_{n+1}+(5n-3)a_n=0 \qquad ⑥$$

因为 $(5n-3)>0$，化简式⑥，得

$$a_{n+2}-2a_{n+1}+a_n=0 \qquad ⑦$$

也即

$$a_{n+2}-a_{n+1}=a_{n+1}-a_n=\cdots=a_3-a_2=a_2-a_1=5$$

从而数列 $\{a_n\}$ 为等差数列。

　　3）由2）可得 $a_n=1+5(n-1)=5n-4$，要证 $\sqrt{5a_{mn}}-\sqrt{a_m a_n}>1$，只需要证

$$5a_{mn}>1+a_m a_n+2\sqrt{a_m a_n} \qquad ⑧$$

因为 $a_{mn}=5mn-4$，所以

$$a_m a_n=(5m-4)(5n-4)=25mn-20(m+n)+16$$

带入式⑧化简，即只需要证

$$20m+20n-37>2\sqrt{a_m a_n}$$

最后由当 m、n 为正整数时，

$$2\sqrt{a_m a_n}\leq a_m+a_n=5m+5n-8<5m+5n-8+(15m+15n-29)=20m+20n-37$$

从而命题得证。

　　总结该考题的解题过程，我们发现第一小问的解答体现了特殊化一般的数学思想，而第二小问和第三小问则考查了化归与转化的思想，这都是高中数学中常见的一些典型数学思想，本题主要难在综合了多种数学思想的考查，因此对考生在数学思想方法上的综合能力有很高的要求。

互动交流

【交流研讨】

1. 简述加强中学数学思想方法教学的意义。

2. 中学常见的数学思想方法有哪些？

【实践训练】

请查阅资料，小组讨论并举例说明数学思想方法在中学数学解题中的应用。

评价反思

通过本节课的学习，你知道如何在教学中融入数学思想方法吗？

拓展提高

阿基米德与皇冠的故事

　　国王做了一顶金王冠，他怀疑工匠用银子偷换了一部分金子，便要阿基米德鉴定它是不是纯金制的，且不能损坏王冠。阿基米德捧着这顶王冠整天苦苦思索，有一天，阿基米德去浴室洗澡，他跨入浴桶，随着身子浸入浴桶，一部分水就从桶边溢出，阿基米德看到这个现象，头脑中像闪过一道闪电，"我找到了！"

　　阿基米德拿一块金块和一块重量相等的银块，分别放入一个盛满水的容器中，发现银块排出的水多得多。于是阿基米德拿了与王冠重量相等的金块，放入盛满水的容器里，测出排出的水量；再把王冠放入盛满水的容器里，看看排出的水量是否一样，问题就解决了。随着进一步研究，沿用至今的流体力学最重要基石阿基米德定律诞生了。

　　（资料来源：中国大百科全书编辑部. 中国大百科全书：物理学[M]. 北京：中国大百科全书出版社，1987. ）

　　请思考阿基米德鉴定皇冠使用了哪种数学思想方法？

第七章　听课、说课、评课

知识目标

1. 了解听课的概念、意义、作用、类型。
2. 能举例说明听课的步骤、原则和注意事项。
3. 在听课过程中，能够理论联系实际，做到科学听课。
4. 掌握说课的含义、类型、功能、着力点、内容和注意事项。
5. 能够设计说课并进行说课。
6. 了解评课的定义、标准、原则、方法和作用。
7. 能够运用评课的原则对具体的课堂教学进行评课。

文化素养

"立志而圣则圣矣，立志而贤则贤矣"。

——选自〔明〕王守仁《教条示龙场诸生》

【释义】

立志成为圣人，砥砺精进，就有可能成为圣人；立志成为贤人，就有可能成为贤人。

【联想】

未来的数学教师当志存高远，并由此激发奋进潜力，青春岁月就不会像无舵之舟漂泊不定。青年教师不仅要学习教师听课、说课、评课的教学本领，还要"立大志"，把自己的小我融入祖国的大我、人民的大我，与时代同步伐，与人民共命运，这样才能更好地实现人生价值，升华人生境界。

听课的主体可以是学生，也可以是教师。对学生而言，听课是接收信息、获取知识的重要途径。对教师而言，听课是提高教师素质和教学质量的重要方式。说课起源于集体备课。说课作为一种教学、教研改革的手段，最早是由河南省新乡市红旗区教研室于1987年提出来的。实践证明，说课活动有效地调动了教师投身教学改革、学习教育理论、钻研课堂教学的积极性，是提高教师素质，培养、造就研究型、学者型青年教师的较好途径之一。说课也是教师资格证考试和教师招聘考试中的必需环节。

第一节　听　课

学习目标

1. 了解听课的概念、意义、作用、类型。

2．能举例说明听课的步骤、原则和注意事项。

学习任务

撰写一篇关于"听课与教师的素养提升"的演讲稿。

知识探究

听课时应一边听，一边思考这样一些问题：教师对教材为何这样处理，换成自己该如何处理。教师是怎样把复杂问题转化为简单问题的，他的教学有什么值得自己学习的地方，重难点是怎样突破的，自己应怎样对"闪光点"活学活用。因此，听课时要注意看实际效果，看学生怎么学，看教师怎样教学生学。思考之后，可以和自己的备课思路进行对比分析，大胆地去粗取精，扬长避短，写出符合自己特点的教案。

听课是一种对课堂进行仔细观察的活动，它对于了解和认识课堂有着极其重要的作用。课堂上许多司空见惯的问题经由听课者自觉地观察，就可洞见到很多值得探索、深思的地方。听课是提高教师素质、提升教学质量的重要方式。

一、听课的意义

1）听课是初为人师的起点。教师教学中经常出现这样或那样的问题，却不知如何向学生讲解传授，如何使学生融会贯通，如何使学生扎实地掌握知识，因此，教师要多听课，虚心接受老教师的谆谆教诲，做到备好每一堂课，讲好每一堂课，努力完善、充实自己。

2）听课是教师进步的基石。对于一名教师来说，若对教材的理解不是很深，教法也不一定适合学生，所以讲完后再听课，也是一种进步的途径。讲前听课和讲后听课都非常重要，每个人都有自己的教学思路与方法，每个人都有自己的优点，如果听课者都能将每个授课者的经验领会且用到日常教学中，就能达到听课的目的了。

3）听课是教师成长的阶梯。教师们总去听课是不可能的，时间也不允许，因此，教师要提高自己的听课水平，扎扎实实地听好每一堂课，做到听一堂课有一堂课的收获，听一堂课有一堂课的体会，只听不想、不总结，那是浪费了 45min 的时间。如果既听又想、又总结，那会使自己的教学方法更丰富，更具有特色，经过慢慢积累，就会从量变到质变，成为一名合格的教师。

4）听课是教师自我检验的法宝。听课中，教师可以联系自己的教学实际，思考自己每堂课的实际教学中有没有需要补充的地方，并及时地写在教案中。正是这不断的修正与补充，使教师们听课水平越来越高，教学技能越来越强。

5）听课是一种有效学习、借鉴、补充、反思、研究课堂教学的重要方法和手段，它具有自觉性、针对性、有效性的特点，是促进教师专业成长的必经之路。

二、听课的作用、类型、步骤、原则和注意事项

（一）听课的作用

听课的作用很多，主要有监督检查、评估指导、探索研究、提高促进、沟通协调等。

（二）听课的类型

关于听课的类型说法不一，主要有以下几种分类方法。按听课的作用，可分为研究类听课、指导类听课、考评类听课；按听课的时间，可分为课前听课和课后听课；按听课的性质，可分为模仿型听课、思考型听课和创新型听课。

（三）听课的步骤

1. 课前要有一定的准备工作

留心天下皆学问。教师要想听课时真正有所收获，就必须做一个听课的有心人。要用心听课，就要做好准备工作。打算听谁的课，应该事先问问他教什么内容，把教材找来预习一下，看看教材中包含的信息、内容的呈现方式，有没有难点、疑点；同时自己设想一下，假如让我教这样的课，我准备怎样去教，以便听课时有个对比。如果教师听课时不做准备，匆忙走进教室，懵懵懂懂地听，不理解授课教师的教学意图，不熟悉教材，就不会有较大的收获。

2. 听课中要认真观察和记录

教师听课要高度集中注意力，全身心地投入，还要有虚心求教的态度。教师在课堂上不仅要听，还要看，要仔细捕捉授课教师的语言和表情，记下他的每个教学环节和教学方法。教师要一边听，一边观察思考。既要看教，又要看学，二者兼顾。看授课教师对教材的钻研、重点的处理、难点的突破、教法学法的设计、教学基本功的展示。看学生的学，要看学生的课堂表现、学习参与的情绪、学习的习惯。总而言之，要看教师主导作用和学生主体地位的有机结合情况。有时教师听课也不一定非要面面俱到地注视课堂上的每个方面，根据授课教师的特点和听课者的目的，可以适当有所侧重。

3. 听课后要思考和整理

俗话说："思之思之，鬼神通之"。教师不能一听了之，应对课堂实况过几遍，进行反复的琢磨。思考的办法有很多，或翻翻听课记录，或与授课教师交谈，或将几堂"互相牵连"的课做一番比较，或写一篇"听课心得"，或干脆将他人执教的内容拿到自己班上试试，等等。在分析总结他人的授课时要注意比较、研究，取长补短。每个教师在长期教学活动中都可能形成自己独特的教学风格，不同的教师会有不同的教法。听课者要善于进行比较、研究，准确地评价各种教学方法的长处和短处，并结合自己的教学实际，吸收他人的有益经验，改进自己教学中的不足。在分析他人授课时，听课者还要注意分析授课教师课外下的功夫，看其教学基本功和课前备课情况。这种思考对自己也会有很大帮助。

（四）听课的原则

去听其他教师的课，无论是青年教师还是老教师，都会受益匪浅，其乐无穷。但很多时候课讲了，教师们也听了，效果却并不理想。当然，原因是多方面的，而听课者不会听课，不知每次听课应该听什么，是主要原因之一。尤其是青年教师，他们缺乏这方面的指导，所以对"听课"这一最普通的日常教学研究不加以重视。漫无目的地讲课是白白浪费时间，增加学生的负担；同样，漫无目的地听课也是浪费时间，增加教师的负担。

学会听课，首先就是要用辩证的头脑看待各种各样的观摩课，要以鉴别和挑剔的眼光学会筛选。无论多么优秀的教师，课堂也同样存在这样或那样的问题，听课者要积极思考、鉴别，不能全信，不能照搬，应该创造性地吸收，有选择地学习。以下教师听课要把握的原则。

1. 听课应该有准备地去听

听课的时候，听课者应把自己定位为教学活动的参与者、组织者，而不是旁观者。听课前要有充分准备，对要听的课程内容有所了解，了解授课教师的意图，知道要听的课是什么，教学目的是什么，重点、难点是什么，这样，在听课的过程中就能做到有的放矢，带着问题去听。只有有"备"而听，并尽可能以学生的身份参与到学习活动中，才能获取第一手材料，从而为自己能够上好一堂课奠定基础。

2. 明确听课重点

教学是涉及教师与学生的双边活动过程。一堂课成功与否，不仅在于教师讲了多少，更在于学生学会了多少。所以听课应从单一听教师的"讲"变为同时看学生的"学"，做到既听又看，听看结合，注重观察。

1）听授课教师是怎么讲的，是不是讲到点子上了，课堂教学确定怎样的教学目标，重点是否突出，详略是否得当。

2）听授课教师讲得是否清楚明白，课堂教学目标是采用什么方式实现的，如何引导学生复习回顾，回顾的内容是什么，学生能否听懂，教学语言运用如何。

3）听教师启发是否得当，新课如何导入，包括导入时引导学生参与了哪些活动，创设了怎样的教学情境，采取了哪些教学手段，设计了哪些问题让学生进行探究，如何探究（设计活动步骤）。

4）听学生的讨论和答题，明确授课教师设计了怎样的问题或情境引导学生对新课内容和已有的知识进行整合，安排了哪些练习让学生动手练，使所学知识得以迁移巩固，课堂教学氛围如何。

5）听课后学生的反馈。

3. 关注学生的学习活动

听课者应该关注：第一，学生是否在授课教师的引导下积极参与到学习活动中；第二，学习活动中学生经常做出怎样的情绪反应；第三，学生是否乐于参与思考、讨论、争辩、动手操作；第四，学生是否经常积极主动地提出问题；等等。由于教学是一种学习活动，本质是学而不是教，而且教师活动是围绕学生的学习活动而展开的，因此在关注教与学双边活动时，更要关注学生的活动。

4. 听课不仅要听，还要看

1）看教师。看授课教师的精神是否饱满、教态是否自然亲切，看板书是否合理，看运用教具是否熟练，看教法的选择是否得当，看指导学生学习是否得当，看实验的安排及操作，看对学生出现问题的处理是否巧妙……一句话，看教师的主导作用发挥得如何。

2）看学生。看整个课堂气氛，听课学生是静坐呆听、死记硬背，还是情绪饱满、精神振奋；看听课学生参与教学活动的程度；看听课学生对教材的感知；看听课学生注意力是否集中、思维是否活跃；看听课学生的练习、板演、作业情况；看听课学生的举手发言、思考问题情况；看听课学生活动的时间是否得当；看各类听课学生，特别是后进生的积极性是否被调动起来；看听课学生与教师情感是否交融；看听课学生自学习惯、读书习惯、书写习惯是否养成；看听课学生分析问题、解决问题的能力如何……一句话，看听课学生主体作用发挥得如何。

5. 听课要思考

一位专家说过："你讲给我听，我是要忘记的；你做给我看，我说不定记住了；你若让我参与，我肯定能够学会。"听课，必须伴随着多思考才能有进步、有提高。

听课者要一边听，一边思考这样的一些问题：授课教师对教材为何这样处理？换成自己该如何处理？授课教师是怎样把复杂问题转化为简单问题的？他的教学有哪些值得自己学习的地方？他是怎样突破重点、难点的？自己应怎样对授课教师的"闪光点"进行活学活用？自己所听的一堂好课，学生是怎样从不懂到懂，从不会到会，从不熟练到比较熟练的？在课堂上，学生是否答错了？是否答得不完整？是否答得结结巴巴？授课教师在学生答错时，是否加以引导了？在学生答得不完整时，是否加以启发了？等等。所以听课，一定要注意看实际效果，看学生怎么学，看教师怎样教。思考之后，听课者可以和自己的备课思路进行对比分析，大胆地去粗取精，扬长避短，写出更能帮助自己授课的教案。

6. 听课必须要有反馈式的交流

听课作为第一感受，必须要有反馈式的交流，才能进一步地深化。听课时，听课者要使自己的思维和授课教师、学生的思维一致；听课后，能比较详细地向授课教师讲述收获与看法，再让授课教师指出哪几点还没有听出门道，再就具体问题做进一步的切磋，共同探讨如何做得更好。

7. 听后要讲评

听课的目的是使教师个人和整体教学活动得到改进和提高。因此，发展性听课不应有终结性听课的结论，而应该鼓励、支持教师积极参与教学改革，促进自己的事业不断发展。

（五）听课的注意事项

向别人学习，其实也是一种创造。这种创造有赖于自己的观察、思考与探索，只有通过这样的努力才能将别人的教育教学思想转化为自己的理念，而不仅仅是表面上的方法与技巧的增多。要达到这样的目的，首先要想办法提高自己的思想素养，让自己能够站在一定高度上来学习别人的经验，并逐步形成自己的教育思想、教育理念。

课堂是听课者学习知识、培养能力的重要场所。课堂的听课效率直接影响着听课者对知识的掌握程度，也影响着听课者对今后知识的吸收能力，同时还影响着对旧知识的深化运用和加深。把握好课堂45min，提高课堂45min的学习效率，是听课者提高教学水平的一个重要途径，也是听课者培养自身教学能力的一个重要途径。

1. 提高听课者听课效率的注意事项

1）集中注意力，跟随授课教师的课堂动向，把握其课堂动向。

2）从根本上提高听课者的自制力，抵制不良因素的影响。

3）听课前预习，明确目标，以目标激励自己。

4）听课过程中要主动根除分散注意力的因素，保证听课效果。

5）注意记好听课笔记。

2. 新教师听课的注意事项

1）要听其他教师怎样教。听课者应该注意授课教师对教学流程的安排。课型不同，教学设想也不同。新教师在听课时要关注授课教师课程的组成部分及各部分的顺序和时间分配。例如，教学目标在何时采用何种方式呈现才能最大限度地引起学生的好奇，激发学生的学习动机；如何通过课堂提问使学生有意识地从认知结构中提取相关的旧知识，并激活旧知识；怎样创设教学情境，导入新课的教学；怎样通过简明、生动的语言系统地呈现新内容；采用何种方式完成对新内容的讲授，要听教师是怎样纵横联系学生的已有知识，举例说明，化难为易，突破难点，突出重点，这些往往是授课教师积累多年教学经验的所得。

2）关注授课教师的板书技巧。一般来说，听课教师要观察授课教师板书是否详略得当、重点是否突出、是否能起到提纲挈领的作用；层次是否分明、脉络是否清晰；是否能增强直观效果、是否有利于引导学生由形象思维向抽象思维过渡。此外，还要关注其板书是否具有训练学生的随意注意的主动性、是否便于课堂小结和课后复习等功能。

3）关注授课教师教学媒体的运用是否对教学起到了辅助作用。听课者应关注授课教师是否恰当地运用了多媒体，是否能调动学生的学习兴趣，是否增大了课堂教学信息的容量，是否有助于提高学生的接受能力，多媒体的运用是否注意结合教学内容，媒体的选择、运用是否行之有效。

4）关注所听课的课堂气氛。听课者应关注所听课的课堂气氛是否是弥漫、充盈于师生之间的一种教育情境氛围。这种氛围是否是和谐融洽、平等民主的，是否能激发学生的潜能，树立学习的信心，培养学生的创新能力。在课堂上，师生之间是否能够平等对话，完成情感交流；在课堂上，师生能否共同创造奇迹，唤醒各自沉睡的潜能；在课堂上，教师的主导作用和学生的主体作用能否得到淋漓尽致的发挥。授课教师能否通过恰当的方式让学生积极参与教学活动，发挥学生的主体地位，能否以激情感染学生、用亲切的语言鼓舞学生，这些都是新教师听课时需要特别注意的。

5）关注所听课堂的学生活动情况。关注学生是否在授课教师的引导下积极参与到学习活动中；学习活动中学生经常做出怎样的情绪反应；学生是否乐于参与思考、讨论、争辩、动手操作；学生是否经常积极主动地提出问题；学生活动的时间是否充裕、得当；学生自学习惯、读书习惯、书写习惯是否养成；学生分析问题、解决问题的能力如何；等等。

6）新教师要以一个学习者而不是批评家的心态听课。新教师听课要以谦虚的心态多学习老教师的长处、闪光点，做到为我所用。从这个角度讲，新教师不仅要用美的眼光去感受老教师的仪态美、语言美、板书美、直观教具美等外在的美，还要去领略老教师如何通过精巧的思维、严密的推理、严肃的实证来充分展示科学的理性美，更要用心去体会教学过程中的尊重、发现、合作与共享，这是更高境界的美，值得新教师去永远追求。

7）新教师听课后，要认真思考。没有十全十美的课，一堂课的好坏，不同时期、不同学科有不尽相同的标准。此外，一堂好课还要做到：①要有科学性。这里的科学性，一是指呈现的材料、知识、观点必须是正确的；二是指教师所采用的教学手段、教学方法要符合学生的认知规律。②要有特色。一堂成功的课必须包含着教师特有的教学风格，没有鲜明的个性特点就很难把课讲出色。同时，必须体现一定的教育思想。一堂课要有足够的信息量，而且结构严谨、密度合理。当确定所听课为一堂好课后，就要进一步思考这样一些问题：教师对教材为何这样处理？换成自己该如何处理？教师是怎样把复杂问题转化为简单问题的？自己应怎样对"闪光点"活学活用？思考之后，要和自己的备课思路进行对比分析，大胆地去粗取精、扬长避短，写出能帮助自己授课的教案，并付诸实施，但不能生搬硬套。

互动交流

【交流研讨】

1. 结合实例谈谈听课的作用。

2. 选择你喜欢的一节数学课，完成一篇听课反思。

【实践训练】

请撰写论文，论述数学专业师范生听课的必要性。

要求：（1）论文要结合数学师范生的专业特点进行论述；（2）题目自拟；（3）有独特见解；（4）字数在 1000 字以上。

评价反思

通过本节课的学习，你知道听课的原则有哪些吗？

拓展提高

论　语

　　《论语》是孔子及其弟子的语录结集，全书共20篇492章，以语录体为主，叙事体为辅，较为集中地体现了孔子的政治主张、伦理思想、道德观念及教育原则等。

　　《论语》是儒家学派的经典著作之一，与《大学》《中庸》《孟子》并称"四书"，再加上《诗经》《尚书》《礼记》《周易》《春秋》，总称"四书五经"。成书于战国初期，因秦始皇焚书坑儒，到西汉时期仅有口头传授及从孔子住宅夹壁中所得的本子，计有三种不同的本子：鲁人口头传授的《鲁论语》二十篇；齐人口头传授的《齐论语》二十二篇，其中二十篇的章句很多和《鲁论语》相同，但是多出《问王》和《知道》两篇；从孔子住宅夹壁中发现的《古文论语》（《古论语》）二十一篇，也没有《问王》和《知道》两篇，但是把《尧曰篇》的"子张问"另分为一篇。孔子曾带领部分弟子周游列国十四年，晚年修订了《六经》。孔子开创了私人讲学的风气，相传他有弟子三千，贤弟子七十二人。孔子去世后，其弟子及其再传弟子把孔子及其弟子的言行语录和思想记录下来，整理编成了儒家经典《论语》。

（资料来源：张燕婴. 中华经典诵读：论语[M]. 北京：中华书局，2015.）

第二节　说　课

学习目标

1. 了解说课的含义和类型。
2. 能举例说明说课的功能及说课的着力点。
3. 掌握说课的主要内容、注意事项及评价标准。

学习任务

　　自选课程内容，并完成一篇说课稿。

知识探究

一、说课的含义

　　所谓说课，即教师在学习有关教育教学理论、现代教学手段，钻研专业知识、课程标准（教学大纲）与教材的基础上，有准备地在一定的场合下，根据教材中某一章节内容的教学任务，向同行分析教材内容，并结合学生的特点和教材的育人功能阐述教学目标，讲解自己教学方案的一种有组织、有目的、有理论指导的教学研究与交流活动形式。

　　通俗地说，说课就是阐述"教什么内容、为什么教这些、怎么教和为什么这么教"的问题。由于说课能够展现出教师在备课中的思维创新过程，能突显出教师对课程标准、教材的理解和把握水平及运用有关教育理论和教学原则组织教学的能力，同时又具有时间短、操作方便的优点，所以说课经常被应用在教师基本功竞赛、教师招聘、新教师入职培训、教研组备课等教学、教研、竞赛之类的活动中。

说课有两个明显的特点：一是重在交流；二是重在分析。说课与上课的区别在于，说课不仅要说准备好的教学方案怎样教，而且要说为什么要这样教，运用了什么教育理论；要说备课中的有关思考；还要对教学目标充分地分析，揭示学生所应形成的能力或倾向，确定促使这些能力或倾向形成的有效的教学条件，使教学理论得到较好的应用与发展，使备课的过程趋于理性化；上课的对象是学生，而说课的对象是同行；上课存在备课准备与突发事件的矛盾，而说课无对象的不稳定性。说课和上课的不同点如下。

1）说课与上课的要求不同：说课的重点在完成教学任务、反馈教学信息，从而提高教学效果，而上课要求必须有效地向学生传达知识。

2）说课与上课的对象不同：说课的对象是同行的教师、专家，而上课的对象是学生。

3）说课与上课的内容不同：说课的内容是解说自己对某课题的理解、教学设想、方法、策略及组织教学的理论依据等，而上课的内容是对某课程的内容进行具体的分析，向学生传授知识及学习的方法。

4）说课与上课的意义不同：说课的意义主要是提高课堂教学的效率及教研活动的实效，而上课的意义是增加学生的基本知识及引导学生领悟和运用新知识。

更确切地说，说课是介于备课和上课之间的一种教学研究活动，对于备课是一种深化和检验，能使备课理性化，对于讲课是一种更为严密的科学准备。因此，说课是教师在备课的基础上，面对同行、专家，系统而概括地解说自己对具体课程的理解，阐述自己的教学观点，表述自己具体执教某课题的教学设想、方法、策略及组织教学的理论依据等，然后由大家进行评说。

说课一般要求在 10~15min，用凝练、浓缩的语言说完一堂课的内容。

由此可见，说课涉及的主要内容其实就是教学设计要解决的主要问题。把说课作为教学设计训练的一种形式，不仅解决了教学设计技能训练的方法问题，而且使教学技能训练的内容更有目的性和针对性。

二、说课的类型

因为每次说课的目的不同，说课的类型也有所不同。通常说课有以下几种类型。

1. 研究型说课

这种类型的说课一般以年级组或教研组为单位，常常以集体备课的形式，先由一位教师事先准备并写好讲稿，说后大家评议修改，变个人智慧为集体智慧。这种类型的说课可以一个星期举行一次，年级组或教研组里的教师可以轮流说课。

2. 专题型说课

这种类型的说课是以某一项专题研究为目标来进行说课。我们知道，说课的灵活性就在于它可以不像上课那样教学内容固定、教学时间固定、教学对象固定。说课可以根据需要灵活选择内容，安排时间，邀请同行和专家作为听课对象。专题型说课是在众多教学内容中选取专题，单项研究，这样会把问题研究得更深入一些。

3. 示范型说课

示范型说课，一般选择素质好的优秀教师先向听课教师做示范性说课，然后让授课教师将说课的内容付之于课堂教学，最后组织教师或教研人员对该教师的说课内容及课堂教学做出客观公正的评析。听课教师从听说课、看上课、听评析中可以增长见识、开阔眼界。示范型说课可以是校级或乡（镇）级的，也可以是区级或县（市）级的，一般一学期可以举行一次。示范型说课是培养教学能手的重要途径。

4. 评比型说课

这种类型的说课带有竞赛性质。参加说课的教师往往是通过层层推荐和选拔出来的优秀教师。通常这种说课要求参赛教师按指定的教材，在规定时间内自己写出说课稿，然后登台演讲，最后由听课评委评出比赛名次。听课评委一般是相关学科的教研人员和专家。这种类型的说课，有时除了说课，还要上课，或者把说课与交流有关的教学经验结合起来。这种说课类型多用于培养骨干教师和学科带头人。

三、说课的功能

1. 具有营造实践理论研究氛围的功能

说课是现实的教学实践与理论研究结合的体现，教师是说课的主体，通过这种具有坚实群众基础的活动，营造了一种良好的教学研究氛围。为了说好课，教师应加强教学理论、学科知识的研究，主动翻资料、查依据、寻教法、制教具、与同行商讨、向老教师学习。这样，可使教学变成由被动地教到主动地学。通过以课题作为载体的说课，不仅加深了对新教材的编写意图、编写特色的理解，而且深入地理解了为什么要制定这样的教学目标、设计这样的教学过程、运用这样的教学方法。同时，说课也为各学科的教研活动提供了一种实用、有效的活动模式。各学校通常都在每周安排一定的时间举行以各学科组为单位的教研活动。通过说课将全体学科教师凝聚在一起进行教学研究，学校的教研活动就能"活"起来、"动"起来。

2. 具有提高教师素质的功能

说课是一种新型教学研究活动。它的要求严格，教师既要有深厚的文化专业知识，又要有较好的教育教学理论知识，更要有较强的理论联系实际的应用能力和研究能力。因此，教师为说好课，为寻求本人教学特色的理论支撑点，不仅要认真钻研教材，而且要自觉学习相关的教育教学理论和国内外有关的教育信息资料。在新课程改革的背景下，教师传统的教学观念、教学方式将面临前所未有的挑战。这就需要教师自我加压，不断学习。说课能锻炼人、培养人，更是课程改革的需要。

四、说课的着力点

说课，其着力点在"说"和"课"两个字上，"说"是表述形式，"课"是表述内容。说课能否生动、深刻、吸引人，说课者的能力是关键。要达到好的效果，说课者在说课时要合理地用好两种语言：一是陈述性语言。在说课时大部分使用的是这种语言，分析教学内容、教学目标、教学重难点，以及在说教学程序过程中表述自己的操作意向的描述性部分和理论依据部分，都要使用陈述性语言。由于说课面对的基本上都是同行，陈述性语言尽量要做到言简意明、有条理。用好陈述性语言，容易拉近说课者与听课者之间的距离，让听课者明晰说课者的意图及具体的操作策略，从而让说课变得有亲和力与感染力。二是课堂语言。这种语言在说教学程序这个环节中用得比较多。

　　虽然说课的显著特点在于说理，但精彩的说课往往把内容与说理有机地融合在一起，而且略偏重说教学设计。说课者切不可舍本逐末，为赋新奇强说理，而对具体的操作措施轻描淡写，整个课的设计只有一个模糊的框架。说课之道，关键是把握住"课"，依据教材的特点和学生的实际情况，以教育教学理论为指导，精心设计教学程序。展示自己对教育教学理论理解的深度，展示自己对学生学情把握的准确度，展示自己在教学设计上的独到之处，这才是说课成功的根基。"说"是形式，"课"及"课程"是内容，只有做到形式与内容辩证统一，才能达到预期的说课目的。

五、说课的主要内容

　　说课一般从简析教材、阐述教法、指导学法、阐明教学过程和分析教学效果等方面展开。撰写说课稿不必拘泥于固定、呆板的模式，可以分块写清，按部分阐述；可以按照整体构思融为一体，综合论述。另外，在语言描述上，既要把问题论述清楚，又切记过长，避免陈词滥调、泛泛而谈，力求言简意赅、文辞准确、针对性强。要做到这些并非易事，需要认真学习，深入研究，多下苦功。

　　说无定法。说课虽然有一般的程序要求，但并没有固定的模式，通常有以下内容。

1. 说课标

　　说课标就是把课程标准中的课程目标作为本课题教学的指导思想和教学依据，从课程论的高度驾驭教材和指导教学设计。要重点说明有关课题教学目标、教学内容及教学操作等在课程标准中的原则性要求，从而为自己的教学设计找到有力的依据。说课标，可以结合到说教材中去进行。

2. 说教材

　　大家都知道说教材就是说明如何依据某一课在全册或单元中的地位，确定教学目标、教学重难点，主要是介绍该课在教材中的地位和作用，以及和前后课文的知识联系，还要进行简单的教材分析，依据教材的内容和学生的实际情况，说明自己对教材的处理及这样处理的理论依据。在这个环节中许多教师受到了"教学参考书"的束缚，淡化了个性，大家都理解"一千个读者，就有一千个哈姆雷特"这句话的含义，一样的教材，不同的教师有不同的解读，每个人都有自己独特的感受、体验和理解。但是一些教师往往把"教学参考书"当成了圣经，在说课时，相同的篇目，经常会听到完全相同的教材分析，而个性化阅读、个性化分析理解却在说课中几乎完全消失了。

3. 说教法、学法

教学有法而无定法，不同的教材，不同的学情，教法、学法也相应变化。切不可盲目跟风，把时尚当成救命的稻草。教法、学法的选择应以教育教学理论为指导，依据教材的特点和学生的实际情况来确定，落脚点应在学生的可持续发展上。

4. 说教学过程

这是说课的核心部分，既要说清准备通过哪几个教学环节，借助何种教学手段，突破教学重难点，实现自己预设的教学目标，又要说明自己这样实践的理论依据。有些教师在这个环节上过度追求语言的对仗、华美、新奇，过度追求理论依据的前沿、全面、经典，而忽视了对教材的个性化处理，忽视了对画龙点睛之处的重彩渲染，导致本末倒置。不同的教学内容、不同的课型、不同的教学方法采用不同的教学程序进行教学。对于数学课程来说，基本的教学程序为复习提问、引入新课、讲解新课、巩固练习、课堂小结、布置作业。在说课的过程中，针对具体的课程围绕着基本的教学程序进行说课。

数学课程的很多内容需要在教学中对学生进行训练，说课中要说明怎样进行训练和为什么这样训练，主要说明训练目的、训练方式、训练题的设计。数学课程的训练主要分为如下几类。

1）形成性训练：用以加深对概念、定义、基础知识的理解。
2）巩固性训练：帮助学生进一步熟练基础知识和基本技能，达到能基本掌握的程度。
3）分层次的能力训练：精心选题，针对不同学习能力的学生设计不同的题目。

5. 说教学评价

教学评价是教学过程中不可或缺的环节，在教学前、教学过程中、教学结束后都要分析教学反馈与调节的措施；分析练习题的功能与教学目标是否具有一致性。

六、说课的注意细节

1. 读稿

一般的说课时间是 10～15min，在说课之前一般会给说课教师 1～2h 的准备时间，一些教师基本上能成文，到时候"读"给别人听，这样说课者心中就不慌了，表面上也能给人流畅的感觉。其实，说课应该称为"演说课"，要求说课者把为什么这样教和指导学生怎样学的理论依据"演说"给同行听，因此说课者要尽量脱稿，草稿充其量只能是个"演说"提纲，要增加肢体语言，声情并茂地说课，尽量争取把听课者的注意力、思维引入自己的预设中，使听课者受到感染，引起共鸣。

2. 板书

由于受说课时间的限制，有些教师在说课时不板书。其实，在说课的过程中适当地板书是非常有必要的。如在介绍自己的说课篇目时，可在黑板上写下课题。教材中的一些重要词语也可写在黑板上。这些板书能向听课者展示说课者的书写才华，又能牵引听课者的视线，吸引听课者的注意力，关键是能让听课者知晓本节课的重点。

3. 利用多媒体辅助

利用多媒体辅助，能同时给参与者以听觉、视觉上的刺激，更能加深影响，同时也有利于自己脱稿讲说。

七、说课的评价标准

普遍观点认为，中学数学说课的主要环节应为：①教学内容解析；②教学目标设定；③学生情况分析；④教学重点与难点分析；⑤教学策略解说；⑥教学过程（含作业安排）设计；⑦板书设计介绍。中学数学说课的评价表可按上述七个说课环节，再加上对"教师专业素养"的评价，从不同的角度设计说课评价表，如表 7.1 所示。

表 7.1　说课评价表

评课人：　　　　　　　　　　　　　　　　评课时间：

说课教师		课题				
项目		内容		分值	得分	备注
一	科学性（30 分）	1）教材分析		10		
		2）教学内容		10		
		3）教学目标		10		
二	理论性（30 分）	4）整体设计		10		
		5）典型设计		10		
		6）教法设计		10		
三	实践性（15 分）	7）方案对学生的可操作性和实践性		10		
		8）方案对授课教师的可重复操作性和实践性		5		
四	逻辑性（15 分）	9）逻辑严谨，条理清晰		15		
五	艺术性（5 分）	10）说课具有艺术气息，雅俗共赏		5		
六	时间性（5 分）	11）时间安排合理		5		
总体评价						

图 7.1 和图 7.2 分别为说课技能训练运行模式与运行机制。

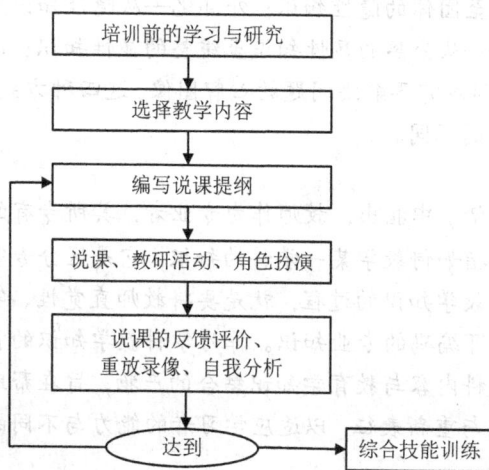

图 7.1　说课技能训练运行模式

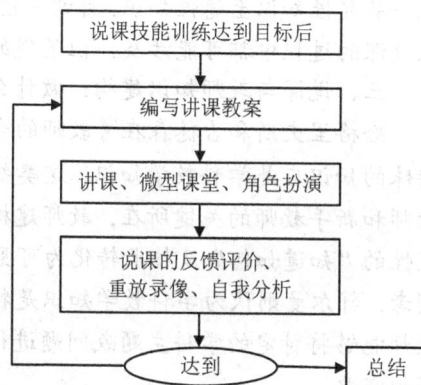

图 7.2　说课技能训练运行机制

【交流研讨】

1. 结合实例谈谈说课的功能。

2. 简述说课的注意事项。

【实践训练】

请撰写论文，论述数学专业师范生说课的必要性。

要求：（1）论文要结合数学师范生的专业特点进行论述；（2）题目自拟；（3）有独特见解；（4）字数在 1000 字以上。

评价反思

1. 通过本节课的学习，请你简要描述说课的类型有哪些。

2. 通过本节课的学习，谈谈你对说课的主要内容的认识。

拓展提高

说课与教师知识建构

本文试从教师知识理论的视角和观点来透视说课，从为什么（why）、怎么做（how）、做什么（what）三方面来进一步分析。

一、说课与教师知识建构：为什么？

为什么要把说课和教师知识建构联系在一起？关于这一点已经有学者有所论及，指出说课就是让教师通过梳理和分析教学背后的理论依据，打通理论与实际的整合通道，实现学科专业知识、教育理论知识和课堂情境知识的融合和再建构，亦是一个内隐知识显性化的过程。可见说课和教师知识及其建构有着密切的联系，若要深入分析其中关联所在，则需要从教师知识理论和说课两个方面来厘清。

二、说课与教师知识建构：怎么做？

具体到说课中所涉及的教师知识建构的问题，则必须依托教师知识理论中一个重要机制：知识管理。知识管理是指隐性知识和显性知识之间转化过程的机制，其知识转化包括四种方式：社会化——从个人的隐性知识至团体的隐性知识；外部化——从隐性知识至显性知识，意念转化成为实在；结合／组合——从分离的显性知识至统整的显性知识；内化——从显性知识至隐性知识，目的是使团体形成需要解决问题的心智图像。这四种方式，在说课的过程中都可能涉及，但呈现的程度则不同。

三、说课与教师知识建构：做什么？

哈格里夫斯和古德森在《教师的专业生活》中指出，教师作为专业者，其所专有的特殊的知识应是学科教学知识，这类知识是指如何教学某一学科的知识，它是区分专家教师和新手教师的关键所在，教师建构学科教学知识的过程，就是要将教师直觉性、实践性的"知道如何"及技术转化为可见的和可编码的专业知识。作为学科教学知识的首创者，舒尔曼则认为学科教学知识是特定学科内容与教育学知识结合的产物，旨在帮助教师能够将特定的学科主题或问题进行组织与重新表征，以适应学习者的能力与不同的兴趣需要。

（资料来源：宋崔. 说课与教师知识建构[J]. 课程·教材·教法，2012，32（4）：120-124，有删改）

第三节 评 课

学习目标

1. 了解评课的定义。
2. 掌握评课的要求。
3. 能恰当地制定评课的评价标准。

学习任务

制定一份评课评价表。

知识探究

所谓评课，是指参与听课的人员对其所听的一堂（或几堂）课给予评议，对组成该堂课的各构成要素及其之间的关系、效果等方面进行较为全面的考查、分析，从而做出价值判断，并通过反馈，进而改进教学的一种教学研究活动的过程。评课是中小学教师研究活动中一种重要的常规活动。

一、评课的要求

（一）评课的总体要求

1）树立正确的评课观：科学、实事求是。
2）提高评课者的素质。
3）运用心理学处理矛盾关系。

（二）评课的具体要求

常言说："内行看门道，外行看热闹""当局者迷，旁观者清""冰冻三尺，非一日之寒"。评课者，要认真学习评课理论，掌握评课方法，把握评课原则，评出特色，点出创新。

1. 从教学目标上分析

目标是人做事的内在动因，目标越具体明确，做事的自觉性和积极性越高，效率也越高，反之亦然。教学目标是教学的出发点和归宿，它的正确制定和达成是衡量课好坏的主要尺度，所以分析课首先要分析教学目标。

首先，从教学目标制定来看，要看是否全面、具体、适宜。全面是指能从知识、能力、思想情感等几个方面来确定；具体是指知识目标要有量化要求，能力、思想情感目标要有明确要求，体现学科特点；适宜是指确定的教学目标能以大纲为指导，体现年段、年级、单元教材的特点，符合学生实际年龄和认识规律，难易适度。

其次，从目标达成来看，要看教学目标是不是明确地体现在每一教学环节中，教学手段是否都紧密地围绕目标，为实现目标服务。要看课堂上是否尽快地接触重点内容，重点内容的教学时间是否得到保证，重点知识和技能是否得到巩固和强化。

2. 从处理教材上分析

评析教师一堂课上得好与坏，不仅要看教学目标的制定和落实，还要看教师对教材的组织和处理。在评析教师一堂课时，既要看教师知识教授得是否准确、科学，更要注意分析教师在教材处理和教法选择上是否突出了重点，突破了难点，抓住了关键。

3. 从教学程序上分析

教学目标要在教学程序中完成，教学目标能不能实现，要看教师教学程序的设计和运作。因此，评课就必须要对教学程序做出评析。教学程序评析包括以下几个主要方面。

（1）看教学思路设计

教师课堂上的教学思路设计是多种多样的。因此，评课者评教学思路，一是要看教学思路的设计是否符合教学内容实际，是否符合学生实际；二是要看教学思路的设计是否有一定的独创性，给学生以新鲜的感受；三是要看教学思路的层次、脉络是否清晰；四是要看课堂上教学思路的实际运作效果。有些教师课上得不好，效率低，很大一个原因就是教学思路不清，或教学思路不符合教学内容实际和学生实际而造成的。所以评课，必须注重对教学思路的评析。

（2）看课堂结构安排

课堂结构也称为教学环节或步骤。课堂结构不同，也会产生不同的课堂效果，可见课堂结构设计是十分重要的。通常，一堂好课结构严谨、环环相扣、过渡自然、时间分配合理、密度适中、效率高。授课时间设计包括教学环节的时间分配与衔接，计算授课者的教学时间设计，能较好地了解授课者的授课重点、结构安排。第一，计算教学环节的时间分配，看教学环节的时间分配和衔接是否恰当。看有无前松后紧（前面时间多，内容松散，后面时间少，内容密度大）或前紧后松（前面时间短，教学密度大，后面时间多，内容松散）现象、看讲与练的时间搭配是否合理等。第二，计算教师活动与学生活动的时间分配，看是否与教学目的和要求一致，有无教师占用时间过多，学生活动时间过少现象。第三，计算学生个人活动时间与学生集体活动时间的分配。看学生个人活动、小组活动和全班活动的时间分配是否合理，有无集体活动过多，学生个人自学、独立思考、独立完成作业的时间过少的现象。第四，计算优、中、差生活动时间。看优、中、差生活动时间分配是否合理。有无优生占用时间过多，差生占用时间过少的现象。第五，计算非教学时间，看教师在课堂上有无脱离教学内容、背离教学主题、浪费课堂教学时间的现象。

4. 从教学方法和手段上分析

评析教师教学方法、教学手段的选择和运用是评课的又一重要内容。什么是教学方法？它是指教师在教学过程中为完成教学目的、任务而采取的活动方式的总称。但它不是教师孤立的单一活动方式，它不仅包括教师教学活动方式，还包括学生在教师指导下"学"的方式，是"教"的方法与"学"的方法的统一。评析教学方法与手段包括以下几个方面的主要内容。

（1）看是不是量体裁衣，优选活用

教学有法，但无定法，贵在得法。教学是一种复杂多变的系统工程，不可能有一种固定不变的万能方法。一种好的教学方法总是相对而言的，它总是因课程、学生、教师自身的特点而相应变化。也就是说，教学方法的选择要量体裁衣，灵活运用。

（2）看教学方法的多样化

教学方法最忌单调死板，再好的教学方法天天照搬，也会令人生厌。教学活动的复杂性决定了教学方法的多样性。所以评课既要看教师是否能够根据实际恰当地选择教学方法，又要看教师能否在教学方法多样性上下一番功夫，使课堂教学超凡脱俗、常教常新、富有艺术性。

（3）看教学方法的改革与创新

评析教师的教学方法既要看常规，又要看改革与创新。尤其是评析一些素质好的骨干教师的课，既要看常规，又要看改革和创新。要看课堂上的思维训练的设计，要看创新能力的培养，要看主体活动的发挥，要看新的课堂教学模式的构建，要看教学艺术风格的形成，等等。

（4）看现代化教学手段的运用

现代化教学呼唤现代化教育手段。"一支粉笔，一本书，一块黑板，一张嘴"的陈旧单一教学手段应该成为历史。看教师教学方法与手段的运用，还要看教师是否适时、适当地使用投影仪、录音机、计算机、电视机、电影等现代化教学手段。当前在教学方法的问题上还存在"四个一"现象，这应该在听课评课中得到解决。这"四个一"是：第一，一讲到底，满堂灌。不给学生自读、讨论、思考交流时间，教师"讲""灌"包打天下。第二，一练到底，满堂练。由一个极端走向另一个极端。教师备课找题单，上课甩题单，讲解对答案，怪不得学生说："不是灌就是串，要不就是满堂练。"第三，一看到底，满堂看。有的教师上课便叫学生看书，没有指导，没有提示，没有具体要求，没有检查，没有反馈。名为"自学式"，实为"自由式"。第四，一问到底，满堂问。有的教师把"满堂灌"变成了"满堂问"，而提的问题缺少精心设计，提问走形式。

5. 从教师的教学基本功上分析

教学基本功是教师上好课的一个重要方面，所以评析课还要看教师的教学基本功。通常，教师的教学基本功包括以下几个方面的内容。

1）看板书：好的板书，首先，设计科学合理，依纲扣本。其次，言简意赅，有艺术性。最后，条理性强，字迹工整美观，板画娴熟。

2）看教态：心理学研究表明，人的表达依赖55%的面部表情+38%的声音+7%的言辞。教师在课堂上的教态应该是明朗、快活、庄重、富有感染力、仪表端庄、举止从容、态度热情、热爱学生、师生情感交融。

3）看语言：教学也是一种语言的艺术。教师的语言有时关系一堂课的成败。教师的课堂语言，首先，要准确清楚，讲普通话，语句简练，生动形象，有启发性。其次，教学语言的语调要高低适宜，快慢适度，抑扬顿挫，富于变化。

4）看操作：看教师运用教具，操作投影仪、录音机、计算机等的熟练程度。

6. 从教学效果上分析

巴班斯基说："分析一堂课，既要分析教学过程和教学方法方面，又要分析教学结果方面。"经济工作要讲效益，课堂教学也要讲效果。看课堂教学效果是评价课堂教学的重要依据。课堂效果评析包括以下几个方面：一是教学效率高，学生思维活跃，气氛热烈；二是学生受益面大，不同程度的学生在原有基础上都有进步，知识、能力、思想情操目标达成；三是有效利用 45min 课堂时间，使学生学得轻松愉快、积极性高，当堂问题当堂解决，使学生负担合理。课堂效果的评析，有时也可以借助测试手段，即上完课后，评课者出题对学生的知识掌握情况当场做一个测试，而后通过统计分析来对课堂效果做出评价。

二、评课的评价标准

表 7.2 为评课评价表，满分为 100 分。

表 7.2　评课评价表

授课教师		课题				
项目		内容	分值	得分	备注	
一	教学目的评价（20 分）	1）教学目标全面、具体、明确，符合大纲、教材和学生实际	7			
		2）重难点的提出预处理得当，抓住了关键，能以简驭繁，所教知识准确	7			
		3）教学目标达成意识强，贯穿教学过程始终	6			
二	教学程序评价（30 分）	1）教学思路清晰，课堂结构严谨，教学密度合理	6			
		2）面向全体，体现差异，因材施教，全面提高学生素质	6			
		3）传授知识的量和训练能力的度适中，突出重点，抓住关键	6			
		4）给学生创造机会，让他们主动参与、主动发展	6			
		5）体现知识形成过程，结论由学生自悟与发现	6			
三	教学方法评价（16 分）	1）精讲精练，以思维训练为重点	4			
		2）教学方法灵活多样，符合教材、学生和教师实际	4			
		3）教学信息多项交流，反馈及时，矫正奏效	4			
		4）从实际出发，运用现代化的教学手段	4			
四	情感教育评价（8 分）	1）教学民主，师生平等，课堂气氛融洽和谐，培养创新能力	4			
		2）重视学生动机、兴趣、习惯、信心等非智力因素的培养	4			
五	教学基本功评价（8 分）	1）用普通话教学，语言规范简洁、生动形象	2			
		2）教态亲切、自然、端庄、大方	2			
		3）能熟练运用现代化教学手段	2			
		4）调控课堂能力强	2			
六	教学效果评价（11 分）	1）教学目标达成，教学效果好	4			
		2）学生会学，学习主动，课堂气氛活跃	3			
		3）信息量适度，学生负担合理，短时高效	4			
七	教学特色（7 分）	1）教学有个性特点	3			
		2）教师形成教学风格	4			
总体评价						

三、评课的原则

评课的总体原则是优点谈足，缺点抓准，评在点子上，谈在情理中，评出特色，点出创新，达到以评促交流、以评促提高的目的。

1. 实事求是原则

1）实事求是就是客观公正，通用一把尺子、一个衡量标准。

2）实事求是要以课堂的真实情况为基础，以科学的理论为依据，不带任何偏见，不夹杂感情因素。

2. 坦率诚恳原则

1）坦率诚恳就是对课的优点一定要充分肯定，看准了的问题要明确地指出来，成绩要说够，缺点要说透。

2）评课时要考虑教师的心理承受力，对年长和心理承受力弱的教师应含蓄、客气一些，对年轻且心理承受力强的教师可坦率直爽一些。

3. 兼顾整体原则

1）评课者应树立整体意识，坚持在评课中把点和面、局部和整体结合起来。

2）兼顾整体原则还包括对教师教学能力的评价，既要看所听的课，还要看平时的课，也要看教学成绩。

4. 激励性原则

1）目标激励：给教师提出一个教学研究的目标。
2）榜样激励：为教师树立一个教学典型。
3）闪光点激励：抓住教师课堂成功之处鼓励。
4）信息激励：为教师提供教改信息。

5. 差异性原则

1）对教改观摩课的评议，应突出一个"研"字，倡导一个"争"字。
2）对选优课的评议，应突出一个"严"字，倡导一个"学"字。
3）对检查了解课的评议，应突出一个"实"字，倡导一个"促"字。

6. 讲究方法原则

1）要充分尊重讲课者的劳动，先肯定成绩，再找出不足。
2）评课的褒奖与贬斥要有"度"。
3）评课要主次分明，对重点问题要多加分析，道理讲透，对一般问题可一带而过；对缺点问题要抓住要害，对一般问题可轻描淡写。

四、评课的方法

评课的一般方法是介绍体会，深入讨论分析所点评的课（明确成功的经验和存在的不足），必要时可对讲课者进行有针对性的指导。具体评课方法的选择上，既要考虑方法的多样性，又要注意方法的综合运用。可以采用从宏观到微观，从整体到部分再到整体的评课方法，也可以做专题性的评课等，还可以从课堂四要素（教师、学生、文本、环境）的角度进行评课。

五、评课的作用

科学的评课活动至少有以下三种作用。

1）诊断作用。常言道："当局者迷，旁观者清。"如果没有人指出讲课者在上课过程中所暴露出来的问题，讲课者是很难发现自己的成功之处和不足之处的。因此，评课时如果听课者能把上课过程中所暴露出来的问题诊断出来，然后再诚恳地提出来，这无疑是对讲课者的莫大帮助。

2）互助作用。评课的过程也是教师间互动的过程，显然它有利于教师之间互相学习、切磋技艺和交流心得。

3）导向作用。评课时，大家在一起以先进的教学观念针对课堂教学中的优点和不足提出中肯的评议，并在此基础上形成集体的共识，这在一定意义上对以后的课堂教学起到了导向的作用。

六、评课的注意事项

1. "权威"与"平民"

这里所说的"权威"主要有两层含义：一个是所谓的领导权威；另一个是所谓的学术权威。"平民"则是指普通的教师。在实际的评课过程中经常会看到这样的情境：听完课后，大家聚集于一室，等召集人请大家就所听的课谈谈个人的看法的话音一落，大家就都作沉思状，低下头都不说话了，为什么？他们在等待！在等待什么？是在等待"权威"先说，"权威"的话语既出，此堂课的"调子"便被定了下来（尽管有的"权威"可能有言在先，所说的仅仅是个人的意见）。接下来的便多是"平民"随声附和的声音。这是极不正常的事情，因此，在评课活动中，首先要遏止的应是"权威"的话语霸权。

2. "教"与"学"

在评课活动中，过去习惯于重点关注上课教师的"教"的表现，而据此来设计的评价指标则多是以师为本的，这势必导致教师上课时过多注重表演而不太关注教学的实效。新的教育理念以学生发展为本，关注学生发展，所以，科学的评课活动应该主要从学生的学习效果来评价教师的教学水平。

3. "捧杀"与"棒杀"

鲁迅先生早在20世纪30年代就对文学批评中的"捧杀"与"棒杀"现象给予过有力的抨击，然而，令人遗憾的是，"捧杀"与"棒杀"现象的生命力至今还相当旺盛。表现在评课过程中，要么是对上课的教师一味地进行"捧杀"，肆意夸大优点，不讲或很少讲缺点，要么是无情地一味"棒杀"，过于苛刻，一棍子把人打死。显然，这两者都会对讲课者及评课教师带来严重的危害。

4. "独唱"与"合唱"

在评课活动中，不能由听课者唱"独角戏"，也应该让讲课者有充分的空间来讲解自己的教学设想、上课感受等，只有双方（或多方）"合唱"，才能达成互动，也才能撞击出智慧的火花。

5. "中庸"与"中肯"

评课时，有的教师奉守"中庸"的原则，走走过场，尽说些无关紧要的套话和行话，如"听了某某教师的课后，收获很大，很受启发"等。这也是害人误己之举，评课的初衷是肯定优点，找出不足，共同提高，评课者只有给予讲课者中肯的评议，才是对双方都负责任的行为。

6. "沉默"与"喧嚣"

有些评课者遵循"沉默是金"的宗旨，一副"事不关己，高高挂起"的态度；还有些评课者则恰恰相反，"评"起课来是滔滔不绝、不着边际，让人难忍"喧嚣"之苦。其实，评课时不仅是对讲课者的评议，也是对评课者的评议，评课者在评课时，大家也同样在关注着你，关注着你的学识和人格魅力。所以，"沉默"与"喧嚣"都是不足取的，关键是要把握好两者之间的度。

总之，在评课活动中，所有的评课者都要有正确的角色意识，并且要积极地处于互动的角色意识之中，唯有如此，才能使评课活动不至于流于形式，也才有可能使评课活动的作用最大限度地发挥出来。

互动交流

【交流研讨】

1. 简述评课的定义。

2. 举例说明评课的具体要求。

3. 试论评课的评价标准、原则、方法、作用和注意事项。

【实践训练】

撰写一篇演讲心得。

要求：（1）围绕评课的内容、数学的价值等相关内容来完成；（2）内容鲜活、深刻，有自己的见解；（3）字数在 500 字以上。

评价反思

1. 通过本节课的学习，你有什么收获？

2. 结合评课的评价标准及评课的原则，谈谈评课对教师成长的重要作用。

拓展提高

有效评课的六个维度

1．评教学目标

教学目标是否全面具体；教学目标是否符合学生实情；教学目标是否明确地体现在每一个教学环节中；教学手段是否紧密围绕目标为实现目标服务。

2．评教学内容

教学中传授知识的量是否适中；教材是如何处理的；是否合理；教学是否突出重点，抓住关键内容；教学难度是否适合，是否符合学生接受程度。

3．评教学过程

教学过程是否体现学生的主体性；课堂导入是否新颖；采用了哪种形式；教学思路是否清晰；课堂结构是否严谨；教学时间分配是否恰当；讲练比例是否合适。

4．评教学方法

教学方法是否灵活多样，符合实际；教学方法是否突破常规，改革创新；课堂气氛是否活跃，教师是如何引导学生的；教学方法是否从实际出发运用现代教学手段。

5．评教学效果

教学目标是否完成；教学量是否适度；教学安排是否合理；是否高效利用 45 分钟课堂时间；效率如何；学生气氛如何；各层次学生是否都有收获。

6．评教师基本功

教态如何；表达是否准确；衣着是否得体；精神是否饱满；粉笔字是否工整；板书设计是否合理；是否熟练运用教具和现代化教学手段。

（资料来源：苏鸿. 高效课堂：备课、上课、说课、听课、评课[M]. 上海：华东师范大学出版社，2013，有删改）

第八章 数学教育评价

知识目标

1. 了解数学教育评价的概念。
2. 能举例说明数学教育评价的特点。
3. 掌握数学教育评价的作用。
4. 能叙述数学教育评价信息获得的主要方法。
5. 了解数学教育评价的方法。

文化素养

不知人之短，不知人之长，不知人长中之短，不知人短中之长，则不可以用人，不可以教人。

——选自〔清〕魏源《默觚下·治篇七》

【释义】

魏源指出，不知道一个人的短处，又不知道一个人的长处，不能发现一个人长处中的短处，也不能发现一个人短处中的长处，那么就不能够使用人，不能够教育人。

【联想】

教育人就是成人所长，去人所短，魏源的思想充满了辩证法，和教育评价一样，有着重要的启迪作用。

数学教育评价是一种优化教学质量、提升教学效果的重要手段。本章通过对数学教育评价的含义进行探究，明确了数学教育评价的目标、重点与价值所在，表明了进行数学教育评价的必要性，并通过学习数学课堂教学评价的分类与方法、学习评价方法等内容，阐明了如何实施数学教育评价。

第一节 数学教育评价概述

学习目标

1. 理解数学教育评价的概念。
2. 掌握数学教育评价的特点与作用。

学习任务

撰写一份数学教育评价方案。

知识探究

教育评价作为教育科学研究领域和教育管理的有效手段，已受到世界各国政府和学术界的重视。明确什么是评价、什么是教育评价、什么是数学教育评价，是进一步深入学习的基础。

概念是人脑对客观事物的本质反应，是自我认知意识的一种表达。它反映了客观事物一般的、本质的特征，是人类在认识过程中，把所感知的事物的共同本质特点抽象出来，加以概括形成的对事物的基本描述，体现了最基本的认知体系。对数学教育评价的概念进行分析与确定，为后续对数学教育评价的特点、作用、模式等关键要素奠定了基础。

一、数学教育评价的概念

（一）评价与教育评价

评价，出自宋代王林的《燕翼诒谋录》、元代脱脱和阿鲁图《宋史·隐逸传上·戚同文》，其意思是指对一件事或人物进行判断、分析后的结论。在一般汉语词典中的主要意思是"评定价值高低"，评价的过程就是一个对评价对象的判断过程。布鲁姆将评价作为人类思考和认知过程的等级结构模型中最基本的因素，他认为："评价就是对一定的想法、方法和材料等做出的价值判断的过程。它是一个运用标准对事物的准确性、实效性、经济性及满意度等方面进行评估的过程。"

综上所述，教育评价是指评价者根据评价标准，对教育活动的准确性、实效性、经济性及满意度等方面进行的定性和定量的评定价值高低的过程，并最终得到客观且科学的结论。因此，教育评价过程和结论不能是主观或随意的，而是建立在对教育标准与信息进行科学处理和分析基础之上的。其中，评价标准是基准，评价方法是工具。评价内容一般集中于学生的逻辑水平、创造力、协作精神和记忆能力的发展水平等。

（二）价值与教育价值

价值属于关系范畴，从认识论上来说，是指客体能够满足主体需要的效益关系，是表示客体的属性和功能与主体需要之间的一种效用、效益或效应关系的哲学范畴。马克思将价值定义为："'价值'这个普遍的概念是从人们对待满足他们需要的外界物的关系中产生的。"因此，价值是具有一定客观基础的一种与人的需要满足程度相关的属性关系，即客体满足主体需要的关系。教育价值是教育作为社会系统中的客体，对社会和个体的各种需要的满足关系。

（三）数学教育评价

数学是研究数量关系和空间形式的一门科学，源于对现实世界的抽象，基于抽象结构，通过符号运算、形式推理、模型构建等，理解和表达现实世界中事物的本质、关系和规律。数学教育承载着落实立德树人根本任务、发展素质教育的功能。帮助学生掌握现代生活和进一步学习所必需的数学知识、技能、思想和方法，提升学生的数学素养，引导学生会用数学的眼光观察世界，会用数学的思维思考世界，会用数学的语言表达世界；促进学生思维能力、实践能力和创新意识的发展。

数学教育评价，是通过对数学教育的目标与标准进行确定，针对数学教育的准确性、实效性、经济性及满意度等方面的实现程度，进行的科学的、系统的、定性和定量评价的过程。数学教育评价的结果可以有效反映教育的优点和问题所在，有助于对后续教育活动进行有针对性的更新、优化与提升。

二、数学教育评价的特点

数学教育可以提高学生的逻辑思维和推理能力，培养抽象思维能力，提高解决问题的能力，提升数学计算和符号操作能力。作为自然科学、工程学、经济学等多个领域的基础学科，数学可以为自然科学、工程学、经济学等领域的进一步学习打下坚实基础。数学教育评价不局限于对学生学习成果的评价，也包括教师评价、专家评价、办学条件评价、教学理念评价等内容。对数学教育评价的特点进行总结，主要有以下三个方面。

1. 科学性

数学教育评价的科学性主要体现在评价标准的确定上。所谓评价标准，又称为评判标准，是指人们在评价活动中应用于对象的价值尺度和界限，是衡量价值客体有无价值及价值大小的尺度或依据。

2. 客观性

评价标准应与客观需要相一致，评价的客观性因素是评价标准具有科学性的重要依据，由此可见，教育评价要有一个客观基础，即数学教育评价具有客观性。教育评价的客观基础建立于对教育信息系统、科学和全面的搜集，以做出事实判断。这些教育信息既包括客体属性、结构、功能、过程等客体自身的信息，也包括客体外部环境、背景等方面的信息。即在数学教育评价过程中，既包括数学课程自身的信息，如学习目标、学习内容、讲授方式、重点与难点等，也包括数学课程的背景信息，如教师的相关信息、学生的基本信息、教学环境，甚至当前数学学科发展的程度与方向、社会需要等。

3. 目的性

进行数学教育评价活动，并不仅是为了得到对当前各方面需求满足程度的结果，而是旨在把评价结果或结论反馈给决策者、被评价单位或个人，使他们能够有依据地进行数学教育改革、提升、决策与教学计划制订等活动，有效提高工作或学习效率和教育质量。教育评价结果要能够显明数学教育活动有多大价值，有什么价值，是否有利于国家和社会的发展，是否有利于学科和领域的发展，以及是否有利于学生德智体美劳的全面发展，要能够形成价值判断，评价结果要能够实际支撑数学教育评价活动的目的，这样的评价才是完整的、科学的且有价值的。

三、数学教育评价的作用

数学教育评价活动伴随数学教育的始终，根据数学教育活动的流程与阶段，数学教育评价也可以分为三个阶段：一是在数学教育活动开始前，这个阶段是为了对教学计划、大纲、教案等进行评价，保证数学教育活动的有效开展；二是在数学教育活动进行中，这个阶段的评价工作可以实时对教学活动进行优化与修正，根据教学实际情况，实时改进，优化教学方案，修正教学轨道；三是数学教育活动结束后，这个阶段可以及时对已经完成的数学教育活动进行评价与反馈，以形成改进闭环，保证数学教育活动效果，为下一次数学教育活动的更好开展提供参考。综上所述，对数学教育评价的作用进行总结，主要可分为以下几个方面。

1. 指向作用

在进行数学教育评价前，需要先确定评价目标、标准与方案，以确定评价的重点与关键，保证评价活动的有序性和有效性。通过数学教育评价可以引领数学教育向既定目标发展，合理运用数学教育评价的指向作用，可以规范教学方法，引导教学方向，从而使数学教育达到国家规定的各级各类培养目标。因此，评价活动应与时俱进，按照国家的教育方针、政策和上级主管部门的要求，端正学校办学方向与教育理念，保证数学教育既符合社会发展规律，又能满足个体实际需要。

2. 检验作用

数学教育评价可以发现数学教育过程中存在的问题，及时进行修正与改进。数学教育评价可以总结、分析数学教育活动中的优点与缺点，从而进行持续改进，保证教育效果。数学教育评价是保证数学教育质量的重要环节，好的数学教育评价应该能够为教育活动优化提供基础与依据。

3. 优化作用

美国著名教育评价学专家斯塔弗比姆曾说过："评价的目的不在证明，而在改进。"由此可见，进行数学教育评价活动本身并不是目的，如何更好地利用数学教育评价结果，提升教学水平才是数学教育评价的关键所在。数学教育评价不仅可以找出教育活动中的问题，还可以发现潜在的错漏，通过对评价结果进行分析，可以找出问题出现的原因，对教育活动进行指导，从根本上对教育过程做出修正，寻找改善教育效果的途径。评价对象可以根据评价的结果，明确改进重点与未来的发展方向。

4. 交互作用

数学教育评价也是各种相关信息交互的过程，包括评价者与被评价者之间的信息传递，以及评价者之间和被评价者之间的信息传递。其中，评价者与被评价者之间的信息交流是重点，评价者在评价标准和目标的基础上，收集被评价者的重要相关信息，并将信息传递给被评价者，同时，也从被评价者那里进一步接收反馈信息，形成信息交互的循环，有效的信息传递是进行数学教育评价的基础，如何能够使信息交互的双方都愿意互相尊重、坦诚沟通，是进行数学教育评价需要解决的重要问题。此外，通过信息的交互，也可以让评价者和被评价者看到自己的优势与不足。由此可见，评价活动一方面为被评价者提供自我展示的机会，总结之前取得的成绩与成果，主观积极地对以往教育工作进行反思；另一方面，也激发被评价者想要获得正向评价的动力，从而提升在实际数学教育活动中的积极性与创造力，这就体现了数学教育评价的重要信息交互作用。

互动交流

【交流研讨】

1. 谈谈进行数学教育评价的意义。
2. 结合你学习的经历，谈谈有哪些数学教育评价方法。
3. 数学期末考试是否算是数学评价方法？谈谈你的看法。

【实践训练】

请选取一个年级，基于学生的特点、课程内容的重难点等关键要素，撰写一份数学教育评价方案。

评价反思

通过本节课的学习，谈谈你对数学教育评价的理解。

拓展提高

崔允漷在为"基于标准的评价研究丛书"作序中指出：教育评价，特别是学生学业成就评价领域在近十几年中正在发生着巨大的变革，这种巨大的变革是教育评价历史上从未有过的，具体表现在以下几个方面：第一，"对学习的评价"依然受关注，但"为学习的评价"逐渐成为主流。第二，评价管理体制变革明显，平衡的学生学业成就评价体系正在形成。第三，传统的考试一统天下的地位被颠覆，诸多新型的评价方式得到广泛应用。第四，教育评价的心理测量学基础被动摇，新的教育评价文化正在兴起。

（资料来源：崔允漷，王少非，夏雪梅. 基于标准的学生学业成就评价[M]. 上海：华东师范大学出版社，2008.）

第二节　数学教师教学评价

学习目标

1. 了解数学教师教学评价包括哪些方面，能够对数学教师教学进行评价。
2. 了解数学教师教学能力遵循的标准。
3. 掌握数学教师教学设计评价指标，根据评价指标改进已有的教学设计内容。

学习任务

结合教师给出的一节教学设计，评价这节课的教学设计情况。

知识探究

对数学教师的评价一般指学校的管理部门依据学校的性质、任务、培养目标及教师所承担的工作，对教师的能力、水平、素质、履行职责的表现和取得的成绩，进行全面的、科学的测定，给予客观、公正的评判。通过评价促进教师自身建设、自我调节、培养和对教师的使用，从而达到全面提高数学教育教学质量的目标。

一、数学教师教学质量及教学能力的评价

对数学教师的评价，既有对教学质量方面的评价，也有对教师工作方面的和教师数学能力方面的评价。

（一）数学教师教学质量的评价

数学教师教学质量评价是数学工作评价的重要方面，教学质量评价的主要对象应该是教师的数学教学工作和学生的学习活动。教与学双边活动的共同对象是数学内容，是在一定环境中开展的，然而，教师的活动是起主导作用的。教师运用一定的方法和手段去处理和利用数学内容，去开发学生的潜能、智能和个性，这是对教师的基本要求。通过对教师的备课、上课、辅导、批改作业、命题考试等教学基本环节的评价，达到提高教学质量的目的。

1. 教学质量评价的指标体系

教师教学质量评价一般有教学目标、教学内容、教学方法、教学进程和教学效果等五个一级指标，每个一级指标下又有若干个二级指标。例如，教学目标包括目标制定、目标落实两个二级指标；教学内容包括内容选择、内容处理两个二级指标；教学方法包括方法选择、方法应用、方法辅助手段三个二级指标；教学进程包括环节进行、环节交替、课堂结构三个二级指标；教学效果包括达标程度、差生转化程度、培养学生能力三个二级指标。制定教学评价指标体系，在理论上要具有科学性，在实践上要具有可操作性。

2. 教学质量评价的方法

教学质量评价的工具最常用的是，通过测量来进行效果的判定，通过观察来进行教学方法和教学态度的判定。教学质量评价的方法要做到定性评价与定量评价相结合、过程评价与终结评价相结合、定期评价与随机评价相结合。

教学质量评价的方法常见的有绝对评价法、相对评价法、个人内差异评价法、主客观相结合评价法、统计分析评价法、模糊综合评价法、S—P 表评价法、齐次马尔可夫链评价法及多元统计分析法（含多元回归法、判别分析法、段类分析法、主成分分析法等）。

制定评价方案时，要注意听取大多数教师的意见，做到标准统一，一切从实际出发，才能有利于发挥评价功能，起到对教师的激励作用。

3. 教师备课评价的内容

教师备课是上好课的前提和基础，通过对教师备课的评价可促进教师认真备好课。对教师备课的基本要求就是备课评价的基本内容，备课评价内容包括评价教师课前所做的四项准备备课工作和三种备课形式。四项准备备课工作是钻研教材情况、了解学生情况、选择教法情况和准备教具情况。三种备课形式是对整个学期备课情况、对单元备课情况和对课时备课情况。

教师备课的质量既要反映教师备课活动本身，还要反映在课堂上的效果。在教师备课活动层次上，主要看教师所花备课时间的多少、备课方法的准确性和有效性、备课活动为上课准备的充分程度、备课活动的认真程度等。在上课这个层面上，通过考察课堂教学内容的处理和教法的运用，推知教师备课的认真程度和深入细致程度。应该注意到，对教师备课工作的评价受多种因素的影响，是较为复杂的，实际操作也比较困难，应从实际出发加以灵活运用。

4. 数学课堂教学质量评价

课堂教学是组织教学的最主要形式，也是教学的主要途径；课堂教学是教与学双方互动、交流的过程，二者是有机的统一体。评价课堂教学质量，应主要依据以下标准。

（1）教学目标明确，完成教学任务好

教学目标是教学的出发点和归宿，一堂课的教学目标是否明确，是否达到了教学目标，是衡量一节课成功与否的重要尺度。确定教学目标的依据是教育方针、数学课程标准及学生的实际情况。不切实际、大而空的教学目标是不会落到实处的。一堂好的课应该使整个教学过程围绕教学目的进行，只有教学目标明确，才能保证达到事先确立的教学目标。

（2）教学内容组织合理，抓住重点、难点和关键

教学内容组织合理体现在以下四个方面。

1）科学性。讲授内容正确，整体结构完整、系统性强，既考虑了数学知识本身的顺序，又考虑了学生学习知识的顺序，在教学过程中能突出重点、抓住关键、突破难点，能将传授知识、培养能力和进行思想教育有机地结合起来。课堂练习和家庭作业选择有助于"双基"落实和能力提高。

2）思想性。要挖掘教材的思想性，结合数学学科的特点，揭示教材所蕴含的辩证唯物主义思想，以培养学生的辩证唯物主义的世界观。如运用对立统一规律说明数学知识的本质及知识的内在联系；用矛盾论的观点，理解解题方法的共同本质；用感性认识和理性认识的关系原理培养学生的抽象能力；用矛盾普遍性与特殊性的关系培养学生的探究能力；结合具体教材实际，激发和保持学生对数学的学习兴趣，端正学生的学习态度，培养学生对数学学习的科学态度、创新精神及认识事物的科学方法。

3）实践性。教学内容要理论联系实际，要从学生实际出发，尽可能地为阐明和理解概念提供直观背景材料。数学的抽象是逐级抽象，前一抽象是后一抽象的直观背景。所以，数学中的直观背景不仅指实物、模型、教具等，而且还指学过的概念、实例，以

及数学教学中的图像、数学符号等。另外，要注意把数学知识运用到实际中，分析和解决学生力所能及的实际问题。

4）可接受性。根据学生的实际水平、年龄特征和认识发展过程来确定教材的深度、广度和难度，使学生经过努力能克服学习中的障碍，并使学生在克服学习中的困难时获得精神上的满足，这样才能保持学生强烈的求知欲，从而使学生的知识水平不断提高。

抓住重点、难点和关键，主要是指对教材的处理和组织的科学性，教师驾驭教材应做到重点突出，详略得当，难点解决，关键抓准。

（3）教学方法得当，教师要善于启发诱导

教学方法得当主要体现在以下几个方面。

1）恰当选择和运用教学方法。能根据具体的教学目的、教学内容及学生的年龄特征、思维特点和知识水平，恰当地选择教学方法。

2）充分调动学生的学习积极性。在整个教学活动中，虽然教师起着主导作用，但学生是学习的主体，教师的主导作用发挥得怎样，关键在于是否激发了学生学习的积极性和主动性，这是衡量教学效果的一个主要标志。所以，教师要设置问题情境，激发学生的积极思维和探索欲望，再通过分析、推理找出规律，使整个教学过程处于存疑、问疑和释疑的过程。德国教育学家第斯多惠强调激发学生学习主动性的作用，他说："如果使学生习惯于简单地接收或被动地工作，任何方法都是坏的；如果能激发学生的主动性，任何方法都是好的。"

3）注意信息反馈，及时调控教学过程。在教学过程中，要面向全体学生，随时注意观察，发现反馈信息，掌握学生理解程度和存在问题，及时改变教法或进行组织教学，把学生的注意力自始至终吸引到课堂的学习任务上。

4）语言准确、简练、严谨、富有启发性，板书有计划，能突出重点，解题格式规范，并能恰当使用教具。教师无论采用什么方法，都必须"善启""善导"。"善启"，即要善于启发学生的思维，想办法使学生整堂课上都在积极思考问题，让学生的智力活动真正地融入教学内容中，使学生的思路与教师的讲解分析交融在一起。"善导"，即教师善于诱导、引导、疏导、辅导和教导。"诱导"着重于诱发学生的学习动机和兴趣；"引导"侧重于指导正确的学习方向和途径；"疏导"侧重于解决学生学习上和思想上的疑难问题；"辅导"侧重于长善救失，提高学生学习自我教育的能力；"教导"侧重于把学习方法教给学生。这"五导"应当有机地结合起来。

（4）课堂教学组织得当，具有教学机智性

课堂组织得好表现在：课堂组织有条有理，层次分明。师生共同自觉遵守课堂教学常规；课的计划性强，课的结构安排合理，整个课的进程有条不紊地进行；讲、练、问、议、读、演示、板书等安排得十分妥当。教学机智性是教师组织教学所表现出来的高度机敏和智慧，主要表现在能扣紧课堂上的每个环节，巧妙地集中学生的注意力，充分利用上课的每一分钟。

（5）教学基本功扎实，教学效果好

教学基本功包括驾驭教学信息的技能、运用语言的技能、集中学生注意的技能、把握课堂反馈信息的技能、处理偶发事件的技能、控制情绪与教态的技能、板书和运用教具的技能。评价教学基本功，主要考察教师是否掌握了以上七个方面的技能。

板书的布局要合理，字体要工整、美观、均匀、流畅、大小适中，笔顺正确；书写的速度要快；运用教具也要操作正确、熟练，并密切地配合讲授的内容。

教学效果主要通过当堂测验、课堂练习、提问、板演，了解学生掌握知识和培养能力的情况。通过课堂上的学习气氛、思想活跃程度、学习态度的观察或问卷调查等，了解学生学习积极性的情况。通过观察学生对知识和技能的掌握情况、思考问题的情况、从教学过程中受到思想品德教育的情况、引起学习动机和兴趣的情况、调动学习主动性和积极性的情况等，了解学生学习的主动性情况。

5. 作业布置、批改与辅导的评价内容

作业的布置和批改是教学工作不可或缺的部分。对教师作业布置的评价，应考察是否达到如下要求：课外作业的布置，要根据数学课程标准的要求，紧扣课堂教学的内容，应有利于巩固和加深理解或运用课堂上所学的知识；难易要适中，分量要适当，不要使学生负担过重。布置作业时，教师要提出明确具体的要求，并给予必要的指导；对于难度特别大的作业题，应作适当的启发或提示。还要严格要求学生规范地完成每一道作业题。

对教师课外作业批改的评价，应考察是否达到如下要求：善于从实际出发，选择不同的作业批改方式，包括全部批改、重点批改、轮流批改、抽查批改、当面批改等方式。无论采用哪种批改方式，教师都要认真负责。评分评语，要准确中肯；在批改过程中，把特别好的作业和其中错误情况记录下来，作为改进教学和作业分析的依据；批改完后，及时发还学生。还要重视作业信息的反馈，及时讲评。

课外辅导也是教学工作的重要组成部分。评价教师课外辅导的内容有给学生解答疑难问题情况、指导学生做课外作业情况、补充讲解课堂上没有解决的遗留问题情况、给缺课生或后进生补课情况、给特殊优秀生个别指导情况等。

（二）数学教师工作质量及教学能力的评价

数学教师工作质量的评价是为了调动教师的积极性，激发教师的创造精神，提高教师的数学教学工作水平。对教师工作质量的评价包括职业道德、教育教学能力、教育教学水平和教育教学效果四个一级指标及若干二级指标。对教师工作质量评价一般以观察测量为主，也可采用问卷、访问等方法。为使对教师工作质量评价做到客观公正，在评价时应制定评价方案，对评价的指标项目及权重分配应有明确的要求，对评价的细则要给予合理的等级及评分标准。

对数学教师教学能力的评价应遵照以下几条标准。

1. 组织驾驭教材的能力

组织驾驭教材的能力包括：能正确制定数学教学中每章、节、单元的教学目标和要求；独立钻研数学教学大纲或课程标准；熟练掌握教学环节的基本要求；理解和掌握数学教材体系和知识结构；能正确突出重点、解决难点；能在教材中将传授知识和培养能力紧密结合起来；能根据教材要求编拟题目，解答题目。

2. 调动学生的学习积极性和主动性的能力

调动学生的学习积极性和主动性的能力包括：善于启发式教学；善于发挥师生互动作用；善于引导学生进行"研究性学习"的探索；能指导学生正确的学习方法，开阔学生视野；能掌握学生思维水平，并能在思维过程中发展他们的思维能力。

3. 组织学生学习数学的能力

组织学生学习数学的能力包括：在课堂教学中善于使学生集中注意力，遵守学习纪律；在课外活动中善于使学生利用时间，开发潜能，综合所学数学知识，开展各种有利于数学学习的活动。

4. 处理信息的能力

处理信息的能力包括：能及时掌握学生学习质量变化的信息，发现问题及时解决；能密切注意数学新成果及数学教学改革动态，发掘数学信息资源。

5. 表达能力

表达能力包括：语言表达准确，条理清楚，直观生动；教态好，有艺术感染力；板书规范、整齐，布局合理。

6. 应变能力

应变能力包括：对教学突发事件的应变能力等。

7. 科研能力

科研能力包括：对教育教学中所遇到问题能独立提出符合教育规律的新见解、新观点、新解法等；具有较强的组织与指导教学研究的能力；善于总结经验，有撰写论文的能力；善于运用教育心理学规律，有引导学生提高学习效率的能力等。

二、数学教学设计评价

数学是一门基础科学，是科学研究、生产建设及日常生活中必不可少的工具，是学习各种专业知识的重要基础。因此，教师必须重视数学教学质量，提高学生的数学能力。中学生数学课堂教学评价是中学数学教学中的重要一环。它对中学数学教学及中学生数学学习具有直接的导向、激励和诊断功能。教师的教学设计是直接影响教学活动效果的重要因素之一，一堂课如何实施及效果如何，在很大程度上是受到教学设计的影响。因此，对教师的数学教学设计进行评价是非常重要的。

（一）数学教学设计评价的内容

数学教学设计一般包括教学目标、重难点的确定，教学方法的选择，教学内容的设计。数学教学目标、重难点和教学方法的科学性和适切性是激发学生有效学习的前提，否则不会引发学生的学习兴趣，也不可能实现成功的教学。教学目标、重难点的确定和教学方法的选择既要符合新课程理念和《义教课标（2022 年版）》的要求，又要适应学生的知识能力准备基础，是具体的、可操作的。通过对教学内容的设计进行评价，则能够考查教师整合课程资源的能力，包括教师解读文本、沟通学生生活世界、体现数学学科育人价值等方面的能力。通过对数学教学设计的评价，可以得出教师对学生知识能力基础的了解程度、教师对《义教课标（2022 年版）》的理解程度、教师对教学内容的整体把握程度和教师对数学教学理念的理解程度等。评价结果不仅有利于优化教师的数学教学设计，还有利于引导数学教师不仅把注意力集中在研究教学内容方面，而且要深入理解《义教课标（2022 年版）》和研究学生潜在的学习状态、生活经验和发展的需要。

（二）数学教学设计评价的要求

教学设计是数学教师的日常工作，它不仅体现教师的工作态度和责任感，更彰显教师的数学专业素养和教学能力。对于中学数学教学而言，高质量的教学设计不仅是教师上好课的前提，也是教师专业发展的有效途径，还是校本研修的一种重要形式。

与新课程标准改革前相比，在数学教学理念、数学教学方法、数学教学内容和数学教学评价等方面，新课程标准都发生了较大的变化。这些新理念的实施必须贯穿于数学教学全过程，特别是数学课堂教学过程中。数学教学设计是数学课堂教学的蓝图，是数学课堂教学的整体规划与综合设计。《义教课标（2022 年版）》还强调，教学方案的形成依赖于教师对教材的理解、钻研和再创造。其中，理解和钻研教材，应以数学课程标准为依据，把握好教材的编写意图和教学内容的教育价值。因此，数学教学设计活动与成果中必须体现数学新课程的理念。

（1）数学教学设计的系统性

数学教学过程是一个有教师、学生、教学内容、教学目标和教学方法等多要素的动态系统，这些要素相互作用、相互影响，必须全面考虑它们在教学系统中的作用，而不是只重视其中的一个或几个。因此，在数学教学设计中，教师必须真正地将数学教学构成作为一个动态的、开放的系统来设计。教师必须从整体上综合考虑数学教学系统中的各个要素，使它们协调统一、相辅相成，实现系统的整体功能，优化数学教学过程，提高数学教学质量。

（2）数学教学设计的发展性

促进学生全面、持续、和谐发展是数学新课程的基本出发点，数学教学设计是为数学教学活动服务的。因此，数学教学设计必须要促进学生成长和教师专业发展，即具有发展性功能。教师在设计教学时要把学生当作学习的主体，一切教学内容和活动设计都要为学生全面发展和个性充分发展服务。教师要自觉实现角色转变，成为学生学习的促进者、引导者、组织者。学生的发展是全面的发展，包括知识与技能，过程与方法，情感、态度与价值观等方面的发展。

（3）数学教学方法设计的适切性

作为一种生动的、活泼的和富有个性的活动过程，数学教学必然要以一定的形式来体现教师、学生、内容及环境等因素之间的关系和结构，这样就形成了教学方法，即教师与学生之间相互作用的方式。《义教课标（2022 年版）》十分重视数学教学方法的多样性，指出：有效的数学学习过程不能单纯地依赖模仿与记忆，教师应引导学生主动地从事观察、实验、猜测、验证、推理与交流等数学活动，从而使学生形成对数学知识的理解和有效的学习策略。数学教师也要采用讲授法、讨论法和启发式教学等多种教学方法。教学方法选择或组合的适切性是数学教学设计过程中必须加以重点考虑的。我们要根据数学教学内容、教授班级学生和教师本身的特点，结合学校的实际教学资源来选择或组合教学方法，以提高其适切性，而不能为了多样而多样，不顾数学教学实际。

（三）数学教学设计评价的指标

为了实现评价目标，评价活动必须贯穿于数学教学设计活动始终。根据数学教学设计的一般结构，数学教学设计评价的内容一般包含以下六个方面。

1）教学设计的理念。数学教学设计的核心理念是促进学生的学习，教是为了不教。教师的设计理念将直接影响数学教学设计的整体质量。无论是在集体备课中，还是在教师的个性化设计中，都必须体现新课程对数学教学设计的要求。

2）教学起点的分析。教学设计的起点分析包括教材分析、课标分析和学生分析等。在教材分析中，教师要整体把握教学内容的逻辑关系和所处地位；在课标分析中，教师要深入理解和把握课标对教学内容的要求；在学生分析中，教师要对学生的知识基础、能力基础和学习风格进行系统分析。

3）教学目标的确定。教学目标的评价主要考察教学目标的科学性和可行性，主要体现在以下几个方面：目标的完整性、规范性、重要性如何；目标定位是否明确；目标阐述是否合适、具体；目标是否符合学生身心发展水平的要求等。

4）教学重难点的确定。教学重难点的评价主要关注教学重难点确定的合理性，即教学重点是否与教学内容自身的逻辑地位吻合，教学难点是否充分考虑，且符合本班学生的认知实际。

5）教学方法和媒体的选择。教学方法的评价主要关注教学方法选择的合理性，即教学方法的选择是否有利于教学目标的实现、是否符合教师的教学风格、是否符合本班学生的认知风格等。教学媒体选择的合理性主要从教学媒体的功能、教学内容的需要、使用的经济和便利性等方面的组合来考察。

6）教学过程的设计。教学过程设计的合理性主要从以下几个方面考察：教学环节的整体设计；教学情境的创设；数学问题的设计和数学例题、练习题的设计等。

为了便于操作和分析，数学教学设计评价主要通过"数学教学设计评价表"（表8.1）来实现，该评价表是在参照已有关于数学教学设计评价表的基础上形成的。

表8.1　数学教学设计评价表

课题＿＿＿＿＿＿＿＿＿＿＿＿＿＿　执教教师＿＿＿＿＿＿＿＿＿　年级＿＿＿＿＿＿＿＿＿＿＿＿＿

评价维度	评价标准	等级			
		优	良	中	差
教学设计理念	以"学生的数学学习"为中心，有效体现数学新课程基本要求				
教学起点分析	能够很好地理解和把握教材				
	符合班级学生认知实际				

续表

评价维度	评价标准	等级			
		优	良	中	差
教学目标的确定	三维目标明确、具体,符合学生实际				
	注重数学思想方法的提炼和活动经验的积累				
教学重难点的确定	确定合理,并在设计中有效突出				
	界定准确,并在设计中有效突破				
教学方法与媒体的选择	教学方法的选择科学、有效				
	讲授与探究相结合,注重学法指导				
	恰当运用各种信息技术工具				
教学过程的设计	教学环节安排合理,知识衔接自然,注重展现数学知识的发生发展				
	情境具有现实、数学和挑战性,有助于激发学生的兴趣和探究欲				
	问题类型和呈现方式多样,且具有启发性、预见性、针对性和整体性				
	例题典型,习题设计科学、新颖,具有较强的层次性、针对性和灵活性				
整体结构	教学设计规范、工整,具有一定的创新性				
综合评价	优点				
	不足				
	创新之处				
改进建议					
评价等级		评价人			

互动交流

【交流研讨】

小组合作研讨:数学课堂教学的评价都包括哪几个方面的内容?

【实践训练】

做一个针对教师的访谈,撰写简单分析报告。

要求:(1)围绕你想知道的内容访谈问题;(2)做好调研并做简要分析;(3)字数在 800 字以上。

评价反思

1. 通过本节课的学习,你知道数学课堂教学过程评价的实施策略吗?

2. 通过本节课的学习,你知道在数学课堂教学的目标评价中应对哪些内容加以关注吗?

拓展提高

评价学与教育评价

评价学是教育评价的理论基础,教育评价学既是教育学的学科分支,也是评价学的学科分支。教育评价是一种深刻的认知过程,它不仅能够帮助我们发现和发现教育的价值,而且还能够帮助我们更好地理解和评估教育的价值。因此,要想真正理解教育评价,我们需要从多方面来探究它的本质，以及它所带来的影响。

1. 教育评价认识和揭示教育价值

评价是主体对客体之于主体意义的一种观念性把握，是主体对客体有无观念性价值及价值大小所作的判断。在现实教育活动中，只有通过评价，才能揭示和把握教育的价值，使教育的价值由潜在的形式转化为现实的形式呈现在人的面前。教育评价是认识和揭示教育价值的重要手段。

2. 教育评价遵循评价规律和原则

评价规律是一种客观的、不受个人意愿影响的过程，因此，要想准确地理解和评估某一特定的对象，就必须深入了解这一规律，并且严格按照它来行事。人们在认识评价规律的过程中，依据自身对评价规律的理解和把握，通常需要确定一些评价准则，即评价原则。评价原则是一种深刻的思考方式，它体现了人们对客观规律的理解，也就是说，它是对评价活动的基本要求。它不仅仅是一种指导，更是一种反映客观规律的行为准则，它能够帮助我们更好地实现目标。教育评价也必须遵循评价规律和原则。

3. 评价与教育评价的功能一致

评价可以用来做出判断、确定、选择、预测、鉴定、诊断、指引、促进、反馈、沟通、激励、监督、规范、指导、学习、平衡、交易、检讨、宣传和管理等多种功能。其中，判断、选择、指导、激励和监督功能是评价最基本的功能。教育评估不仅可以指导学习，还可以帮助诊断、鉴定、激励和监督学习。因此，评价与教育评价的功能是一致的。

4. 教育评价是评价学在教育学领域的应用

教育评估可以衡量一项教学活动能否为社会和学生带来有益的影响，从而发掘其中的可能性，并将其转化为有效的经济效益，从而提升教学效果。教学评论是一种重要的教育研究方法，它涵盖了许多不同的方面，主要是对教育工作者的评论、教学中的评论、教育结果的评论、教学活动的评论、教学观念的评论、教学方式的评论、教学模式的评论、教学质量的评论、教学控制的评论、教学改革的测量、教学评论的测量等。伴随时光的推移，教育评价学这门学科日益完善，并取得了巨大的进步。教育评价学既是教育学的学科分支，也是评价学的学科分支。

（资料来源：邱均平，王碧云，汤建民. 教育评价学：理论·方法·实践[M]. 北京：科学出版社，2016，有删改）

第三节　数学学习评价

学习目标

1. 了解数学学习评价的几个维度。
2. 了解数学学习评价的方法。

学习任务

1. 小组合作研究数学学习评价可以从哪些角度进行分析总结。
2. 撰写一篇《数学学习评价》演讲稿。

知识探究

数学学习评价是数学新课程的实施中一个关乎成败的因素，评价是杠杆，具有导向作用。"新课改"倡导"立足过程，促进发展"的课程评价。评价的功能不再只是甄别和选拔，而是全面考查学生的学习状况，激励学生的学习热情，促进学生的全面发展。

数学学习评价是数学课程评价的重要组成部分，在数学教育的过程中，数学课程评价只有通过对学生数学学习的过程与结果的评价和鉴定，才能真实反映数学课程预期目标实施的效果，并以此对数学课程方案本身的价值进行评定判断。同时，数学学习评价又反映了教师课堂教学设计实施的效果，是对教师教学效果的直接反映和评定，因此，它又是数学教学评价的重要内容。

一、数学学习评价的含义及基本理念

（一）数学学习评价的含义

"评价"（evaluation）一词可理解为测评与估价两部分。测评是进行数值的测定和计算以取得数据；估价是对这个数据做出价值判断。经过测评，取得数据，估价才有依据，因而测评是估价的基础；进行测评为的是便于估价，做出价值的判断，因而估价是测评的目的。这两个方面密不可分，构成评价的基本内涵。基于评价的基本内涵，把评价定义为阐释、衡量人或事的作用与价值，也泛指人们根据自己的需要和见解，对作为客观存在的人或事物所具有的价值（正面或反面、积极或消极）进行判断与衡量，其实质是促进人或事的改善与发展，它是人的行为自觉性、反思性的体现，也是人类的一种认识活动。

数学学习评价是在数学课程实施之后对学生所实现的预期目标的程度进行测评、鉴定，并做出价值判断与衡量的过程，即数学学习评价是以学生的数学学习活动为对象，采取一切可行的技术和方法，广泛地收集学生在数学学习过程中所反映出的各种有意义的信息、资料，并根据一定的目标要求对学生的数学学习活动的过程与结果进行定量分析与定性评估，分析与确定目标的实现程度，做出价值判断的过程。

数学学习评价是数学课程评价的重要组成部分，在数学教育的过程中，数学课程评价只有通过对学生数学学习的过程与结果的评价和鉴定，才能真实反映数学课程预期目标实施的效果，并以此对数学课程方案本身的价值进行评定判断。

（二）数学学习评价的基本理念

数学学习评价的理念受数学课程基本理念的制约，有什么样的课程理念就有什么样的学习评价理念。建构主义学习理论认为，真正意义上的数学学习应该是学习者应用自己已有的知识、经验，对学习对象主动的意义建构。

《义教课标（2022年版）》中的数学学习评价是发展性评价，根据发展性评价的基本理念，具体地讲，数学学习评价的基本理念有以下几个方面。

1）数学学习评价是与数学教学过程并行的同等重要的过程。评价不是完成某种任

务，而是一种持续的过程，不同于教学的过程；评价被用来辅助教育，它是为了帮助教师了解学生的学习历程，反馈教学效果，以帮助教师反思教学和进一步改进教学。因此，它是教与学主要的、本质的、中和的一个组成部分，贯穿于数学教学活动的每一个环节。

2）数学学习评价应体现以人为本的思想，建构个体的发展。评价要关注个体的处境和需要，尊重和体现个体的差异，激发个体的主体精神，以促进每个个体最大可能地实现其自身价值。

在具体的评价体系中，这些理念主要体现为以下几个方面。

1）评价方式丰富。评价方式包括书面测验、口头测验、活动报告、课堂观察、课业、成长记录等，可以采用线上与线下相结合的方式，教师应结合学习内容、学生学习特点，选择适当的评价方式。例如，可以通过课堂观察了解学生的学习过程、学习态度和学习策略，从作业中了解学生对基础知识和基本技能的掌握情况，从探究活动中了解学生独立思考的习惯和合作交流的意识，从成长记录中了解学生的发展变化。

2）评价维度多元。评价维度多元是指在评价过程中，在关注"四基""四能"达成的同时，特别关注核心素养的相应表现。不仅要关注学生对知识技能的掌握，还要关注学生对基本思想的把握、基本活动经验的积累；不仅要关注学生分析问题、解决问题的能力，还要关注学生发现问题、提出问题的能力。全面考核和评价学生核心素养的形成和发展。例如，通过对叠放杯子总高度变化规律的探究，考查学生对函数概念的理解，用数学思想分析、解决实际问题的能力，由现实问题抽象出数学问题的能力。

3）评价主体多样。评价主体应包括教师、学生、家长等。综合运用教师评价、学生自我评价、学生相互评价、家长评价等方式，对学生的学习情况进行全方位的考查。如学习单元结束时，教师可以要求学生设计一个学习小结，对学生的学习情况进行评价，也可以组织学生在班级展示交流学习小结让学生互评，以及让学生自评总结自己的进步，反思自己的不足，汲取他人值得借鉴的经验。

4）评价结果的呈现与运用。根据学生的年龄特征，评价结果的呈现应采用定性与定量相结合的方式，关注每一名学生的学习过程。第一学段的评价应以定性的描述性评价方式为主，第二学段、第三学段可以采用描述性评价和等级评价相结合的方式，第四学段可以采用等级评价和分数制评价相结合的方式。

评价结果的呈现应更多地关注学生的进步，关注学生已有的学业水平与提升空间，为后续的教学提供参考。评价结果的运用应有利于增强学生学习数学的自信心，提高学生学习数学的兴趣，使学生养成良好的学习习惯，促进学生核心素养的发展。

教师要注意分析全班学生评价结果的变化，了解自己教学的成绩和问题，分析、反思教学过程中影响学生能力发展和素质提高的原因，寻求改善教学的对策。同时，以适当的方式将学生一些积极的变化及时反馈给学生。

与目前对学生数学学习评价的现状比较，新的数学学习评价理念有如表 8.2 所示的几个方面的变化。

表8.2 学生数学学习评价应加强与削弱方面的对照

加强的方面	削弱的方面
评价的诊断和促进功能	评价的甄别功能
评价是教学过程中一个有机组成部分	评价简化为单一的终结性评价
对学生知道什么、他们是怎么思考的评价	评价学生不知道什么
关注学生自身的发展	与他人的比较（分等排序）
数学情感与态度的形成和发展	仅关注数学知识和技能的理解与掌握
学生在学习过程中的变化和发展	仅关注学生数学学习的结果
使用多样化的手段	仅使用纸笔测验
评价主体多样化	仅有教师对学生的评价
定性评价与定量评价相结合	只有定量评价

二、数学学习评价的功能

数学学习评价具有以下功能。

1. 诊测与甄别的功能

数学学习评价的诊测与甄别功能是数学学习评价自身所决定的。这种功能常常被用来诊断和评价学生数学学习的水平，为高一级学校选拔学生提供决策性的资料。

通过对学生数学学习各种形式的检查、测量，把所有可提供的信息和数据都集中起来进行综合分析，最后，就其结果的价值进行诊断，得到科学的结论，这个过程就是诊测。通过对学生学习诊测得出的数据，鉴定、区分出学习水平的不同等级，以衡量不同学生的数学学习的差异，这个过程就是甄别。

概括地说，数学学习评价的诊测与甄别功能，是为了补救与改善，诊测的结论不是评价的归宿，它应视为教学的过程，是为完成后继学习的起点。通过对数学学习的诊测和甄别，及时了解学生数学学习中存在问题的弊端与差异，为改进和提高下一阶段的学习内容提供依据，以便有针对性地改变学生学习的策略与方法，促进学生的发展。

2. 反馈与调控的功能

反馈与调控的功能是指通过评价返回学习者学习过程中的有关信息，根据返回的信息对教与学进行调节与控制的功能。通过对学习主体数学学习各种形式的检查、测量，返回学习者数学学习中存在的问题与差异的信息，通过信息的反馈，评价者按预先设定的评价目标，调节教学，控制教学，使之尽快达到教学目标要求；学习者根据反馈的信息调节和控制自己的学习策略与方法，使之尽快达到学习目标要求。这就是数学学习评价的反馈与调控功能所起的作用。

3. 激励与促进的功能

激励与促进的功能是建立在反馈与调控功能的基础之上的。调节与控制的目的是激励与促进学习者对数学产生兴趣，提高学习数学的积极性和主动性，这是学好数学的重要前提。数学学习评价的激励与促进功能主要是指评价能激发人的动机，促进人朝着期望的目标前进。

数学学习评价除了激励与促进的功能，还有抑制与压抑的功能。当评价不公正时，就达不到激励与促进的作用，反而会抑制与压抑学生的情绪和学习的积极性，从而阻碍甚至扼杀学生的发展，这就是数学学习评价的两面性。在实际应用中，我们要充分发挥学习评价的激励与促进的功能，防止其抑制与压抑功能的出现。

4. 导向与管理的功能

导向功能是指学习评价对学校教育、教师教学与学生学习上的指导意向作用。数学学习评价的导向功能体现在三个方面：一是对学校教学管理的导向；二是对教师教学方式方法的导向；三是对学生学习的导向。

新课程的数学学习评价是以《义教课标（2022 年版）》为基准，它所制定的目标是为了实现《义教课标（2022 年版）》的各项要求，再通过评价达到标准。

三、数学学习评价的指标体系、工具和方法

数学学习是整个数学教学乃至数学教育的一个组成部分，数学学习与一般的学习既有共同的规律，又有不同于一般学习的特殊规律，这是由于数学本身的特性所决定的。因此，我们在评价学生的学习质量时应该正确理解和切实贯彻数学教学的目的与要求，根据数学学习的特点使学生切实掌握数学的基础知识和技能。

（一）数学学习评价的指标体系

1. 对数学教学目标的认识

对数学学习的效果进行科学的评判，首先应对数学教学目标有明确的认识。按数学教学目标的层次来划分数学学习水平，即把认知领域的数学教学目标划分为了解、理解、掌握、灵活运用四级水平。其中，了解水平和理解水平是对知识而言的，掌握水平是对技能而言的，灵活运用是对能力而言的。这样的分类体现了教学目标的层次性、顺序性和相对性等特点，有利于将数学知识的学习、技能的训练和能力的培养落到实处。

了解水平一般指对数学概念、定理、公式、法则等有感性或初步的认识，相当于识记。理解水平是指对数学概念、定理、公式、法则等知识达到理性的认识，即达到"懂"的程度，相当于领会。掌握水平一般指在理解的基础上分析、解决实际问题，相当于简单应用。灵活运用水平是指能够综合利用所学知识解决问题，并达到熟练、灵活的程度，从而形成数学能力，相当于熟练掌握，即能融会贯通，解决一些较复杂的数学问题。

2. 对学生学习数学知识的要求

对学生学习质量进行评价，应主要依据现行数学课程标准对数学知识的教学要求，其中包含每个章节的具体要求。通过数学学习使学生对数学概念、性质、公理、定理、公式、法则等加以识别、记忆、理解、掌握和运用；使学生能将自己学得的知识进行分析、比较、分类、整理和概括，从而形成一个具有内部规律的、系统的、完整的整体结构，体现所学知识的整体性；使学生能应用所学的数学知识解决力所能及的实际问题，解答教师布置的各种习题，并能应用所学知识去理解新知识，体现所学知识的有效性；

能使学生再现所学知识，体现所学知识的巩固性；使学生能综合利用所学知识协助教师完成一些课题，并开发知识潜能、建立数学模型，解决一些实际问题，体现所学知识的应用性。

3. 对数学学习中素质的要求

通过数学学习，对学生数学素质的要求主要体现在：了解数学中的辩证关系，如数学来源于实际又反过来作用于实践、事物普遍存在的运动变化、相互联系的关系、事物在一定条件下可以互相转化的辩证思想；了解我国数学家在科学和数学方面的成就，激发学生学习数学的积极性，激发学生爱国主义热情，树立热爱祖国、为祖国争光的献身精神；养成良好的学习习惯和严肃认真求实的科学态度；了解数学与美的关系，理解数学是书写宇宙的文字，因而它不仅包含真理，而且蕴含至高无上的美；了解数学就在我们的实际生活中，我们的一切（包括衣食住行）都离不开数学。

4. 对数学测验成绩评价的指标体系

对数学学习全面评价，其指标必须与数学学习目标一致，通常反映学生学习成绩质量的指标，即绩效指标，可分为绝对指标和相对指标。绝对指标反映数学学习的绝对水平，常见的有平均分、人均等级值、优秀率、合格率等，反映相对水平的相对指标常见的有平均进度幅度（衡量人均等级的发展情况）、平均差生转化幅度（衡量年度差生情况比较）、平均优秀率提高幅度（衡量年度优生情况比较）、平均分增长幅度（衡量年度平均分的对比情况）、合格率提高幅度（衡量年度合格率对比情况）等。在实际操作中，指标体系的论证要具有可行性。具体反映为：其一，评价指标体系要切合实际，既要符合评价指标，又要符合被评价者的具体情况。例如，评价学生数学学业成绩时，既要考虑数学课程标准对教学的要求，又要考虑全体学生的整体水平。其二，教育评价指标体系要具有可测性，即指标和标准所反映的内容应具有可操作性。其三，教育评价指标体系应具有可比性，即必须反映不同评价对象共同的属性，其不同评价对象的评价结果应具有可比性。

（二）数学学习评价的工具

数学学习评价的工具是指对评价对象的各项指标进行测定时采用的方法，即采集数据的方式和手段。数学学习评价最常用的工具有数学考试和测验、问卷、观察、访问等。

1. 数学考试和测验

数学考试和测验在教育评价中作为一种测量的手段，两者可以不加区别，但一般来说，测验应用较广，而考试则用于比较正式的场合。考试和测验是一种传统评价教学质量的工具，它可以在短时间内取得较多的数据和信息，便于在评价中进行定量分析。为了科学、有效地进行教育评价，考试过程应注意四个方面的误差控制：一是命题。为了使考试能对学生的知识和能力水平提供客观、准确、稳定、可靠的度量，必须要科学命题，使命题趋于标准化。试卷的长度、题型、主客观题占比要有基本要求，要体现数学课程标准的要求，试题要体现时代性，试卷应保持等值。大规模考试应加强试题库建设，使试卷保持较高的信度、效度，试题保证适当的难度和区分度。二是考试施测，即管理手段的现代化、信息化，使考试从试卷的印制、传送、保密及施测过程处于严格的一体化管理。三是评卷，主要是评卷误差的控制，如分项给分。尤其是主观题评卷对误差的控制。近年来采用的"无纸化评卷"（即计算机评卷）发展尤为迅速。四是分数的报告形式，目前采用的原始分及在部分省市高考中采用的标准分是最基本的形式，这两种形式在教育评价中各有其独特的作用。

2. 问卷

问卷法是将事先编制好的问卷表交给被问者填写从而获取数据的一种方法，它实际上是一种书面调查，通过对问题进行回答来收集教育评价的资料。问卷可以在较广泛的范围内进行，不受空间限制，在短时间内可以获得较多的资料。问卷的形式常见的有限制式、半限制式和自由记述式。

限制式问卷是对提出的问题，根据测评的需要，事先准备好选项，由被测者选择适当的答案，并打上记号，如"√"或"○"等。

【案例呈现 1】

你对数学教师教学的结果感到如何？可以有以下几个选项：

A．很满意　　　B．比较满意　　　C．一般满意　　　D．不太满意　　　E．很不满意

这个例子是只能选一个答案的限制问卷。此外，如允许对方可选多个答案的问卷，称为"菜单式"的限制式问卷。如允许对方将答案中符合自己想法的选项按顺序排列的问卷，称为"排序式"限制式问卷。

【案例呈现 2】

数学学习动机的调查，问卷如下：

你对数学学习是怎样一种兴趣？在下列答案中，根据自己的情况进行排序，最重要的在（　　　）中写1，次重要的在（　　　）中写2，依此类推。

（　　　）因为对数学有兴趣　　　　　　（　　　）因为数学成绩好而喜欢数学

（　　　）因为教师教得好而喜欢数学　　（　　　）因为家长管得严而喜欢数学

限制式问卷的优点是回答的类型比较标准，便于进行统计分析，但如果拿不准提出的可能性答案是否足以使被问者表达己见时，可采用非限制式问卷，它使被问者有可能或者避开选择给定的答案，将"不能准确地说""对此问题没有考虑""不记得""其他"等选项列进去。

自由记述式问卷是对提出的问题不预先安排答案，而是留出空位让被问者回答。

【案例呈现 3】

对学生课外阅读的调查，问卷如下：请如实填写下列问题。

1）除了课本，你是否读过其他书？如果读过，请写出书名、作者名。

2）除了教科书，家中还有哪些书？请写出书名。

采用问卷法收集评价资料应注意可操作性，力求简单。为了使问者与被问者相互信赖，一般不记名。

3. 观察

观察法是评价工作者对评价对象就评价的各项指标直接进行现场观察，这种方法是以评价对象行为表现为主的方法，通常是对被评价者日常活动情况有计划、有目的地进行观察记录。虽然用这种方法得到的信息不易用数量反映出来，但这些信息有时是用其他方法都无法得到的有价值的资料。例如，对教师课堂教学方式、方法及能力的评价，对学生学习质量，尤其是数学能力、学习兴趣、学习态度的评价，都需要将大量信息深入到课堂教学中和学习过程中去才能获得，而且有些评价指标在短期内无法加以评定（如数学能力），只有通过长期的观察、分析并加以记录，才能得出公正、客观的评价结论。

运用观察法获取评价资料应注意观察的全面性，注意各种观察方法的有机结合，加强观察的计划性和系统性。

4. 访问

访问法是通过评价者与被评价者直接交谈而获取资料的一种方法。所提问题与回答都是口头进行的，它是根据事先设计好的问题进行有目的的谈话。

进行访问首先要认真制定工作日程表，确定工作项目和完成时间，训练访问员；其次，在正式访问前要设法向受访者说明访问的意义、时间、地点及资料的保密等情况，并对来访者作自我介绍，以便联系，加强合作；最后，在正式访问中要设法营造和谐的气氛，按要求加以认真记录和必要的解释。访问的形式是多种多样的，有家庭访问、座谈等，访问常用于了解学生学习态度、兴趣和习惯，也常用于了解学生对教师教学的意见等。

运用访问法应注意谈话紧扣主题，态度要亲切、冷静。由于访问法在交谈时不可能面面俱到，而且耗时较多，因此一般适用于小面积、单个问题的评价。

（三）数学学习评价的方法

1. 绝对评价法

绝对评价法又称为标准参照评价法，或称为水平评价法，是在评价前先根据教育目标制定一个客观标准，然后将评价对象与客观标准进行比较。在教学评价中通常是用考试的成绩来判断学生达到标准的程度。为使评价准确，通常标准的制定要客观，并能充分体现教育目标。

绝对评价结果是用考试分数来表示，常用的有百分制，即 100 分为满分，60 分为及格，60 分以下为不及格；或优、良、中、及格、不及格的五级分制。这种方法关心的是学生是否达标和达标的程度，它能使被评价者明确自己与客观标准的差距，但其缺点是客观标准难以把握。

2. 相对评价法

相对评价法又称为常模参照评价法，是以常模团体的一些统计量（如平均值、标准差等）作为参照点，把评价对象的考试成绩与此参照点相比较来确定自己在常模团体中的位置或排名，从而使被评价者之间具有可比性。

相对评价法的结果常用标准分数来表示，这是因为标准分数以同一常模团体某次考试的平均分和标准差为参照点，来衡量被评价者在这次考试中的成绩处于什么位置。

在教育评价中，为使标准分数更多地保留原始分数的信息，常用线性标准分数进行相对评价。使用标准分数进行相对评价，可使学生了解自己在团体中的名次顺序，其甄选性强，有利于选拔和录用人才。但其缺点是，这种分数只与位置有关，无法了解被评价者达到教育目标的程度和真实绝对水平。因此，教育评价，特别是学校教学评价常将绝对评价与相对评价这两种方法结合运用。

3. 个人内差异评价法

个人内差异评价法是按个人的标准进行评价：一种是被评价者的过去与现在对比，如某科目一学期几次测验的成绩，其变化趋势是进步还是退步？另一种是对被评价者的某些方面进行比较，如某次考试几个不同科目成绩的比较及各种学习能力之间的比较等，使学生及时了解自己的优势和不足，以达到自我调节的目的。个人内差异评价结果可用分数表示，也常使用标准分数，因为标准分数具有可比性。这种方法的缺点是被评价者不能与某客观标准比较，也不能与他人比较，易使学生处于封闭状态。

4. 学生数学学习成绩进步程度的评价

学生数学学习成绩进步程度的评价常用学习成绩演变图（或称为学习质量控制图）来描述。这种图形的作法是：①先利用常模资料把学生每次测验的原始分数化为标准分数，再根据每次考试权重算出加权平均标准分数。②以各次考试序号为横坐标，各次考试标准分数为纵坐标描点，顺次用折线连接各点。

5. 其他评价方法

其他评价方法有学生数学学习总成绩的评价、统计检验评价、不同测验分数等值问题的评价。

互动交流

【交流研讨】
1. 谈谈如何进行自我评价。
2. 本门课程的学习意义是什么？
【实践训练】
撰写一篇小组评价的计划表。

评价反思

1. 通过本节课的学习，谈谈你对数学学习评价方法的理解。
2. 如果你是一名数学教师，你会采用哪种或哪几种数学学习的评价方法对你的学生进行评价？为什么？
3. 谈谈你对高考这个评价工具的看法。

4. 通过本节课的学习，你知道在数学学习评价中有哪些注意事项吗？

拓展提高

学习质量评价转型的基本认识

随着时代的进步，传统的"学科问题"式的"学习成果"已经不再适合当今的学习环境。因此，我们需要采取更加灵活的方式来衡量一个人的学习成果，从而更好地反映出他们的学习成果。新课程标准带来的这场改革彻底改变了我们的评价标准，使我们能够更加客观地衡量。

在理解学习评价的转型时，我们需要厘清以下几个重要问题。

1）"转型"的存在可以被视作"形式教育"的延续。然而，从古至今，"形式教育"和"实质教育"的观点存在明显的差异。前者强调的是培养孩子的自主性、创造性以及独立思考的能力。而"实质教育"的观点却更加强调的是培养孩子的自主性、独立思考的能力以及培养孩子的创新思维。

2）"转型"的出现标志着"知识教育"的重要地位。因此，我们需要明确地指出，学习者的学习需要依赖学习知识，尤其要重视学习知识的基础。现代心理学将认识区分为程序性意识和非知识形式，因此，"转型"的出现标志着"知识教育"的重要地位的重新确立。

3）"转型"的出台可谓一个重大的改变。它不仅提高了学生的学习质量，而且也使得"转型"的内容更具有可操作性，可以帮助人们更好地掌握知识，提高自身的素养。

（资料来源：喻平. 核心素养指向的数学学习评价设计[J]. 数学通报，2022，61（6）：1-8，有删改）

第九章　数学教师专业发展

知识目标

1. 了解数学教师在课程实施中的角色。
2. 了解影响数学教师专业发展的因素。
3. 掌握数学教师专业发展的途径。

文化素养

敬教劝学，建国之大本；兴贤育才，为政之先务。宁有舍此而遑他事者乎？舍此而营他事，则僻邪诞慢之说，竞进而杂糅之矣。欲求政教休明，风俗淳美，何可得哉！

——选自《朱舜水集·劝兴》

【释义】

强调重视教育是建国的根本，培养人才是治理国家的首要任务。朱舜水继承《礼记·学记》中关于"建国君民，教学为先"与"化民成俗，其必由学"的观念，提出了教育为本的思想。这句话的意思是，尊重教育劝勉学习，是建国的根基，选贤用能作育人才，是治国的前提。

【联想】

党的二十大报告强调："教育、科技、人才是全面建设社会主义现代化国家的基础性、战略性支撑。"这一重要论述为做好新时代教育工作指明了前进方向、提供了根本遵循。随着时代的发展，一个国家对人才的需求不断增加，而教育便是培养人才的重要途径。新时代教师，不仅需要有足够的专业知识储备和扎实的教学能力，更需要不断跟随时代的发展更新自己的教学思想观念，结合时代要求贯彻新思想、新理念，培育时代新人。

教师是教学活动的组织者、引导者、合作者……随着社会的进步，教学改革的不断进行，"师者，传道，授业、解惑"已无法全面诠释当代教师，教师的角色也在向多重性演变。当代教师要发展成为终身学习者、数学知识的传授者、数学教学主导者、数学课程开发者……要如何胜任这些教师角色？是每一个教育工作者亟需思考和明确的问题。

第一节　数学教师的角色分析

学习目标

1. 了解数学教师在课程实施中的角色有哪些。
2. 知道《义教课标（2022年版）》对教师提出的新要求。

学习任务

简要描述数学教师在课程实施中的角色有哪些。

知识探究

教师是"向学生传递人类积累的科学文化知识和进行思想品德教育，把他们培养成一定社会需要的人才的专业人员"。由于社会的进步，教师的角色也在向多重性演变。即要求教师不仅是知识的传授者、教学的组织者、学生学习的引导者，还应该是一名研究型的学者，新课程提出教师也应该发展成一名合格的终身学习者。

一、数学知识传授者

传授知识是学校教育的一项基本功能，这是不以人的意志为转移的。首先，作为一名数学知识的传授者要热爱数学。只有我们自己被数学所感动，才有可能自觉地、不失时机地用数学的魅力去打动学生。

其次，数学教师必须具备丰富的数学知识。怎样才算丰富？俗话说得好："要给学生一杯水，教师就要有一桶水。"有人把这一隐喻称为"桶水论"。因为"一桶水"只刻画了知识的量，于是，对"桶水论"的质疑，出现了"活水论"与"找水论"的隐喻。"活水论"要求教师的那一桶水应该是新鲜的"活水"；"找水论"则希望教师具备寻找"水源"的能力。其实，三种隐喻并非对立，它们各自揭示了教师知识一个方面的特征。

现如今，大学生应通过学习数学分析、高等代数、概率论等数学知识，来丰富数学专业的知识，为其未来从事中学数学教学打下坚实的基础。

二、数学教学主导者

《义教课标（2022年版）》指出：有效的教学活动是学生学和教师教的统一，学生是学习的主体，教师是教学的组织者、学习的引导者与合作者。这三者是对教师主导作用的具体化。

教师的教学组织者角色，主要是指教师对教学的计划、设计和实施的专业行为模式，既包括课前备教材、备学生、备教法等准备工作，也包括课堂教学过程中学习氛围的营造，预设教案的实施与反馈、调控等教学行为。教师的学习引导者角色，对于数学课堂教学而言，包括引导学生回忆、再现学习新知识所需的已有知识经验，引导学生萌生求知的欲望，积极投入学习活动，引导学生围绕问题进行探索，引导学生质疑困难，等等。显然，学习引导者与教学组织者的角色是融为一体的，即都需要课前精心预设，又需要教师的学习合作者角色，对于数学教育具有特殊意义。它要求教师在教学中灵活应变，将自己视为学生的"伙伴"，学生学习活动的"参与者"，从而更加贴近学生，更为自然地发挥教学组织者与学习引导者的作用。

三、数学课程开发者

有一种观点认为，教师是教学计划、课程标准和教科书的忠实执行者，这是错误的。

教师是用教材教，绝不是教教材。实际上，教师既是课程的实施者，在很大程度上也是课程的开发者。任何时候，一个优秀的教师总是带着自己对课程的理解、对学生的了解和对教学的经验积累，开发课程、丰富课程，使课程成为一种动态的、发展的、富有个性的、师生共同生成的课程。

四、数学教育研究者

教师成为一名教育研究者与时代的与时俱进密不可分，还与教育的特点相关。教育面对的是活生生的人，工作过程充满了变数，教学如同一门艺术，可以有自己独特的风格。理论往往是灰色的，而实践之树常青。某些看似完美的教育理论在复杂多变的教学实践面前常常难以应付。教师在千差万别的教学现场中遇到的问题，只能由教师自己去设法解决。

教师成为研究者既是必要的，也是可能的。教师的主要活动场所在教室，教室是检验教育理论的理想实验室；教师每天在进行教学实践。教师进行的研究，当然也可以期望发现、总结教育规律，获得理论成果，但更主要的目的在于认识教育、提升教学智慧，使教学能以更有效的方式展开，使学生获得更好的发展，使教师在改进工作的过程中完善自我。

互动交流

【交流研讨】

1. 为什么教师是数学教学的主导者？
2. 举例说明数学教师是课程的开发者。

【实践训练】

谈一谈数学教师在课程实施中的角色有哪些。

评价反思

1. 通过本节课的学习，你知道数学教师为什么要成为数学研究者吗？
2. 通过本节课的学习，你知道《义教课标（2022 年版）》对教师提出的新要求吗？

拓展提高

人工智能时代教师角色的重塑与坚守

教师所从事的教育活动是特殊且复杂的活动，受社会各要素的制约与影响，所以教师要扮演的角色会随着教育活动的时间与空间的变化而进一步重塑。人工智能依靠着深度学习、大数据及高性能的计算能力，能够自动化地进行感知和决策。面对这些新的时代变化，教师要做出积极的应答。

（一）从知识的权威者转向信息知识的筛选者

作为传统教育的核心，教师的首要任务主要是传授知识，教师的教授是学生获取系统知识的唯一途径，因而教师在社会上具有一定的权威地位。然而随着社会的不断发展、科技的不断进步，互联网通信、大数据处理、物联网等人工智能技术应运而生，教育环境和教育理念发生了翻天覆地的变化。学生可以通过各种不同的途径获取知识，再加上知识更迭速度不断加快，知识总量呈爆炸式趋势激增，其范围更加广泛、综合性更强，教师所掌握的知识储备已经不能满足学生的需求，所以教师的知识权威性逐渐被弱化。

（二）从知识的传授者转向学生成长的摆渡者

在考试机制的影响下，传统教育更为重视成绩，所以教师一直以来就像"传送带"一样只顾着源源不断给学生输送知识，忽视了学生的其他发展。但是真正的教育是关乎灵魂的，而不只是理性或非理性知识的堆砌。随着人工智能技术水平越来越先进，学生的学习资源也更为泛化，学生能够通过各种智能应用平台获取信息、扩大知识面，传统的"授业解惑"任务已经可以逐渐由"人工智能"来辅助完成。

（三）从多媒体设备的单纯使用者转向人工智能的协同应用者

人工智能等新兴技术在教育领域的应用，使"人工智能+教育"成为当前备受瞩目的教育变革形态。例如，在线学习能够使学生足不出户就学习到顶尖学校提供的优质课程资源，给学生们提供了更多较为公平平等的学习机会；虚拟现实技术（virtual reality, VR）能够给学生在课堂学习中营造一种身临其境的感受，帮助学生更好地了解和吸收新知识；而且人工智能技术或者机器人能够分担教师的部分工作，帮助教师批改作业、分析学生的学习情况等，帮助教师有针对性地因材施教。

（四）从全能型教育者转向具有个性的专业发展者

在传统教育教学过程中，教师承担着教书授课、班级管理、心理辅导、教育研究等多种职能，甚至有时还要经常扮演家长代理人的角色，对学生的身心和生活予以全部关注，可谓是"全能高手"。但是因为人工智能与教育领域的结合，加快了教师与机器共协作、共谋事的进程。重复性的教学工作和基本的管理工作可以由机器代替人来完成，把教师从烦琐的工作中解放出来，因此需要教师进一步思考自己在教育中的地位和要承担的职能。

（资料来源：彭文蕊，高维. 人工智能时代教师角色的重塑与坚守[J]. 中小学教师培训，2023（1）：20-25，有删改）

第二节 数学教师的专业素养

学习目标

1. 了解数学教师的专业素养有哪些。
2. 理解数学教师的专业理念与师德的重要性。
3. 掌握数学教师的专业知识与能力。

学习任务

简述数学教师的教学实施能力。

知识探究

教师专业发展就是教师不断学习专业知识，提高专业能力，形成专业理念，落实立德树人的过程。有效的教师专业发展特别关注提高教师的学科知识和学科教学知识。那么，作为一名中学数学教师应该具备哪些专业素养呢？

一、专业理念与师德

为促进中学教师专业发展，建设高素质教师队伍，根据《中华人民共和国教师法》和《中华人民共和国义务教育法》，2011 年教育部公布了《中学教师专业标准（试行）》。该专业标准的基本理念中明确指出了"师德为先、学生为本、能力为重、终身学习"的理念。因此，在中学数学教师的专业素养中，我们最先倡导的就是有专业理念和师德，这是有效地、科学地进行日常教学的前提和必备条件。

（一）专业理念

作为一名优秀的教师，首先，要对教师这个职业有着深度的理解和认识；其次，要向学生树立正确的态度与行为；再次，要认真遵守教育教学的态度与行为规范；最后，还要不断提升、规范个人修养与行为。

1. 职业的理解和认识

作为一名优秀的教师，一定要贯彻党和国家的教育方针与政策，遵守教育的各项法律法规，对教育部颁发的各项文件要能及时、准确地理解、执行；理解中学教育工作的意义，热爱中学教育事业，具有职业理想和敬业精神；认同中学教师的专业性和独特性，注重自身的专业发展；具有良好的职业道德修养，为人师表；具有团队合作精神，积极开展协作与交流。

2. 对学生的态度和行为

当你选择从事数学教学工作时，应当问问自己：是否喜欢学生？是否喜欢数学？这是中学数学教师爱生、敬业的个性品质基础。

1）关爱中学生，重视中学生的身心健康发展，保护中学生的生命安全。

2）尊重中学生的独立人格，维护中学生的合法权益，平等对待每一位中学生。不讽刺、挖苦、歧视中学生，不体罚或变相体罚中学生。

3）要尊重个体差异，主动了解和满足中学生的不同需要。

4）要信任中学生，积极创造条件，促进中学生的自主发展。

3. 对教育教学的态度和行为

要树立育人为本、德育为先的理念，将中学生的知识学习、能力发展与品德养成相结合，重视中学生的全面发展。要尊重教育规律和中学生的身心发展规律，为每一位中学生提供适合的教育。要激发中学生的求知欲和好奇心，培养中学生的学习兴趣和爱好，营造自由探索、勇于创新的氛围。要引导中学生自主学习、自强自立，培养良好的思维习惯和适应社会的能力。要尊重和发挥好共青团、少先队组织的教育引导作用。

（二）师德

师德不仅是一个历久弥新的话题，而且也是人类精神文明的永恒主题。一般认为，热爱学生、爱岗敬业、教书育人、为人师表是师德的核心内容，也是社会对教师职业道德的最基本的要求。热爱学生，诲人不倦，是衡量教师道德水准的标尺，是教师的神圣职责。

教育无小事。所谓"亲其师，信其道"，在少年儿童的心目中，教师的言行就是道德标准，教师是智慧的象征、高尚人格的化身。所以说教师的榜样作用是非常重要的，教师的思想、行为、作风和品质，每时每刻都在感染、熏陶和影响着学生。学生对教师尊敬、热爱的情感，也常常会迁移到教师所教授的学科上。

二、专业知识

教师的专业知识素质决定着教师对教学内容把握的准确程度，决定着教学能力与教学质量的高低，它也直接关系着学生知识结构的形成、智力的发展与能力的培养。一个学识渊博、敬业勤奋、教学效果好的优秀教师，必定会受到学生的崇敬和信任。数学教师的专业知识包括以下几方面内容。

（一）数学专业知识

数学专业知识应该是数学教师知识结构中的核心部分，是数学教师知识结构的主体。数学专业知识丰富的教师，能正确地理解中学数学教材的内容与结构，能熟知各年级教材的地位、作用及其内在联系，能掌握数学中的概念、性质、定律、法则、公式和数量关系的确切含义，了解它们的来龙去脉，以及在数学知识中的地位和作用，并能不断地关心和把握学科知识的发展趋势与最新的科研成果，更易于将数学教材中的知识结构转化为学生头脑中的认知结构，以符合学生的心理特点与认知规律。

（二）教育基本理论

教育基本理论是教师专业科学知识的重要内容，是教师成功地进行教育、教学工作必须具备的理论知识。作为新时代的数学教师，不仅要具有扎实的传统教育教学理论知识，更需要时刻关注新课程改革的理论及实践研究成果，关注国家新教育政策的导向，并用于指导教育、教学的实践。

（三）教育科研的基础知识

教育科研是一种运用科学的方法和手段，有目的、有计划地探索、发现、掌握教育、教学规律的认识活动，是一个立足于已知去探求未知的过程。为了能正确地开展教育科研活动，教师必须具备相关的基础知识，如教育科研的选题如何确定、研究与论证的方法和手段、研究结果的定性与定量分析等。教师要着重学习教育科研方法、教育统计方法、教育测量、教育评价等有关教育科研的基础知识。

（四）相关学科知识

中学数学教师除了应具备数学专业知识、教育基本理论、教育科研的基础知识，还应该具有与数学学科、其他学科及日常生活密切相关的各方面知识。这就是说，中学数学教师既要有数学专长，又要广泛涉猎其他知识领域，其中包括社会科学、自然科学、社会生活常识及新兴学科知识，还要掌握一门外语，便于了解国际最新教学动态和学术进展；会使用多媒体教学平台，使信息技术真正融入数学教学，推进教育教学信息化发展。另外，还应懂得一些文学和艺术及丰富的生活常识。这些是数学教师知识结构中应有的部分。教师具有广博的相关学科知识（特别是应懂得物理、化学、生物等与数学相关的各科知识，掌握数学在其中的应用），是教书育人的需要。这既可以扩大教师自身的知识面，增强教育、教学的效果，唤起学生强烈的求知欲望，也有利于建立起教师在知识方面的"话语权"，赢得学生的尊敬、爱戴与信赖。教师应该成为学生探求知识与追求真理的楷模。

三、专业能力

能力，一般是指能够胜任或者完成某事的状态或品质，教师专业能力则指教师所具有的与所从事的教育教学相关的能力。

为贯彻落实党的十九届五中全会精神和《中共中央　国务院关于全面深化新时代教师队伍建设改革的意见》，2021年教育部办公厅关于印发《中学教育专业师范生教师职业能力标准（试行）》，对师范生提出教师职业四大基本能力，即师德践行能力、教学实践能力、综合育人能力和自主发展能力。

2011年教育部颁布的《中小学教师专业标准》中明确提出教师应该具备六大专业能力，分别是教学设计能力、教学实施能力、管理班级与组织教育活动能力、教学评价能力、能够与他人交流合作能力及自我反思和发展能力。

下面结合《义教课标（2022年版）》，重点围绕数学教学实施能力讨论。

数学教学实施能力包括制定指向核心素养的教学目标能力、整体把握教学内容能力、选择能引发学生思考的教学方式能力、加强数学综合与实践领域的教学能力、注重信息技术与数学教学的融合能力五个方面。

1. 制定指向核心素养的教学目标能力

（1）教学目标要体现核心素养的主要表现

教学目标的确定要充分考虑核心素养在数学教学中的达成。每一个特定的学习内容都具有培养相关核心素养的作用，要注重建立具体内容与核心素养主要表现的关联，在制定教学目标时将核心素养的主要表现体现在教学要求中。例如，确定初中阶段"图形的性质"主题的教学目标时，关注学生空间观念、几何直观、推理能力等的形成。

（2）处理好核心素养与"四基""四能"的关系

核心素养导向的教学目标是对"四基""四能"教学目标的继承和发展。"四基""四能"是发展学生核心素养的有效载体，核心素养对"四基""四能"教学目标提出了更高要求。例如，要引导学生在发现问题、提出问题的同时，会用数学的眼光观察现实世界；在分析问题的同时，会用数学的思维思考现实世界；在用数学方法解决问题的过程中，会用数学的语言表达现实世界。

（3）教学目标的设定要体现整体性和阶段性

核心素养是在长期的教学过程中逐渐形成的，它在不同学段的主要表现体现了核心素养的阶段性和各阶段之间的一致性。要依据核心素养的内涵和不同学段的主要表现，结合具体的教学内容，全面分析主题、单元和课时的特征，基于主题、单元整体设计教学目标，围绕单元目标细化具体课时的教学目标。充分发挥核心素养导向的教学目标对教学过程的指导作用，在实现知识进阶的同时，体现核心素养的进阶。

2. 整体把握教学内容能力

为实现核心素养导向的教学目标，不仅要整体把握教学内容之间的关联，还要把握教学内容主线与相应核心素养发展之间的关联。

（1）注重教学内容的结构化

教学内容是落实教学目标、发展学生核心素养的载体。在教学中要重视对教学内容的整体分析，帮助学生建立能体现数学学科本质、对未来学习有支撑意义的结构化的数学知识体系。一方面，了解数学知识的产生与来源、结构与关联、价值与意义，了解课程内容和教学内容的安排意图；另一方面，强化对数学本质的理解，关注数学概念的现实背景，引导学生从数学概念、原理及法则之间的联系出发，建立起有意义的知识结构。通过合适的主题整合教学内容，帮助学生学会用整体的、联系的、发展的眼光看问题，形成科学的思维习惯，发展核心素养。

例如，对中学阶段"三角形内角和"主题，在理解三角形内角和定理的同时，理解小学和初中之间，不同学段的学生在这部分知识学习时的方法与思维方式。

（2）注重教学内容与核心素养的关联

在教学过程中，不仅要注重具体内容与核心素养之间的关联，还要注重内容主线与核心素养发展之间的关联。

例如，在图形与几何领域的"图形的认识"主线，第一学段，要求在对立体图形和平面图形的认识过程中，通过直观辨认和感知形成初步的空间观念；第二学段，要求在对立体图形和平面图形关系的认识过程中，感悟图形的抽象，逐渐形成空间观念和初步的几何直观；第三学段，在对图形测量和计算的过程中，从度量的角度加深对图形的认识，理解图形的关系，进一步增强空间观念、量感和几何直观；第四学段，在对图形性质的研究过程中，核心素养的感悟由感性上升为理性，要求在建立空间观念、几何直观的基础上，逐步形成推理能力。

3. 选择能引发学生思考的教学方式能力

（1）丰富教学方式

改变单一讲授式教学方式，注重启发式、探究式、参与式、互动式等，探索大单元教学，积极开展跨学科的主题式学习和项目式学习等综合性教学活动。根据不同的学习任务和学习对象，选择合适的教学方式或多种方式相结合，组织开展教学。通过丰富的教学方式，让学生在实践、探究、体验、反思、合作、交流等学习过程中感悟基本思想、积累基本活动经验，发挥每一种教学方式的育人价值，促进学生核心素养发展。

（2）重视单元整体教学设计

改变过于注重以课时为单位的教学设计，推进单元整体教学设计，体现数学知识之间的内在逻辑关系，以及学习内容与核心素养表现的关联。

单元整体教学设计要整体分析数学内容本质和学生认知规律，合理整合教学内容，分析主题—单元—课时的数学知识和核心素养主要表现，确定单元教学目标，并落实到教学活动的各个环节，整体设计，分步实施，促进学生对数学教学内容的整体理解与把握，逐步培养学生的核心素养。

（3）强化情境设计与问题提出

注重发挥情境设计与问题提出对学生主动参与教学活动的促进作用，使学生在活动中逐步发展核心素养。

1）注重创设真实情境。创设真实情境可从社会生活、科学和学生已有的数学经验等方面入手，围绕教学任务，选择贴近学生生活经验、符合学生年龄特点和认知加工特点的素材。

2）注重情境素材的育人功能。如体现中国数学家贡献的素材，帮助学生了解和领悟中华民族独特的数学智慧，增强文化自信和民族自豪感。注重情境的多样化，让学生感受数学在现实世界中的广泛应用，体会数学的价值。

3）重视设计合理问题。在真实情境中提出能引发学生思考的数学问题，也可以引导学生提出合理问题。问题提出应引发学生的认知冲突，激发学生的学习动机，促进学生的积极探究，让学生经历数学观察、数学思考、数学表达、概括归纳、迁移运用等学习过程，体会数学是认识、理解、表达真实世界的工具、方法和语言，增强认识真实世界、解决真实问题的能力，树立学好数学的自信心，养成良好的学习习惯。

4. 加强数学综合与实践领域的教学能力

综合与实践领域的教学活动，以解决实际问题为重点，以跨学科主题学习为主，以真实问题为载体，适当采取主题活动或项目学习的方式呈现，通过综合运用数学和其他学科的知识与方法解决真实问题，着力培养学生的创新意识、实践能力、社会担当等综合品质。

5. 注重信息技术与数学教学的融合能力

重视大数据、人工智能等对数学教学改革的推动作用，改进教学方式，促进学生学习方式的转变。

（1）改进教学方式

教师可以利用信息技术对文本、图像、声音、动画等进行综合处理，丰富教学场景，激发学生学习数学的兴趣和探究新知识的欲望。利用数学专用软件等教学工具开展数学实验，将抽象的数学知识直观化，促进学生对数学概念的理解和数学知识的建构。利用技术支持平台使在线学习与课堂教学相结合，开展线上与线下融合的混合式教学。

（2）促进自主学习

加强线上网络空间与线下物理空间的融合，突破传统数学教育的时空限制，丰富学习资源，为学生自主学习创造条件。指导学生做好时间管理，规划学习任务，利用数字化平台、工具与资源开展学习活动，加强自我监控、自我评价，提升自主学习能力；家校协同，建立监控、指导、评价、激励机制，适时交流和开展个性化指导，营造学生自主学习的良好环境。

四、身心素质

教师良好的身体素质主要表现在：一方面，教师对紧张的教育、教学工作，繁重的教务具有较强的承受能力，能精力充沛、生气勃勃地从事工作；另一方面，体格强壮、耳聪目明、声音洪亮、反应敏捷，这也是做好数学教学工作所需要的。

教师的心理素质是指表现在教师身上那些经常的、稳定的、本质的心理特征。它主要包括对教育工作和数学学科的兴趣，以及自信乐观、轻松愉快的心境，昂扬振奋的精神，坚韧不拔的毅力，幽默稳定的情绪，豁达开朗的心胸。教师健康的个性与心理品质对教育、教学工作有着积极的作用，教师的兴趣、情趣、意志可以有效地感染学生，教师的沉着、自制和耐心也是取得良好教育、教学效果的重要因素。

互动交流

【交流研讨】

1. 谈谈你是如何理解师德的。

2. 谈谈数学专业知识的重要性。

【实践训练】

按照课堂教学实施能力撰写初中"三角形内角和"教学方案。

评价反思

1. 通过本节课的学习，你知道作为未来的数学教师应具备的素养有哪些吗？

2. 通过本节课的学习，你计划如何提高自己的数学专业素养？

拓展提高

做"四有"好老师

每个人心目中都有自己好老师的形象。做好老师，是每一个老师应该认真思考和探索的问题，也是每一个老师的理想和追求。我想，好老师没有统一的模式，可以各有千秋、各显身手，但有一些共同的、必不可少的特质。

第一，做好老师，要有理想信念。陶行知先生说，教师是"千教万教，教人求真"，学生是"千学万学，学做真人"。老师肩负着培养下一代的重要责任。正确的理想信念是教书育人、播种未来的指路明灯，好老师心中要有国家和民族，要明确意识到肩负的国家使命和社会责任。

广大教师要用好课堂讲坛，用好校园阵地，用自己的行动倡导社会主义核心价值观，用自己的学识、阅历、经验点燃学生对真善美的向往，使社会主义核心价值观润物细无声地浸润学生们的心田，转化为日常行为，增强学生的价值判断能力、价值选择能力、价值塑造能力，引领学生健康成长。

第二，做好老师，要有道德情操。老师的人格力量和人格魅力是成功教育的重要条件。广大教师必须率先垂范、以身作则，引导和帮助学生把握好人生方向，特别是引导和帮助青少年学生扣好人生的第一粒扣子。

第三，做好老师，要有扎实学识。老师自古就被称为"智者"。俗话说："前人强不如后人强"，家庭如此，国家、民族更是如此。只有我们的孩子们学好知识了、学好本领了、懂得更多了，他们才能更强，我们的国家、民族才能更强。

陶行知先生说："出世便是破蒙，进棺材才算毕业。"这就要求老师始终处于学习状态，站在知识发展前沿，刻苦钻研，严谨笃学，不断充实、拓展、提高自己。过去讲，要给学生一碗水，教师要有一桶水，现在看，这个要求已经不够了，应该是要有一潭水。

第四，做好老师，要有仁爱之心。教育是一门"仁而爱人"的事业，爱是教育的灵魂，没有爱就没有教育。好老师应该是仁师，没有爱心的人不可能成为好老师。高尔基说："谁爱孩子，孩子就爱谁。只有爱孩子的人，他才可以教育孩子。"教育风格可以各显身手，但爱是永恒的主题。爱心是学生打开知识之门、启迪心智的开始，爱心能够滋润浇开学生美丽的心灵之花。老师的爱，既包括爱岗位、爱学生，也包括爱一切美好的事物。

（资料来源：习近平总书记同北京师范大学师生代表座谈时的讲话[N]. 人民日报，2014-09-01.）

第三节　数学教师的专业发展

学习目标

1. 了解数学教师专业发展的意义。
2. 了解数学教师专业发展的阶段。
3. 掌握如何提升数学教师素养。

学习任务

谈谈怎样才能当好一名合格的中学数学教师。

知识探究

我国从 1994 年开始实施的《中华人民共和国教师法》，第一次从法律角度确认："教师是履行教育教学职责的专业人员"。继 1995 年国务院颁布《教师资格条例》后，2000年教育部又颁布了《〈教师资格条例〉实施办法》，不久教师资格制度在全国开始全面实施。2011 年《中学教师专业标准（试行）》的颁布，将中学教师的发展引向专业的道路。2012 年《国务院关于加强教师队伍建设的意见》中再次提出了大力提高教师专业化水平，完善教师专业发展体系，提高教师培养质量，为推进教师专业化提供了制度保证。2018年1月20日，中共中央、国务院发布了《中共中央 国务院关于全面深化新时代教师队伍建设改革的意见》。2018年2月11日，教育部等五部门印发了《教师教育振兴行动计划（2018—2022年）》。2018年9月17日，教育部发布了《关于实施卓越教师培养计划2.0的意见》。《义教课标（2022年版）》要求数学教师能够解决许多新的课题，如创新教育、问题解决、项目学习、研究性学习、数学建模、数学文化等，这些课题的实施无一不需要教师的专业支撑。可见，数学教师的专业水平不断提高是时代的需要，是教育发展的必然。尽管我国教师教育教学活动已经在一定程度上达到了专业化的基本要求，但从专业特征看，目前教师职业离成熟专业的标准还有一定的距离。因此，教师专业化将经历一个不断深化的发展过程。

一、数学教师专业发展的意义

（一）教师专业化发展是提高教育质量的关键

教师是立教之本、兴教之源。党的十八大以来，我国教师队伍建设取得了历史性成就，1891万名教师坚守三尺讲台，潜心教书育人，落实各项改革举措，合力推动教育面貌发生格局性变化。强国必先强教，中国式现代化需要教育现代化的支撑。广大教师要牢记习近平总书记的嘱托，推动新时代教育高质量发展，切实担负起培养堪当民族复兴大任的建设者和接班人的重任。

（二）教师专业化发展是教育改革的原动力

广大教师要深刻理解和把握新时代教育的规律和特点，有效转变教育教学理念和教学方式方法，促进教师专业发展。教学改革的原动力源自教师自身的要求，这样教师改革也会更彻底。当教师个人的理念更新了，教学能力自然就会提高。

（三）教师专业化发展是学生发展的根本保障

教师是人类灵魂的工程师，是立德树人的践行者，是学生成长的引路人，教育是为学生终身发展奠基的，我们应该一切为了学生的发展服务。只有通过教师的发展才能促进学生的发展。没有教师的发展，就没有学生的发展。教师的专业化发展不仅有利于新课程的改革与发展，有利于教师的不断学习与成长，更有利于学生的发展与社会的进步。

二、数学教师专业发展的阶段

教师的专业发展要经历以下三个阶段。

1）适应——入门阶段。从教1~2年，初为教师，环境全新，常常感觉课堂实际与师范教育所学习的理论差距较大，因而是受到挑战最多的阶段，也是形成基本专业行为的关键时期。对新教师来说，必须改变自己作为一个普通人的举止言行，养成作为一名教师的专业行为。这时，最重要的是如何通过教育实践，尽快完成理论与实际的初步结合，初步形成自己的教学实践技能，使自己适应课堂教学工作的基本需要。

2）成长——胜任阶段。从教 3～8 年，是教师教育教学能力成长最为迅速的阶段。作为青年人，家庭负担较轻，愿意为一堂公开课、研究课精心准备、四处求教、制作学具和教具，愿意付出更多的时间、精力和勇气去尝试新的方法、新的手段，去实践新的理念、新的想法。逐渐地，教学工作日趋熟练，掌握了常用的教育教学技能，获得了较多的成功与失败的体验，积累了初步的教育教学经验和智慧，逐步达到称职教师的标准。

3）成熟——超越阶段，即胜任教学之后的发展阶段。在这一阶段，教师的知识、能力结构将经历重大改造。认知、情感、人格等全面升华，形成了自己的教育教学的独特风格和特色，成为骨干教师、学科带头人，乃至对教育教学理论的某些方面有了自己的见解，成为专家型教师、研究型教师。

国外几个有代表性的阶段划分：美国学者费朗斯·福勒将发展阶段分为教学前关注、早期生存关注、教学情境关注、对学生关注四个阶段；美国学者卡茨把教师的发展分为求生存时期、巩固时期、更新时期、成熟时期。

三、全面提升数学教师素养

随着课程背景下教师专业发展的核心目标在于全面提升教师素养，包括教育理论素养、数学素养、教学实践能力，从而适应新课程对教师的要求。

（一）提升教育理论素养

教师是教学实践的主体，很多教师都比较重视自身实践技能的提高，而忽略自身专业水平的发展。实际上，理论学习对教师的专业发展是非常有必要的。首先，教育理论使教师对教育本质的理解更加透彻。其次，理论能够帮助教师从不同角度看待教学中的问题，从而使其思维方式更加灵活，看问题的角度更加多样。再次，理论对实践具有指导作用。教育理论在不断发展，新的教育理论在不断生成。最后，教师的理论学习还包括对教育新政策的及时学习。教育政策是教育发展的基本方针，明确了教育发展的基本方向。教师必须深入理解教育政策，掌握教育政策的精髓，才能在实践中切实落实教育政策，并根据政策方向审视自身，使自身的专业发展契合教育领域整体发展的趋势。

因此，教师必须及时学习教育新政策，关注政策新动向，深刻领会政策精神，基于教育政策设计好个体发展思路。

（二）提升数学素养

教师数学素养的提升，主要包括以下四个方面。

1）把握义务教育数学课程的主线脉络，理解知识之间的关联。

2）把握数学核心概念的本质，明晰什么是数学的通性通法。

3）理解与义务教育数学课程关系密切的高等数学的内容，能够从更宏观的视角理解义务教育数学课程知识的本质。

4）理解数学知识产生与发展过程中所蕴含的数学思想，能够通过实例理解和表述数学抽象与数学的一般性、逻辑推理与数学的严谨性、数学模型与数学应用的广泛性之间的必然联系，具有在数学教学中渗透数学基本思想的意识和能力。

（三）提升通识素养

我国较为强调教师作为单一学科专业人员的特征，职前教师培养体系过早地将教师定位于某一学科的教学工作，这一培养模式固然使教师更加适应结构化课程内容的实施，但面对新课程提出的跨学科学习活动的开展，教师也需要提升自身的通识素养，包括科学素养、人文素养和信息技术素养等。在实践中，可通过组织研修活动、工作坊等方式，为教师提供学习与运用所学各科知识的机会，提升通识素养。另外，教师要树立终身学习的理念，不断丰富自己的知识结构，努力成为学生主动学习、不断进取的榜样。

（四）提升教学实践能力

教师应该通过教师专业发展活动提升自己的教学实践能力，努力达到标准提出的教学要求。在制定教学目标时突出核心素养，注重目标要求的全面性、阶段性和操作性；整体把握教学内容，注重数学的本质，明确教学内容中需要重点培养的核心素养，探索创新教学方式，在教学活动中注重真实情境的创设和探究问题的设计，启发学生思考，促进学生学会学习；加强"综合与实践"的教学，以跨学科综合与实践主题活动为载体，培养学生解决现实世界的真实问题的能力；注重现代信息技术的应用，促进信息技术和数学学科教与学的深度融合。

互动交流

【交流研讨】

1. 谈谈如何提升数学素养。
2. 谈谈如何提升教育理论素养。

【实践训练】

撰写小论文：如何成长为专家型教师。

评价反思

1. 通过本节课的学习，你知道教师专业发展的意义吗？
2. 通过本节课的学习，你如何规划未来的教师生涯？

拓展提高

新时代中小学数学教师专业发展途径

本文将结合对湖南中小学数学名师工作室首席名师的访谈结果和相关文献的分析，探讨新时代中小学数学教师专业发展的途径。

一、课例研究

以具体的课堂教学案例为载体开展课例研究，是中小学数学教师专业发展的首要途径。"磨课"是课例研究的一个本土化代名词。教师在反反复复地打磨一节课的过程中，逐步学会钻研教材、分析学情、撰写教案、实施教学，获得对学科知识和学科教学知识的深刻理解。

二、说题研究

解题能力是数学教师的基本功之一。教师说题的基本环节包括：①说背景。说题目的来源背景、涉及的知识背景等。②说题目。说已知条件（包括隐含条件）、所求结论、难点的位置、程度和成因等。③说解法。说解答的步骤和结论（包括一题多解）及这样解的理由。④说思想。说解题的思想方法、策略、规律等。⑤说延伸。说题目的变式和结论的推广与拓展等。⑥说反思。

三、课题研究

立足于课堂，开展以校为本的课题研究是中小学数学教师专业发展的又一条重要途径。教师在开展课例研究、说题研究等实践活动的过程中，若能够以问题为导向，用科学的研究方法收集和分析数据，并基于数据解释结果，则能够更加有意识地实现个人专业发展。相比于参与课例研究和说题研究，课题研究需要教师具备更加丰富的理论知识和更加强大的研究能力。研究选题、文献综述、研究设计、确定样本、收集数据、分析数据和提炼结论，这一系列教育研究的常规技能都考验教师的研究能力。教师通过课题研究的过程，也能够更加清晰地了解学情，掌握相关的教育教学理论，获取解决问题的方法。

四、专题培训

除了基于学校、嵌入日常的专业发展机会，教师需要经常接受与新理念、新知识和新技能相关的专题培训。因而，以国培、省培为代表的各类专题培训活动也是教师专业发展的重要途径。设计良好的教师专题培训活动既有高度，又接地气，能够为教师提供理论提升与实践探索的机会。

五、在线学习

课例研究、说题研究、课题研究和专题培训等相对来说还是比较传统的教师专业发展途径。随着信息技术的不断发展，在线学习逐步成为中小学数学教师的一种新的专业发展途径。无论是在繁华的大都市，还是在偏远的小山村，只要拥有一台能够联网的智能手机，教师就能参与在线学习。通过QQ群、微信群、微博或者教师网络研修平台等，来自不同学校和地区的教师之间组成在线学习共同体，他们可以围绕一些共同的兴趣和主题开展学习。

（资料来源：袁智强. 新时代中小学数学教师专业发展途径[J]. 湖南教育，2019（5）：22-25，有删改）

参 考 文 献

曹一鸣，2008．数学教学论[M]．北京：高等教育出版社．

杜玉祥，马晓燕，2002．数学教学原则体系构建研究[J]．中学数学教学参考（教师版）（11）：1-4．

和小军，毋翠玲，2015．数学概念课结课探析[J]．中学数学月刊（3）：10-13．

惠雪梅，2019．小学数学复习课的课例研究[D]．济南：山东师范大学．

季海霞，2011．高中数学有效课堂小结的实践与研究[D]．苏州：苏州大学．

蒋建兵，2013．微课程对数学课型转变的目的与意义[J]．中国科教创新导刊（15）：132．

孔凡哲，曾峥，2009．数学学习心理学[M]．北京：北京大学出版社．

李伟军，2004．数学教学原则研究20年：回顾与前瞻[J]．内蒙古师范大学学报（自然科学版），33（2）：222-226．

李雪芬，2007．建构主义与数学教学[J]．辽宁教育行政学院学报（5）：159-161．

李雪芬，2007．建构主义与数学教学[J]．辽宁教育行政学院学报，24（5）：159-161．

刘晓玫，等，2016．中学数学教学研究[M]．北京：教育科学出版社．

苗凤华，姜淑珍，等，2009．数学教学论简明教程[M]．吉林：吉林大学出版社．

皮连生，1996．智育心理学[M]．北京：人民教育出版社．

皮连生，2000．教学设计：心理学的理论与技术[M]．北京：高等教育出版社．

戚绍斌，1999．关于数学教学原则的研究及其思考[J]．数学教育学报，8（2）：21-25．

人民日报评论部，2018．习近平用典（第二辑）[M]．北京：人民日报出版社．

申克，2004．学习理论：教育的视角[M]．韦小满，等译．3版．南京：江苏教育出版社．

石中英，2001．波兰尼的知识理论及其教育意义[J]．华东师范大学学报（教育科学版）（2）：36-45．

王德瑞，2013．建构主义理论在数学教学中的应用[J]．卫生职业教育（3）：59-60．

王光明，曾峥，2001．数学教与学基本理论及其发展[M]．北京：中国工人出版社．

王延文，王光明，等，2004．数学教学理论与实践[M]．天津：天津科学技术出版社．

希尔柏脱，阿克曼，1958．数理逻辑基础[M]．莫绍揆，译．北京：科学出版社．

徐文彬，喻平，孙玲，2009．数学教育中建构主义三十年的发展与反思：早期发展的理论来源及其主导地位的确立[J]．数学教育学报，18（6）：13-15．

杨红亮，2011．浅析教学目标的科学制定[J]．山西师大学报（社会科学版）（38）：146-148．

喻平，2010．数学教学心理学[M]．北京：北京师范大学出版社．

战珊珊，2018．数学教学论[M]．北京：科学出版社．

张楚廷，李求来，刘振修，1995．数学教学原则概论[M]．桂林：广西师范大学出版社．

张奠宙，宋乃庆，2023．数学教育概论[M]．4版．北京：高等教育出版社．

张昆，2011．渗透数学观念的教学设计方法研究：以一元一次方程教学为例[D]．重庆：西南大学．

张艳霞，龙开奋，张奠宙，2007．数学教学原则研究[J]．数学教育学报，16（2）：24-27．

中公教育教师资格考试研究院，2012．国家教师资格考试专用教材：数学学科知识与教学能力（初级中学）[M]．北京：世界图书出版公司．

中华人民共和国教育部，2012．义务教育数学课程标准（2011年版）[S]．北京：北京师范大学出版社．

ROSSER J B, 1953. Logic for mathematicians[M]. Cambridge: Cambridge University Press.